台港澳互動變局與粵港澳大灣區發展
機遇與挑戰

Transitional Interactions among Taiwan, Hong Kong and Macao & the Development of the Greater Bay Area: Opportunities and Challenges

陳德昇

主編

序言

　　〈台港澳互動變局與粵港澳大灣區發展：機遇與挑戰〉一書，是政治大學國際關係研究中心主辦之研討論文彙編。另外我們也邀約幾位學者專家分享研究成果。本書是最新探討台港議題，與首次研究粵港澳大灣區的專著，期有助當前台港澳互動觀察，以及解讀粵港澳大灣區發展面臨的機遇和挑戰。

　　第一篇台港澳關係互動、變遷與挑戰，多位作者表達「反送中」運動與「國安法」施行後台港澳互動與發展的憂慮。其中既有制度面向的局限，亦有政治現實的困局。香港將由「一國兩制」的垂範之地，將逐漸呈現內地化的傾向。此外，作為國際金融中心角色亦將弱化，此勢將對兩岸融合與國際經貿功能產生負面影響。

　　第二、三篇探討粵港澳大灣區政經發展與跨界治理挑戰，其中除分析灣區的優勢、機遇外，也對其產業結構變遷、深圳創新角色，以及跨界治理案例與運作的分析，可作為觀察粵港澳灣區整合、調適與變遷趨勢之參考。

　　最後要特別感謝印刻出版社，以及助理張瑋芩和東亞所蘇治元同學的協助，使得本書得以順利出版。

陳德昇

2021 年 8 月 18 日

目錄

作者簡介（按姓氏筆畫排列）

王玉清

澳洲昆士蘭大學社會學博士，現為自由撰稿人。主要研究專長為區域經濟合作、社會經濟發展規劃、粵港合作。

吳佳勳

國立台灣大學農業經濟學博士，現任中華經濟研究院副研究員兼副所長。主要研究專長為國際貿易、農業經濟、中國經貿政策研究。

周志杰

紐約州立大學水牛城分校政治學博士，現任成功大學政治系暨政經所教授、兩岸與華人治理研究中心主任。主要研究專長為兩岸關係、亞太政經風險分析、台商權益保障。

林瑞華

政治大學東亞研究所博士、現任廣州中山大學粵港澳發展研究院副研究員。主要研究專長為港澳研究、台商研究、中國大陸政治經濟。

柳金財

政治大學東亞研究所博士，現任佛光大學公共事務學系助理教授。主要研究專長為中國地方政府與政治、中國地方選舉與治理、全球化與兩岸政經關係。

徐遵慈

　　東吳大學法律研究所碩士，現任中華經濟研究院副研究員兼台灣東協研究中心主任。主要研究專長為國際經濟法、國際組織、東南亞研究。

許加政

　　中國文化大學資訊傳播所碩士，現任資訊工業策進會產業情報研究所資深產業分析師。主要研究專長為中國大陸總體經濟、中國大陸產業政策、中國大陸工業互聯網。

陳德昇

　　政治大學東亞研究所博士，現任政治大學國際關係研究中心研究員。主要研究專長為全球化、跨界治理、兩岸互動。

趙致洋

　　英國倫敦大學亞非學院中國政治研究碩士，現為亞非學院政治與國際研究博士生。主要研究專長為香港與台灣關係、中國與東南亞關係、當代中國政治。

劉孟俊

　　澳洲 Monash 大學經濟學博士，現任中華經濟研究院第一研究所研究員兼所長。主要研究專長為國際經濟、中國科研體制與高科技產業、國際貿易投資。

鄭至涵

國立台灣師範大學國際事務與全球戰略研究所碩士，現任中華經濟研究院第一研究所輔佐研究員。主要研究專長為中國經濟、中國政策、糧食安全。

蕭督圜

中國文化大學國家發展與中國大陸研究所博士，現任中國文化大學政治學系兼任助理教授、中華港澳之友協會副秘書長。主要研究專長為港澳政府與政治、區域研究、社會變遷與發展。

謝念億

國立中央大學產業經濟研究所碩士，現任中華經濟研究院第一研究所分析師。主要研究專長為產業經濟、勞動經濟、中國經濟發展。

羅金義

香港城市大學政治社會學博士，現任香港教育大學大中華研究中心聯席總監。主要研究專長為中國與中南半島關係、俄羅斯的東亞政策、香港與台灣關係。

台港澳關係互動、變遷與挑戰

現階段兩岸與香港互動：變遷與挑戰

周志杰 [1]

（國立成功大學政治經濟學研究所教授）

摘要

　　本文探究陸港互動出現結構性變化對兩岸三地互動及台灣兩岸政策的影響及啟示。研究發現，當前北京對港聚焦於清理戰場、鞏固「愛國」防火牆；對台則重設戰場、積蓄「迫統」能量。《港區國安法》施行及選制變革使香港重回港英時期的行政主導政制。北京對國安執法及政治參與空間的態度，決定香港能否保有最低度的決策制衡和民主元素。官商共治的解構及改善民生的成效將牽動香港民心。陸港關係的重構成為北京今後完善涉台法制、延伸管轄權及「以法制獨」的借鏡。香港曾為兩岸溝通場域的作用，亦因兩岸互信蕩然及對涉港議題的摩擦而喪失。再者，港台民意反共傾向及兩岸對立深化，降低中共改革借鏡港台治理經驗及北京反思港台政策和展現彈性的可能性。由陸港看兩岸，若雙方無法重建互信，因對立導致誤判而衝突的風險將成為新常態。因此，停止操作統獨虛實、引導民意脫虛向實，方是台海和平及台灣續存之道。

關鍵詞：陸港互動、兩岸關係、香港政制變遷、港區國安法

---

1 作者為國立成功大學政治學系暨政治經濟學研究所專任教授、兩岸與華人治理研究中心主任。另亦為台灣經濟研究院兼任研究員、中華仲裁協會仲裁人、中華人權協會常務理事兼國際與兩岸交流委員會主委。

壹、緒論

　　2019 年因反對港府修訂逃犯條例的動議而掀起的「反送中」運動，震撼台灣及國際社會。眾多香港民眾藉此展現對港府強硬修例立場，以及對中共干預香港自治的疑慮與不滿。一般認為，縱使反送中運動有所謂「境外因素」的影響，但亦反映了香港當前「一國兩制」實踐的缺失，以及港人對政經社情現狀的不滿。在政治上，自 1997 年香港主權回歸中國大陸以來，眾多港人努力不懈的目標便是爭取以「一人一票」的全民普選方式，產生香港特區行政長官及香港立法會議員的政治權利。《中華人民共和國香港特別行政區基本法》（後簡稱《基本法》）第 45 條明確表示，「行政長官的產生辦法根據香港特別行政區的實際情況和循序漸進的原則而規定，最終達至由一個有廣泛性代表的提名委員會按民主程序提名後普選產生的目標。」[2] 回顧以往，中共在收回香港主權之初，確實以「港人治港、高度自治」為對港政策主軸，但隨著港人對政制改革及「真普選」的堅持及爭取屢屢受挫，北京、港府與泛民黨派間的互信蕩然，加上香港在全中國的經濟規模占比快速下降、陸港民間社會及商企競合的矛盾加劇，以及中國大陸內部政局變動，和其對港各政商勢力的影響，逐漸強化香港官民間的疏離感及港獨等極端「本土派」勢力的崛起（信報，2017）。

　　在經濟及社會情勢上，香港近年來的貧富差距擴大、薪資凍漲、實質所得倒退、分配正義無法改善、生活痛苦指數升高、青年對未來感到茫然。土地、就業、長照、醫療等重大問題得不到解決。港人對港府「重發展、輕分配」的慣性思維，以及對經濟和社會權利的漠視感到不滿，長期以來無法在體制內得到適切的回應，一旦有突發事件點燃引信，抗爭及脫序行

2　參見《中華人民共和國香港特別行政區基本法》。https://www.basiclaw.gov.hk/tc/basiclawtext/images/basiclaw_full_text_tc.pdf

為便如星火燎原。甚至，在反送中運動的過程中，雖有「攬炒派」[3]以暴力為手段的違法抗爭及破壞，但港人要求港府實踐「雙普選」的政治權利、完善分配正義的經濟權利，仍是整個運動獲得響應的結構性原因。

此一運動更直接影響 2020 年台灣總統大選的過程和結果。對執政的民進黨而言，出現如此適時而鮮活的「實例」，更易於操作強化台灣民眾的「亡國感」及對一國兩制的疑慮，最後輕易贏得總統大選和國會選舉。自此，香港因素及台港連動已成為影響兩岸關係的重大變因之一。尤有甚者，香港繼台灣之後，亦正式成為中美博弈的另一場域及支點。有鑒於此，大陸自 2020 年入春以來，藉由通過及實施《港區國安法》，以及 2021 年 3 月 30 日由全國「人大常委會」表決通過香港《基本法》附件一和附件二的修訂草案，即香港特首和立法會產生制度的變革，作為最終回應。[4]事實上，港區國安法和香港選制的變革並非中共臨時起意的即興之作，大陸國家主席習近平在香港回歸二十年時已提醒港人「蘇州過後無艇搭」，但部分港人回敬的卻是更激烈的街頭抗爭和失序。港人「攬炒」[5]的悲憤換來北京打掉重練的絕情。對兩岸關係而言，目睹陸港互動的結構性轉變，台灣民眾和政治人物更加點滴心頭，但是否步上香港「求仁得仁」的後塵，就另當別論了。不過，顯然「今日香港、明日台灣」不再是選舉動員的催化劑，而是可能降臨的實境劇。

本文的問題意識在於：二十多年來陸港互動走上攬炒式[6]終局的過程，對今後兩岸關係和台灣朝野的省思和啟示為何？陸港互動的變化對兩岸關係及兩岸三地的連動和影響為何？兩岸執政當局盱衡內外部情勢之際，願

3　「攬炒」為粵語「玉石俱焚、同歸於盡」之意。「攬炒派」為 2019 年「反修例」抗爭運動（即「反送中運動」）中的激進暴力派，反對在運動中遵行「和、理、非」（和平、理性、非暴力）的原則和立場。

4　參見《2021 年完善選舉制度（綜合修訂）條例草案》，港府新聞公報。https://www.info.gov.hk/gia/general/202104/13/P2021041300557p.htm

5　參見註 3。

6　同前註。

否調整兩岸政策的思維和路線，將成為疫情過後測試兩岸互動的快篩劑。

　　本文將首先回顧港區國安法及香港新選制對陸港關係的影響；其次析論香港政制的沿革和政社治理的起伏與轉折；接著探究現階段陸港關係變動，對兩岸關係的影響和今後兩岸關係的可能走向。最後，本文對今後的兩岸三地互動及兩岸關係的前景，提供可能的非零和的出路及建議。

貳、從國安法到新選制之陸港互動變遷

一、《港區國安法》之影響

　　2019 年 11 月，非建制派在香港區議會的選舉中，贏得壓倒性的勝利。泛民派及本土派[7]士氣大振，並希望藉由「反送中運動」所凝聚的公民力量，進而在下次的立法會選舉中有所斬獲，趁勢推進「雙普選」。甚至有人樂觀總結，反送中運動已證明，港人有能力打亂北京的劇本和布局。[8]香港民意的展現亦給予台灣青年很大的鼓舞，藉選票支持蔡英文來對中共表達拒絕一國兩制及北京施壓的態度。此外，由於非建制派在區議會大勝，除了讓區議會成為新的抗爭場域外，亦使特首選舉提名委員會中屬於區議會的 117 席委員可由非建制派囊括絕大多數，加上原泛民派所有的 320 席，及

7　「泛民派」為香港泛民主政治勢力的簡稱，涵蓋多個政黨和政治團體。該派支持在香港基本法下追求香港的民主化進程，特別是推動在香港實施立法會及特區行政首長的完全普選。另該派亦不時批評對港府施政、北京對港治理政策、大陸內部政社及人權情況。其角色和屬性近似民主政體內部的反對陣營。與其相對較為支持港府及中共制港立場的政治勢力則泛稱為「建制派」。「泛民派」內部又依據各黨在陸港關係定位、發展路線、抗爭方式及經社議題上的不同主張，再區分為「溫和民主派」、「激進民主派」、「自決派」等。「本土派」則於自近年「占中運動」（雨傘革命）時興起，政治立場及從政手段更為激進。「本土派」與「泛民派」的根本歧異在於前者主張「香港獨立」或其他改變現有陸港政治定位的主張，在認同上傾向否定中國人認同；在與港府及北京的互動上，亦傾向體制外的街頭抗爭或體制內的議會抗爭，甚至倡導「攬炒」。該派在香港施行《港區國安法》後，聲勢重挫，主要成員及其金主若非面臨司法檢控即流亡海外。另可參見 Lui, Tai-lok, Stephen W.K. Chui, Ray Yep. 2019. Routledge Handbook of Contemporary Hong Kong. NY: Routledge.

8　此為香港學者之見解，詳見「香港學者專家來台觀選團座談會」。台北：中華港澳之友會舉辦，2020/01/09。

各界別中仍同情泛民派的席位，恐已接近 500 席。若再爭取 100 至 200 席「本土資本家」的支持，在 1200 名的提名委員當中，非建制派的席位可能能達半數。換言之，以當時的特首選舉制度進行特首選舉的提名，非建制派可能具有實質的博弈能力。因此，大陸果斷的先後以《港區國安法》及選制變革來因應。事實上，北京藉由《港區國安法》直接對原具有類似「個別法律領域」（separated legal territory）的香港行政特區，行使國家安全相關事務之管轄權。

　　該法詳列四類罪行之構成要素及最低量刑刑度，對香港居民現時所享有的公民及政治權利造成限縮。中共除了全方位且具針對性的圍堵，以及消除近年來反港府、反中共的各類型作為、途徑、資源和支援外，亦顯示北京對港府長期以來面對所謂國家安全事務的自行立法（《基本法》第 23 條），以及應處上的行政失能和對香港「司法獨大」的不滿。中共藉此法亦可進一步掌控香港的傳媒（第 29 條）、選舉（第 19 條）、體制內政治抗爭（第 22 條）、民間抗爭（第 24 條）及境內外的表意自由（第 20、37、38 條）。[9]另外，《港區國安法》第 14 條及第 44 條有關新設置的國家安全委員會之決定不受司法覆核，由特首委任法官等規定，除了是對一國兩制法制的重大變動外，亦可能成為已通過之中國大陸國安法及未來涉台相關法制之制定所援用。再者，該法第 6 條明定港人守法之義務，使之成為可對公民追究之法律責任，亦與香港奉行之普通法系的慣例不符。

　　《港區國安法》的制定和實施，更涉及《基本法》對於「香港本地事務」界定範圍之釋義。對泛民黨派而言，其向來堅持及要求在《基本法》下，香港享有「法制獨立」的「排中央性」的立法和釋法權。首先，其主張北京應制約對香港在地事務之干預（陸委會，2017：16-7）。《基本法》

---

9 參見《中華人民共和國香港特別行政區維護國家安全法》，https://www.gld.gov.hk/egazette/pdf/20202444e/cs220202444136.pdf。

第 22 條明定：「中央人民政府所屬各部門、各省、自治區、直轄市均不得干預香港特別行政區根據本法自行管理的事務。中央各部門、各省、自治區、直轄市如需在香港特別行政區設立機構，須徵得香港特別行政區政府同意並經中央人民政府批准。中央各部門、各省、自治區、直轄市在香港特別行政區設立的一切機構及其人員，均須遵守香港特別行政區的法律」（《基本法》）。循此，北京似應遵守《基本法》第 22 條，自我約束包括香港政制改革、經濟及社會事務。其次，香港在地事務不應由大陸「全國人大」釋法。《基本法》第 158 條明定：「全國人民代表大會常務委員會授權香港特別行政區法院在審理案件時對本法關於香港特別行政區自治範圍內的條款自行解釋」（《基本法》）。因此泛民黨派主張，任何涉及香港在地事務的政策及法令爭端，北京皆不應透過「全國人大」釋法來解決。再者，在涉及香港在地事務的相關適法爭議，應準用《基本法》第 9 條有關《基本法》修訂的程序，以「由下而上」的修法取代「由上而下的」釋法。即相關爭議由特區的全國人大代表三分之二多數、立法會全體議員三分之二多數和特首同意後，交由特區出席「全國人大」會議的代表團向「全國人大」提出（BBC, 2020）。如此，得以讓港人參與解決重大政社爭議的調解過程，待港人達成共識後，再向「全國人大」提出修改建議。然而，對北京而言，陸港互動是「中央」與「特區」之間授權與被授權的關係，而且國家安全事項之立法及釋法並非屬於「香港本地事務」。今後雙方的認知差距有無再對話和調和的可能性，恐不樂觀。

二、選制變革之影響

2021 年 3 月底，大陸「全國人大」常委會表決通過有關香港特首和立法會產生辦法的《基本法》附件一和附件二修訂案。主要的變革首先反映

在香港選舉委員會的組成結構上，區議員不再納入，新增港區全國政協委員和全國性團體香港代表；其次在立法會議席組成比例上，選舉委員會占40席，功能團體占30席，分區直選占20席，俗稱的「432方案」；此外，在候選人資格審查委員會方面，香港國家安全委員會和警務處維護國家安全部門具有決定性的作用。審查委員會委員將依據香港國家安全委員會的審查意見書做出是否具備提名資格的決定，而且當事人不得提起訴訟。[10]

首先，改組後的香港選舉委員會由1200人擴充為1500人，並取消區議員的選委會席位，以壓縮非建制派的鐵票席位。另增加港區全國政協委員、全國性團體香港代表、內地港人團體的代表等等北京認可或支持港府的席位。此舉將大幅強化建制派影響力，稀釋非建制派的話語權，俾利選委會續掌握在建制派手中，僅有獲得北京認可的候選人方能當選特首。其次，香港立法會的情況同樣如此。北京將香港立法會從70人擴充為90人，透過選委會選舉、功能團體選舉、分區直接選舉三種方式分別選舉產生，具體分布比例為4：3：2。乍看之下，建制派似乎在分區直選議席處於劣勢，但在選委會議席及功能界別議席具有壟斷性優勢，故依然能在立法會掌握絕對多數。換言之，在立法會議席432方案和雙議席單票制的加持下，應能確保建制派獲得超過三分之二的席位，牢牢掌控主導權。

此外，由新設置候選人資格審查委員會進行候選人提名資格的審查，無論是選委會委員候選人、特首候選人或立法會議員候選人的審查，香港國家安全委員會和警務處維護國家安全部門的審查意見具有關鍵作用。根據新修訂的《基本法》附件一和附件二規定，香港特首領導的國家安全委員會，根據警務處維護國家安全部門的審查意見，就立法會議員候選人、選舉委員會委員候選人，和特首候選人是否符合資格做出判斷，並就不符

10參見《2021年完善選舉制度（綜合修訂）條例草案》之相關說明。https://www.info.gov.hk/gia/general/202104/13/P2021041300557p.htm。

合要求和條件者向候選人資格審查委員會出具審查意見書，對候選人資格審查委員會依據香港國安委審查意見書做出的決定不得提起訴訟。無論特首候選人或立法會議員的提名，均需獲致涵蓋五大界別的選委會委員提名且達到特定票數，方能取得候選資格。換言之，有意參與特首或立法會議員選舉者，若無法獲得選委會北京治港系統最低限度的認可，恐難獲提名。再者，選舉委員會設置的總召集人制度、港府可依法管控破壞選舉之情事、全國人大常委會具有修改權之明確化等等規定，皆可作為備而待用的安全閥。其中最主要的是已修訂的《基本法》附件一明示，選舉委員會設召集人制度，由擔任國家領導職務的選舉委員會委員擔任總召集人，「負責必要時召集選舉委員會會議，辦理有關事宜。」顯然，目前符合此一條件的香港居民，僅有曾任特首的「全國政協」副主席董建華和梁振英。

經此選制變革後，香港政制將重回具有港英統治時期色彩，可由北京和港府管控的「行政主導制」。其中北京在「大政方針」的主導性高於港府，港府則在「香港本地事務」的自治範圍內決斷；立法會直選議席比例大幅減少，立法會難以再杯葛港府的立法和施政。此一設計既非西方選舉式民主，又有別於大陸的黨國體制，反而與港英時期的政制頗有相似之處，不同的是特首的決策權限應不若港督。可以預見的是，今後在香港，國安罪行範圍之認定、選舉提名的「多元化」程度，以及「香港本地事務」立法及釋法範圍之認定，恐須取決於北京對「泛民派」是否重回「民主回歸」之政治路線，以及扮演「忠誠反對黨」角色的定性而論。這亦將牽動港府在決策及施政上，是否仍有最低限度的制衡力量和民主元素，新制的實踐更將牽動香港民心和陸港互動的走向。

參、香港政制與治理之沿革與轉折

一、英國殖民統治時期

　　在北京的主導下，香港政制和選制出現新的轉折。回顧香港政治制度及治理的沿革和變遷，應可為當前陸港互動的制度面分析，提供必要的歷史縱深及脈絡。港英統治初期的港督權力極大，為英國皇室在港的全權代理人，政府首長與駐軍統帥集行政、立法、司法三權於一身。總督之下設有行政局與立法局，行政局之職責為協助總督決策，立法局則為總督的諮詢機構。美國學者 Alvin Rabushka（1979）稱此一制度為「行政專制主義」（administrative absolutism）。只有倫敦中央政府才能限制港督的權力，同時亦保留對香港立法的否決權，以及代香港行使立法的權力。換言之，英國之所以在香港建立以港督專制為中心的行政主導體制，其目的亦在於讓英國政府對香港保有絕對的統治權。

　　1945 年 8 月 15 日，日本宣布全面投降，英國重新取回香港的統治權。隔年，總督楊慕琦提出香港政制改革方案《楊慕琦計劃》（The Young Plan）。計劃中主張讓更多華人能進入香港政府，管理政治事務，並建議香港應設立市議會，由 30 名議員組成，其中三分之二為民選、三分之一則由社會及職業團體委任。1952 年 7 月英國政府最終宣布香港「目前不宜有較深遠的政治改革」，「楊慕琦計劃」在香港討論六年後無疾而終（王鳳超，2017：19-21）。自 1960 年代起，英國全球殖民體系的崩解已成定局，倫敦開始認真思考各殖民地的前途及政制改革。因此，港督戴麟趾（David Trench）於 1966 年籌組以狄堅信（W. V. Dickinson）為主席的工作小組研究地方行政制度。同年 11 月，《香港地方行政制度工作小組委員會報告書》出爐：建議在香港設立較為精簡的兩層政制架構，上層是港英政府，下層

是將市政局分拆為新成立的市區議會或區議會，市區議會或區議會民選議員與委任議員比例為 3：1 或 3：2（鄺健銘，2019：256-7）。「狄堅信報告」為港英政府 1980 年代的代議制度改革奠定基礎，但在當時經過五年討論後，依然被港英政府否決。

　　然而，為維護對香港的統治權，英國政府拒絕根據國際人權公約的規定賦予港人完整的政治權利。英國於 1976 年正式批准聯合國《公民與政治權利國際公約》，根據公約第 25 條（b）項關於實施平等選舉權和被選舉權的規定，作為英國海外屬地公民的港人應被賦予平等的選舉權和被選舉權。然而英國政府卻通過《聯合王國就公民權利及政治權利國際公約發表的聲明》，宣示「聯合王國政府保留權利，在涉及有關在香港設立一個經過選舉產生之行政局或立法局的問題上，不引用第 25 條（b）項」（王鳳超，2017）。藉此，英國避開根據國際人權公約應在香港推行民主選舉的責任及條約義務。當港督麥理浩（Crawford Murray MacLehose）於 1979 年受邀訪問中國大陸，獲知中方將在 1997 年收回香港主權，英國便開始為撤出香港布局。此前始終拒絕在香港推行民主政治賦予港人參政權利的港英政府，開始推行由下而上的代議制改革，試圖將香港政制由「行政主導制」轉向「議會民主制」（高馬可，2013：224-228）。港督開始推動代議政制，使港人逐步取得參政權。同時英國政府也逐漸放寬對香港的控制，港英政府自主權逐漸上升，例如獲得財政自主、匯率自主等權力，至此港英政府的權力已逐漸接近高度自治政府。

二、港英統治末期及主權回歸初期

　　1984 年中英雙方簽訂《中英關於香港問題聯合聲明》。隨著《聲明》的簽署，香港進入主權移交中國前的過渡時期。在這段期間伴隨冷戰結束、

六四天安門事件、東歐非共化、蘇聯解體等外部情勢的變化，英國亦加速
了香港政制的改革。1992 年，最後一任港督彭定康（Christopher Francis
Patten）就職，並在其首份施政報告中提出一套政改方案，主要關於 1995
年最後一屆立法局選舉的安排。1993 年香港立法局主席（1997 年後稱立
法會主席）首次由議員互選產生。1995 年立法局最後一次選舉，全數議席
由選舉產生；市政局、區域市政局與區議會廢除議員委任制，市政局與區
域市政局獲得實權，如財政自主權與土地使用權。港英政府還通過影響深
遠的「居英權計劃」及「香港人權法案條例」，為香港的自由和法治傳統
創造得以銜接至 1997 年以後的人權規範（高馬可，2013：224-228）。

　　《中英聯合聲明》及其附件屬國際條約，但若其於主權移交後的香港
具備法律效力，則須透過大陸及香港的國內立法才能實現，此即《基本
法》。1997 年，香港主權移交中國大陸，受《中華人民共和國憲法》和《基
本法》管理。政治體制名為三權分立，但港英時期的行政主導色彩仍在，
加上香港並無以執政為目標的政黨政治，故立法權對行政權的制衡力量不
足，司法權則相對保持獨立。《基本法》第 2 條為「全國人民代表大會授
權香港特別行政區依照本法的規定實行高度自治，享有行政管理權、立法
權、獨立的司法權和終審權」。香港在主權移交後五十年內享有政治、司
法、經濟等層面的獨立。香港特首透過選舉委員會選舉或協商產生，由中
央人民政府任命。行政會議，其前身為殖民時期的行政局，由 14 位正式
成員與 15 位非正式成員組成。立法會議共 70 席，其中 35 席由地方分區
民選產生，另 35 席則由「功能組別」選舉產生。

　　2003 年，港府強行推動《基本法》第 23 條的立法，引入中國大陸《國
家安全法》之規範，時任保安局局長葉劉淑儀更聲稱，香港特別行政區應
自行立法禁止任何叛國、分裂國家、煽動叛亂、顛覆中央人民政府及竊取
國家機密的行為。此一立場激起港人對政治權利限縮的擔憂，導致爆發 50

萬港人上街「七一遊行」（王鳳超，2017：205-210）。最終《基本法》第23 條立法被擱置，董建華在任期屆滿前下台。此為北京及港府對治港思維出現結構性轉變的轉捩點，此後北京對「一國兩制」的解讀逐步從尊重「井水不犯河水」的「兩制」，轉向為強調「中央授權論」的「一國」。港府更不願加快政改，賦予港人普選立法會及特首的選舉權。

三、陸港摩擦及政制變動期

　　2014 年 8 月 31 日「全國人大」常委會通過的 2017 年香港特首選舉辦法中，雖最終同意港人「一人一票」選舉產生行政長官，但又規定候選人必須先由 1200 人組成的提名委員會篩選，並獲得半數以上通過方具有資格參選，而且候選人數亦限於二至三人。許多港人及民主派人士對此方案自然無法接受。但北京卻認為已履行港人得以「一人一票」選出香港最高領導人的承諾，並強調在候選人方面設置篩選機制，是為了防止出現中央政府無法接受的人選，且此一設計亦是《基本法》第 45 條所允許，故該方案屬「合情合理」。港府支持並貫徹 2014 年 8 月 31 日「全國人大」常委會第二次的《基本法》釋法。此次釋法基本上否決香港 2017 年進行行政長官和立法會「雙普選」的訴求，被稱為「831 決定」。同年 9 月 26 日至 12 月 15 日便爆發俗稱「雨傘革命」的「占中」運動。其目標包括實現真普選、撤回「831 決定」、廢除立法會功能組別，改為直選議席、梁振英辭職、確立公民提名為行政長官選舉的提名方式之一（鄺建銘，2019）。此項運動最終雖以失敗告終，卻讓港人對港府及北京變相剝奪其政治權利的政策作為更加不滿。同時亦促使香港本土思潮的崛起，特別是在香港年輕人當中最為明顯。

　　在 2016 年 9 月舉行的香港立法會選舉中，本土派的梁頌恆、游蕙禎

及鄭松泰皆當選，加上亦支持香港自決理念的朱凱迪、羅冠聰、劉小麗及姚松炎，香港立法會一度有多達七位本土派議員，儼然成為繼建制派、民主派之後香港政壇的第三股勢力。但港府及北京亦立即以「宣誓風波」為由藉法律手段褫奪梁頌恆和游蕙禎的議員資格。港府亦高調起訴參與「占中」行動的示威者，希望達到警示和阻嚇作用，並削弱本土派的影響力。與此同時，北京則向傳統民主派示好，邀請民主派議員至中國大陸訪問，意圖孤立本土派力量。2017 年的行政長官選舉亦在意料中由北京青睞的候選人當選。至此，香港本土派聲勢暫時受挫，但本土思潮漸為當前香港年輕一代的主流思想。

　　林鄭月娥上任之初，原欲讓社會休養生息、和解共生，將施政聚焦於社會權的保障及完善。然而，港府於 2019 年 6 月欲強推《逃犯條例》之修訂，遂激起香港空前的「反送中」運動，警民爆發武裝衝突、社會動亂，嚴重影響香港的經濟發展及社會秩序。此一運動直至同年 11 月的區議會選舉，由非建制派大勝後，始逐漸趨緩，但暴亂和失序的運動過程卻進一步分化香港的官民、警民和世代的關係。然而，中共於 2020 年旋以通過及實施《港區國安法》作為最終回應。此舉對陸港互動及兩岸關係皆產生重大影響。美國國會通過《香港人權與民主法案》（Hong Kong Human Rights and Democracy Act），並宣示該國將履行國際社會賦予香港民主自由的歷史承諾，並懲治迫害民主人權的官員。[11] 然而，在社會層面，由於國安法和選制變革的現實制約，香港的本土思潮有更朝向「生活化」及「曖昧化」的低調趨勢。亦即由日常生活、政社事件及運動的感知及觀察所形塑的「生活方式與自由價值」式的本土主義，不再全然上綱至仇共意識形態及新興民族認同的層次。此一思維甚至帶有務實性及犬儒性，在「民主

---

11 參見美國參議院《香港人權與民主法案》，https://www.congress.gov/bill/116th-congress/senate-bill/1838。

自決」的夢想和「一國兩制」的現實之間求取平衡和停損點。

「反送中運動」凸顯香港嚴重的貧富差距及分配正義問題，但北京及港府對徹底改變香港百年來官商共治的政社結構，仍投鼠忌器。此因當中涉及根深柢固且盤根錯節的官商利益，和中共黨內外的利益競逐。林鄭雖於上任之初疾呼「彰顯社會公義」，但港府對於透過公共投入來推動社會資源的二次分配，卻力有未逮。這顯示港府自殖民地時期至特區時期關於分配正義及社會保障的消極政策思維並無變化。尤有甚者，香港作為自由港，重商文化向來是社會主流，經濟發展凌駕社會保障的思維仍不易撼動。從 1999 年到 2017 年，香港報章論述「經濟發展」的社評總共有 8,527 篇，但聚焦於「社會發展」的只有 1,487 篇，不及前者的 18%。若聚焦在四大報章（《蘋果日報》、《東方日報》、《明報》及《大公報》），比例亦相近（羅金義 2017）。由此觀之，北京及港府長期視為治理上具有重要工具性的政商共生結構，在近年來香港經歷如此波折的教訓之下，恐需和「解殖工程」一併被解構及撬動。唯有從改善民生和分配正義入手，再逐步觸及政制改革的重啟，今後香港方能漸漸擺脫「中央看守」和「官民疏離」下的穩定和發展。

肆、陸港互動變遷對兩岸關係發展之影響

一、《港區國安法》對兩岸關係之挑戰

對大陸而言，台港不同之處在於，香港是已被摘除翅膀的鳥，「動亂」已結束，今後聚焦的是清理戰場及建構完整防火牆。台灣則是還有翅膀且想飛遠的鳥，即使北京已越來越有自信掌握兩岸關係發展的節奏和主動性。因此，對台並非清理戰場，而是設定戰場，無論是「惠台」、「窮台」

還是「迫台」（廖士峰、周志杰，2021）。產生前述轉折的宏觀驅動力在於，對岸透過總結兩岸交流三十年來對統一模式及路徑的思辨，以及分析兩岸形勢的變化之後，對解決「台灣問題」的思考，已從上個世紀的雙方對等「互統」，扁、馬時期的「和統」，逐步轉向由大陸主導的「融統」及「迫統」的交互運用。這其實是為了因應台灣內部從「緩統」、「不統」到「反統」的民意轉變及走向。執此，中共在兩岸官方溝通中斷及雙方缺乏政治互信的情況下，除了關注台灣內政、涉美及涉外的言行外，更將強化以自己公權力所及的手段及資源促進統一。因此，大陸治港經驗成為涉台政策的借鏡及啟示。換言之，對治港經驗反思及檢討的結果，可運用於遏止「法理獨」及未來實行「一國兩制台灣方案」可能出現的合法性及制度對接等問題。循此，《港區國安法》的制定與實施，勢必具體反饋至大陸國安法制體系在兩岸及涉台層面上的思考，進而以鞏固「一個中國」原則為主的涉台上位法制的增補及整合，以利大陸的立法及公權力，作為得以涵蓋台灣管轄領域內的居民，乃至於貨物和財產。

　　首先，從《港區國安法》的針對性及強制性來看，經過一段時間積累的執法樣態、判案和釋法實踐後，藉由港府的實踐作為，可作為未來補強涉台法制體系的依據。換言之，可以借鏡《港區國安法》之立法及實踐經驗，續以單邊立法方式確立當前「統一前台灣當局」政治與法律定位。例如以《反分裂國家法》為上位法，制定實施細則；或制定《國家統一法》或類似法規，並將國家安全相關之事項，得準用大陸《國家安全法》及《港區國安法》。其次，《港區國安法》詳列四類罪行之構成要素及最低量刑刑度，可為大陸《國家安全法》執法時所準用，甚至成為未來《反分裂國家法》實施細則制定的重要參考依據。特別是在大陸《國家安全法》中屬於「同胞」、「居民」身分，而非「公民」身分的台灣人，賦予遵守之義務，藉此明確化台灣居民在大陸國安法制上的身分和責任。

特別是《港區國安法》第 43 條及實施細則，已對台灣居民在港及在境外的言行和活動產生影響。例如，台灣民眾在台灣或世界各地一旦出現涉及中共所認定之「台獨」及其他分裂「中國」領土之言行，即可能涉法而成為《港區國安法》追訴之對象（第 20 條）。台灣民眾亦可能因直接或間接同情或支持香港「黃絲」[12] 的言行而觸法，事實上已對台灣在地的表意自由造成影響（第 37 及 38 條）。尤有甚者，《港區國安法》所指涉之「境外勢力」亦可包含台灣在內，此一定性若真確，台灣其實已屬於敵對勢力。因此，今後牽動台港及兩岸關係的觀察重點在於反對台獨、港獨且支持九二共識之傳統親台組織及僑民，在港持續為兩岸和平及中華民國存續發聲，以及為香港持續的民主進程及維繫人權法治環境疾呼時，是否會受到限制或遭援引《國安法》控罪。再者，任何「中華民國」等同於「台澎金馬」、民主自決、兩岸互不隸屬、台灣不是「中國」一部分之類的「華獨」言論，是否亦可能被控以分裂國家之罪行？另若在香港室外公開展示中華民國之旗、歌等政治符號、強調一中各表下的「中華民國」，是否得依九二共識的法理脈絡，而不視為分離主張或言論，頗值得觀察。最後，港府勢必配合或揣摩北京涉台政策及作為之研判和指示，對港台互動採取限縮的作法，如近期香港已自行關閉其駐台辦事處。

二、港台連動對兩岸關係走向之影響

中共向來擔心外國介入香港事務。2004 年，時任大陸「全國人大」常委會香港基本法委員會主任喬曉陽訪港時，曾提出要防止「外國」干預香港內部事務，到 2009 年改口為反對「外來勢力」干預香港內部事務，之

---

12 泛指在香港同情或支持「反送中運動」的訴求主張及激烈抗爭手段者。反對前述立場者，則泛稱為「藍絲」。

後的說法則是反對「外部勢力」干預香港內部事務（袁求實，2015：16-8）。《港區國安法》則更明確針對「境外勢力」的防範。「外國」與「境外」、「外部」、「外來」僅一字之差，但無非就是直指台灣。尤其近年來美國極力遏制中共軟硬實力的向外擴張，港台被華府視為抗中的前線區域。中共對台港成為「反中」基地的疑慮已轉為確信，對港獨出手壓制，更劍指台獨。今後，兩岸政府在包括《港區國安法》在內的各自國安相關法規的施行上，以及雙方對間諜及情報行為定義及株連的擴大化，是否出現和緩跡象或較具彈性的配套細則，將是影響兩岸民間、商務及文教交流在疫後能否恢復的關鍵。換言之，今後影響兩岸社會互動氛圍的兩項指標：兩岸當局是否持續強化對兩岸主張的言論和交流管道的箝制；是否持續強化己方民眾對彼方官民的異己和敵對意識。另外，大陸是否進一步深化「台灣方案」的法理、制度的論述及設計，以及將之與既有涉台政策工具加以結合、是否積極推動兩岸民間的「民主協商」，將是持續引發兩岸言語交鋒的題材。

　　蔡政府藉「反中」成功連任後，台灣多數民意已向北京表達懷疑一國兩制、正視中華民國存在的立場，但反倒更堅定北京推進統一的決心和意志，而非領會台灣民意的變化，而在兩岸政治定位上主動釋出彈性。兩岸對抗氛圍的降低和務實善意的營造，著實不易。香港向來是兩岸溝通及互動的另類場域，但近年來卻因台港抗中連動而喪失此一重要功能。台方持續譴責陸方和港府對香港政制的改變和治理的緊縮，其效果即是兩岸關係持續僵持，台港關係更無從修補。是故，既然港台公權力間重建基本互信困難重重，恢復香港在兩岸溝通上扮演角色的空間和作用，就更加遙遙無期。而且，今年（2021年）是中共建黨百年，亦是「十四五」規劃開局之年，中美博弈起伏、疫後經濟復甦、社會維穩及雙循環成長的初效，皆是習近平在2022年召開的中共「二十大」能否順利部署第三任期的關鍵。

蔡政府同樣面臨在2022年地方選舉取勝及2024年延續民進黨政權的壓力。故雙方仍有因為內部治績差、聲望低而以「強硬對台」或「抗中愛台」作為轉移民眾焦點和凝聚支持的政治需要性。

　　事實上，兩岸在劍拔弩張的情勢下，仍有緩解的空間，但雙方皆缺乏「袋住先」[13]的基本互信和氛圍。2020年下半年，大陸藉由紀念台灣光復七十五周年和馬習會五周年的活動，以及電影《八佰》的熱映，傳遞的信息在於一方面提醒台灣朝野，九二共識仍在，和平才是常態，而且兩岸一中存在於雙方現行憲法。另方面亦重新釋讀可連結兩岸的「中華民國」在對台戰略上的紐帶和話語作用。2021年3月在回應台灣陸委會新任主委邱太三的「創造性模糊」說法時，大陸國台辦發言人馬曉光亦還原了「原汁原味」的九二共識（楊家鑫、周志杰，2021）。顯然，大陸亦已體察，「一中各表」是客觀陳述兩岸法理現狀的現在式；共謀統一是直觀勾勒兩岸發展方向的未來式。北京重新默認各表的空間，有利於促使「中華民國」在台灣由「反統擋箭牌」、「反獨護身符」還原為「兩岸連結點」。然而，自2021年下半年起台灣立法院將啟動修憲議程。台灣各政黨基於政治展演需要而為之言行及提案，是否觸及台灣現行憲法關於主權、疆域及相關政治符號的修改，蔡政府管控的程度將成為兩岸互動的新風險。再者，為應對台灣面臨去主權化的危機，民進黨恐將加速盤點現有法制，將「大陸地區」相關條文外國化，將「台灣省」的地方性字眼去除。另亦可能偕同美國制定類似科技間諜法，並在「國安五法」的法制配套上明確台灣居民對「中華民國（台灣）」（不含大陸地區）的忠誠義務及責任。

　　若此，大陸勢必進一步對台獨定義更加機動化及擴大化，將台獨法理界定的言論上綱至國安層級，警告亦提醒雙方憲法宣示彼此主權相互重疊

13「袋住先」為粵語「抓住機遇、先求有再求好」之意。

的紅線。「迫統」將成為政策工具箱內「備而待用」的選項。中共提出「十四五」規劃和 2035 年遠景目標的第 58 點，提及涉台政策的最後一句即重申「高度警惕和堅決遏制台獨分裂活動」。[14]「台獨頑固分子」清單的擬定，顯示大陸採行《港區國安法》的模式，以長臂管轄的治權延伸來「以法制獨」。今後是否擴及「台獨金主」及其他傾獨人士，值得觀察。更值得關切的是，中美科技經濟戰的持續，可能使台商面臨腹背受敵的窘境。從 2020 年 10 月底台灣聯華電子與美國司法部達成的認罪協議可以看出，聯電是因與福建晉華合作而連帶被美國盯上，以致受株連。台企成為美國探查大陸企業是否涉及「商業間諜行為」的汙點證人和取證破口。這將直接影響今後兩岸企業合作的意願和能量。若大陸亦仿效美國制定「不可靠實體清單」，甚至「台獨金主清單」，或以《港區國安法》作為手段，將更不利兩岸的商業合作及技術和專利交流。可以預見，台灣含金量高的科技產業在陸營商所面臨的主要風險，除了陸企的市場競爭和技術取代之外，合作夥伴的慎選和美方態度的掌握，恐怕亦是無可避免的新風險成本。

　　至於美國對制裁香港未下重手，仍在觀察國安法執行的力度和香港今後的可能定位，華府當然亦計算自身在政經層面的得失。其實，無論停止向香港出口國防相關零組件、在科技貿易方面實施新限制、取消香港特殊關稅待遇，或對支持中共損害香港自治之個人或企業、機構實施制裁，皆無傷及北京和香港的筋骨。事實上，阻撓香港維持港幣與美元聯繫匯率，以及排除中資及港資銀行於 SWIFT 之外，方是對香港金融地位的致命打擊。由此觀之，中美近年來的對抗，隨著疫情肆虐如自由落體般急轉直下，港台先後成為雙方走向攤牌的祭旗對象。當川普祭出貿易戰和科技戰，香港對北京的經濟作用已弱化。中共盤點損益後出手剷除華府續打香港牌的

---

14 《大公報》，（2021），「大陸高度警惕和堅決遏制「台獨」」，2021/03/06。http://www.takungpao.com.hk/news/232110/2021/0306/559126.html。

著力點，更藉機為香港徹底換血，向台灣展示決心。倒是華府取消香港特殊待遇，美國在港利益與影響亦將折損，金融制裁則投鼠忌器，顯見傷敵一千、自損八百，雙方還有博弈，最痛的還是港台民眾！

伍、結語：兩岸三地脫虛向實、擺脫零和

面對中共對港治理策略的變革，台灣不僅是旁觀者，更是下個可能的瞄準點。若蔡政府續行仇中反中路線，中華民國在台灣的存續，亦不再是可讓中共自省社會治理的內部矛盾，而是協助反華勢力腰斬其崛起的敵我矛盾。當中共看清民意，亦更看輕民意。台獨的虛實、藍綠的消長，北京恐怕懶得再看戲，拋棄幻想、操之在我，啟動以香港為支點的「法律戰」來對付民進黨的「民意牌」。令人憂心的是，若最壞的兩岸終局發生，將一併斷送港台過去積累之發展和治理經驗，可供中共改革所借鏡的正能量，以及兩岸三地彼此換位思考的土壤。陸、港、台兩岸三地的產、官、學、民，皆非生活在一個只有對抗及敵視的真空世界。激情過後，仍需回到現實世界努力踏實的為生計拚搏。眾多台港民眾所展現所堅持的理念和訴求，其目的亦無非希望北京能在涉港及涉台政策思維上進行反思、糾錯，並展現出彈性及善意，讓兩岸三地能相互尊重、共存共榮。換言之，面對及應處和北京的關係，仍是港台生存發展無可迴避的課題。這需要三方換位思考，共同努力恢復或重建彼此互信、諒解、尊重和包容，並體認到兩岸三地關係的和平穩定及社會互信符合三方的利益，否則陸港及兩岸當前的政治僵局難以解開。

蔡政府在讓美國再度偉大和讓中華民族復興的競逐夾縫中，選擇親美、去中、反統的路線。2020 年連任後，更以「中華民國台灣」為載體、以「台灣共同體」為召喚、以「兩國論」思維修訂國內法為路徑，鞏固現

狀下的「一邊一國」（Chou, 2018: 124-6）。中共勢必強化以陸為主的反獨促統，完善涉台法制、廣化台獨定義，單邊認定何謂「任何形式」的台獨並出手應對。事實上，過去兩岸對於如何穩定現狀、維持互信、界定台獨，已找到錨定雙方行事的法理座標，但揚棄了「歷史事實和共同認知」，兩岸上空飄浮的只剩風險。若高舉民意和依恃華府來成就務實台獨，是執政黨為台灣存續所標定的出路，《港區國安法》和選制變革的出爐，不也間接回答蔡英文給對岸的問卷？在可預見的未來，台灣極難拋棄自 1912 年沿用至今的「中華民國」國際法人地位，代之以創建新的「台灣國家地位」（Taiwanese statehood）（Chou, 2018: 144-5）。此因一方面須尋求世界各國的法理承認和建交，二方面須取得中共的諒解和容忍避免台海陷入兵凶戰危，兩者皆幾無實踐的可能性。故蔡政府因應中共藉《港區國安法》打擊其所認定之台獨言行的戰略選擇十分有限，僅能一廂情願地盼望美國採取具實質性的協助作為，反中文宣造勢對北京已無實質牽制。由於北京已認定台美同盟一體，《港區國安法》視台灣為境外勢力已是明證。未來中美針對香港之任何博弈，蔡政府與華府同調之任何發言及支持，皆淪為北京加劇兩岸敵對及緊張的理由。事實上，兩岸領導人應保持最基本的戰略定力，拜登政府儘管延續川普時期的遏中政策，但較傾向在保持自身理性的原則下遂行壓制北京的政策，並對台海保持戰略模糊的立場，據此制約兩岸可能的躁動，樂見兩岸維繫和平現狀。

　　其實，蔡政府已陷入不願根本放棄「法理台獨」、不敢徹底拋棄「百年民國」的泥淖。若在習近平順利連任後及蔡英文總統任期屆滿前的 2022 下半年至 2023 上半年，兩岸或有共同回顧過去所成就「歷史事實和共同認知」的機會之窗。前者可視為對台工作的成效，後者可為繼任者留下較和緩的兩岸氛圍。其實，蔡總統可以創造兩岸破冰回暖的兩塊敲門磚：（1）維護「統一」在台灣作為前途選項的權利，禁止打壓關於兩岸未來走向的

各種言論和方案，此亦為民主社會的應有之義；（2）表達當前兩岸關係定位的基礎是中華民國現行憲法。然而，若雙方無法排除內外部雜音，機會將稍縱即逝，兩岸因缺乏溝通、民情對立而導致雙方易生誤判，而擦槍走火的風險大增，兩岸上空飄浮著風險將成為 2024 年後的新常態。台灣早已陷入「分而不能離、偏而不能安」的窘境。目睹美國社會撕裂對民主的傷害，台灣民眾其實點滴心頭。當下台灣，既不願被統，也無法真獨。讓社會空轉內耗的統獨，說穿了是假議題！若持續內耗空轉，贏家只有政客，輸家就是百姓。其實，分辨政治與惡的距離很簡單，政客心繫下一次的政權，政治家心繫下一代的幸福！

參考文獻

一、中文文獻

王鳳超，2017，《香港政制發展歷程》，香港：中華書局。

李文，2017，《概覽香港回歸二十年來的社會發展》，台北「香港主權移交 20 年情勢發展與台港關係研討會」發言稿，台北：中華港澳之友協會。

貝加爾，2014，〈馬文輝與香港自治運動〉，《思想香港》，3。

周志杰，2019，〈放眼區域經濟合作機制以緩解台灣自陷之困局〉，《亞洲政經與和平研究》，1（1）（8 月）：9-14。

周志杰，2020a，〈疫情後中共壓縮我國際空間之可能作為及因應〉，收錄於亞太政策報告 No.109007，《2020 年下半年中共對台可能作為與因應》，台北：亞太和平研究基金會，頁 11-22。

香港學者專家來台觀選團座談會。台北：中華港澳之友協會舉辦，2020/01/09。

袁求實，2015，《香港回歸以來大事記 2002-2007》，香港：三聯書局。

高馬可（John M. Carroll），林立偉譯，2013，《香港簡史：從殖民地至特別行

政區》，香港：中華書局。

陸委會，2017，《香港移交 20 週年情勢研析報告》，台北：大陸委員會。https://ws.mac.gov.tw/001/Upload/295/relfile/7830/71596/32589f0c-9b76-4fcf-9818-7498aeb81203.pdf。

楊家鑫、周志杰（受訪），2021，〈當台海和平鴿變烤乳鴿，蔡英文炒短線的長期風險〉，《多維新聞》，2021/04/23。

廖士峰、周志杰（受訪），2021，〈北京設定台海新戰場，測試民進黨抗壓性〉，《多維新聞》，2021/03/23。

黎恩灝，2019，《社會保障的政治》，https://www.inmediahk.net/node/1051156。

鄺建銘，2019，《港英時代：英國殖民管制術》，香港：天窗出版社。

羅金義（主編），2017，《回歸 20 年：香港精神的變易》，香港：城市大學出版社。

二、英文文獻

Chou, Chih-Chieh. 2018. "Contending Notions of the Cross-Strait Status Quo in Taiwan and Across the Strait: Impacts on U.S.-Taiwan Relations." *The China Review*, 18(3) (August): 121-148.

Lui, Tai-lok, Stephen W.K. Chui, Ray Yep. 2019. *Routledge Handbook of Contemporary Hong Kong*. NY: Routledge.

Rabushka, Alvin. 1979. *Hong Kong: A Study in Economic Freedom*. CA: Stanford University.

三、網路資訊

BBC，2020，〈香港《國安法》草案細節引發的五大爭議〉，6 月 22 日，https://www.bbc.com/zhongwen/simp/chinese-news-53134200，查閱日期：2021/05/21。

大公報，2021，〈大陸高度警惕和堅決遏制「台獨」〉，《大公報》，3 月 6 日，

http://www.takungpao.com.hk/news/232110/2021/0306/559126.html，查閱日期：2021/05/21。

周志杰，2020b，〈拜登勝出、兩岸暫喘口氣〉，《中時電子報》，11 月 8 日，https://www.chinatimes.com/opinion/20201108003596-262105?chdtv，查閱日期：2021/05/21。

周志杰，2020c，〈台學者稱兩岸緊張態勢或將緩解〉，《參考消息》，11 月 10 日，第 13 版，http://202.123.106.7/ckxx/20201110/a13002JQ.html，查閱日期：2021/05/21。

周志杰，2020d，〈港版國安法是兩岸互動的快篩劑〉，《蘋果日報》，5 月 30 日，https://tw.appledaily.com/forum/20200530/DRWXIJMJVOTJS5DO45PZGCHTI4/，查閱日期：2021/05/21。

信報，2017，〈「回歸 20 周年」香港 GDP 占中國降至不足 3%〉，《信報電子報》，6 月 5 日，https://pse.is/LLAPJ，查閱日期：2021/05/21。

美國參議院，《香港人權與民主法案》，https://www.congress.gov/bill/116th-congress/senate-bill/1838。

香港特區政府，《中華人民共和國香港特別行政區基本法》，https://www.basiclaw.gov.hk/tc/basiclawtext/images/basiclaw_full_text_tc.pdf。

香港特區政府，《中華人民共和國香港特別行政區維護國家安全法》，https://www.gld.gov.hk/egazette/pdf/20202444e/cs220202444136.pdf。

香港特區政府，2021，《2021 年完善選舉制度（綜合修訂）條例草案》，港府新聞公報，https://www.info.gov.hk/gia/general/202104/13/P2021041300557p.htm，查閱日期：2021/05/21。

香港條例，《香港人權法案條例》，https://www.hklii.hk/chi/hk/legis/ord/383/s8.html。

制度化促進合作？
回歸前後香港與台灣關係的盛衰 [1]

趙致洋

（倫敦大學亞非學院政治與國際研究博士生）

羅金義

（香港教育大學大中華研究中心聯席總監）

摘要

　　本文通過研究香港－台灣關係這案例，反思國際關係理論在城市層面的適用性。自由主義制度論者認為，從戰略利益看，建立制度將促進交往雙方之間的合作，因為它們在合作當中提供資訊以促進相對收益，這在無政府主義體系中障礙重重。然而，香港回歸中國之後，與台灣關係的發展卻恰恰相反。形式化和官僚化的互動方式，促使香港官員在對台灣的敏感關係上做出保守的決定，扼殺了過去維持香港作為兩岸關係緩衝站所需的戰略性模糊。

　　尤有甚者，特別是在民進黨執政期間，制度化進程彷彿打開了缺口給予台灣以國際關係方式與香港互動，跨越了北京的「一個中國」紅線。加上近年台港兩地公民社會的交往越加密切，北京遂對制度化的港台關係逐漸施以箝制。香港與台海兩岸以前微妙的互動，當兩岸衝突期間發揮槓桿作用，在 1997 年之後已然被大幅削弱。香港與台灣關係未來的發展，甚或比兩岸關係更悲觀。

關鍵詞：港台關係、制度化、城市外交、戰略性模糊

---

1 本文作者得助於香港教育大學社會科學系的「小型研究項目」贊助，謹此鳴謝。然而，本文觀點由作者負責，與贊助者完全無關。有關本文分析的覆蓋時段，由於香港現任特首林鄭月娥上任不到兩年社會爆發「反修例運動」，歷時超過半年，震驚中外，港台關係也出現巨大變化。這種變化未必不能納入本文的分析思路，但肯定要以另一篇論文的篇幅處理。所以本文的分析基本上截止於林鄭月娥上任前的 2017 年夏天，此後的事態只做簡單交代。

壹、制度化：戰略誤判？

　　無論是哪一學派的理論傳統，國際關係學科的基本研究單位主要是國家。然而，城市之間在國際政治層面的交往日益增多，對這一前提提出了挑戰。今天，城市之間都有從事雙邊、多邊關係交往，包括姐妹城市機制、多邊合作機構等等（例如 United Cities and Local Governments，Sister Cities International）。十多年前，Pluijm and Melissen（2007）開展「城市外交」（City diplomacy）概念的論述，以捕捉城市與城市為了代表自身利益而交往的機制。然而，跟治理學和城市社會學等學科的文獻相比，尤其是在理論化層面上，國際關係學科直到最近幾年才對此有所反應。一般認為，城市的崛起是對國際關係學科，以國家為中心去理解國際體系的一次考驗。Simon Curtis（2011, 2014, 2016a, 2016b）認為，這種挑戰令致關於現代國際體系形成的假設不再穩妥。然而，他同時認為這是國際關係學科的理論資源為研究全球城市做出貢獻的機會，甚或通過對國際關係的流程性理解（processual understanding）來改革學科本身。在研究城市的結伴式實踐和城市與城市結對，Joenniemi and Sergunin（2017）反思到國際關係理論中蘊含的「內部」與「外部」、「國內」與「國外」、「國家」與「國際」之間的傳統界限越見模糊。針對城市交往制度化的經驗越見普遍。本文就國際關係理論應用在香港與台灣在城市層面的交往的適用性，採取了不同的思路，或有助於將城市跟國際關係聯繫起來的研究文獻更為豐富，探索國際關係中城市層面交往制度化的機遇和挑戰。有鑒於此，我們明白本文所討論的行為者，在最嚴格的意義上不是「國家」（儘管台灣在實際上具有不少國家性質），但我們認為港台關係可以視為對非常規傳統理論的考驗。

　　在進一步討論案例之前，先簡要地察考國際政治中關於制度化的不同

觀點，即現實主義和制度主義。根據制度主義理論，國際關係中的制度化是指：建立規範和促進國與國合作的機構。然而關於制度化是否真的有利於國與國之間合作的爭論，一直是國際關係理論現實主義和自由主義傳統之間的一條潛線（diving line）──雖然它們都認為國家是自身利益行為者，並承認國際體系是無政府狀態，但他們對國與國之間合作前景看法不同。現實主義認為，無政府狀態下的國與國合作受到欺騙和相對收益所制約。在這種情況下，國際機構無法減輕無政府狀態對國際合作的制約作用（e.g. Grieco, 1988; Mearsheimer, 1994）。相反，新自由主義制度論者認為：即使在無政府狀態的國際制度中，機構在促進合作方面還是具有中心性的（e.g. Axelrod and Keohane, 1985; Keohane, 1984, 1989）。核心區別在於他們如何理解無政府狀態國際體系之下的成果。現實主義者認為，在合作當中國家只關心相對收益，而這其實很難成事，因為國家都害怕在現實世界中被欺騙。即使各國成功地達成國際協定，他們還是會擔心其他國家從這些制度中獲得的比它們更多收益。

　　相反，制度主義者反駁，通過降低核查成本和提供有價值的資訊，建立國際機構，正是要解決分配衝突，減輕對國家之間的欺騙和不平等的相對利益的恐懼。新自由主義制度論者的核心主張，是無政府狀態下的國家行為者會通過國際機構進行合作，以促進相互利益。根據其主要論者 Robert O. Keohane 的說法，這一觀點涉及制度對國家行動的影響，以及制度變革的原因（Keohane, 1989）。在自由貿易和相互依存的假設中，它與國際關係理論的自由主義傳統一樣，假定行為者必須從他們的合作中獲得潛在利益。然而，與其他自由主義派系相反，新自由主義制度論者認為，國家之間的國際合作並不基於「利他主義、理想主義、個人榮譽、共同目的、內在規範或對一種文化中蘊含的一套價值觀的共同信仰」（Keohane, 1989: 189），各國選擇將合作制度化，是因為戰略計算。它還可促進瞭解

各國遇到的情況，並瞭解其他國家的動機和利益。在國際制度中，合作是指一個政府的政策通過「政策協調」的過程跟另一個政府的政策保持一致。這種談判通常以國際協定的形式進行（Keohane, 1984）。簡言之，國際制度鼓勵各國以嶄新的方式行事。

與其他非國家外交往往以非政治性議題為焦點，香港與台灣的關係，由於其特殊的歷史背景，仍然具有高度的政治敏感性。香港和台灣不僅有著二戰後「經濟奇蹟」的共同歷史，而且大半個世紀以來跟中國大陸的共產主義統治隔絕。更重要的是，香港與台灣的關係是東亞最微妙的關係之一，因為它倆關係的發展與兩岸關係的前景密不可分。雖然港台關係不是國與國關係，但由於兩岸關係的特殊性質，兩地的敏感地位，比起其他非國家行為者享有更多的對外交往自主權。也由於此，香港回歸後北京制定了「一國兩制」模式以吸引台灣統一，是涉及領土主權的國家級優先事項之一；香港也是兩岸之間的交流管道。因此，港台合作的意義不應只著眼於社會和經濟協議，更應考慮其政治對話。

台北在香港回歸後不久首次提出設立機構來管理雙邊關係的想法（即制度化），認為這將提供更直接的互動方式和更多資源。2002 年這種呼籲首次獲得回應，將管理雙方關係的職責轉到正式的政府部門，最後在 2010 年為雙方建立了正式制度以促進雙方合作。然而，運用國際關係學科中的傳統理性主義去考察這一特殊處境，不一定準確，因為行為者的戰略利益不再僅是經濟性的，而是與政治考慮糾纏在一起。具體而言，自 2010 年以來港台關係的制度化，已經扼殺了此前互動之間那種微妙的戰略性模糊（strategic ambiguity）。雖然在馬英九時代，制度化一開始時促成某些合作協議，港台關係看來似乎越見密切，但我們認為正是由於制度化，香港對這關係的管理日趨規程化和官僚化，在決策上往往保守。換句話說，即使中國官員不直接指揮香港政府的決策，官僚們也傾向於優先考慮「不冒

險」，並且緊密跟隨北京的官方路線，特別是在敏感和複雜的問題上，例如兩岸關係。最終，制度化不是促進合作，而是使港台關係更加脆弱，更容易受兩岸關係波動所連累——2016年台灣總統大選政權更迭之後發生的事態證明了這一點。換言之，香港已經失去在兩岸政治中扮演機動角色所需的靈活性；設立辦事處處理港台關係，最終偏離了鼓勵兩地互動和溝通的初衷。[2]

貳、「制度化」前的運作有何作為？

根據制度主義理論，行為者之間的相互經濟利益是合作的前提。在港台關係上，經濟考慮當然也是雙方計算的一部分。長期以來，兩岸貿易往來被禁，香港一直是台灣對大陸和東南亞大量貿易和投資的中心。1996年（九七回歸前夕），香港是台灣最大的出口目的地，占台灣出口的24%以上。政治上，雖然兩大政黨（國民黨和民進黨）的兩岸立場不同，但兩黨都認為香港與大陸不同，人民對自由和民主有著與台灣相似的願望。因此在1997年政權交接後，台灣打算為了經濟利益而與香港保持友好關係，各方都有建立良好關係的善意。

然而，港台互動不僅在於經濟。作為英國的殖民地，香港歷來接待過許多國民黨成員，他們在1949年前後未能從大陸逃往台灣，香港是許多殘餘勢力的家。他們組成了一個有條理、親密的社群，對香港社會有相當大的影響。在蔣介石遷台初期，國民黨甚至利用香港作為情報中心，準備對大陸進行反攻（李曉莊，1997；Lombardo, 1999）。在回歸前，香港亦被視為一個中立場所，雙方可以進行對話，從而達成所謂的「九二共識」。

---

2 香港現任特首林鄭月娥上任不到兩年，社會爆發「反修例運動」，歷時超過半年，震驚中外。港台關係也出現巨大變化，這種變化未必不能納入本文的分析思路，但肯定要以另一篇論文的篇幅處理。所以本文的分析基本上截止於林鄭月娥上任前的2017年夏天，她任內的概況本文只能略做補充。

香港為雙方調解和增進相互瞭解提供了間接管道，如果兩岸關係惡化，香港可以充當緩和緊張局勢的緩衝器。換言之，香港的本質是在兩岸的困難領域中遊走，為政治調整提供靈活性。當兩岸關係緊張時，香港在戰略上含糊不清的地位，令它的作用相當重大，對港台互動至關重要。

　　九七回歸對當時的港台貿易和社會聯繫造成很大的不確定性。港台關係從兩個獨立實體之間的關係，變成了兩個有領土爭議的「中國」之間的次關係。香港成為中國的一部分，而不是雙方仲裁的中立地。九七回歸前，北京提出了一個前所未有的「一國兩制」模式。一般相信這不是專為香港而設計，而是北京希望利用這作為示範，吸引台灣與中華人民共和國統一。這種前所未有的安排、確定性和穩定性，是當時各方最需要的。為了平息疑慮的波瀾，北京在 1995 年公布了《香港涉台問題基本原則與政策》（俗稱「錢七條」），以確保所有現有的「非官方」聯繫都可以在北京的控制之下維持。作為中華人民共和國的核心國家利益之一，北京希望通過經濟和社會手段，利用這些聯繫，吸引台灣實現國家統一（Fravel, 2008）。為了在當時的處境下為「錢七條」加持，這份文件於 1995 年 5 月高調發表——那是正值台灣李登輝總統訪美之行獲得華盛頓祝福，兩岸關係明顯不穩定之際，第三次台海危機馬上爆發，不久解放軍在台灣海峽周圍進行了一系列「導彈試驗」（Zhao, 1999）。不管兩岸關係未來發展如何，北京曾希望通過港台的聯繫，保持一個溝通管道。在這種框架下，港台互動被刻意設計為非正式的，沒有制度，使雙方靈活地運作，有別於大陸的海峽兩岸關係協會與台灣的海峽交流基金會之間更為正式、有組織的互動。

　　九七回歸之後初期，港台關係的發展大致遵循了這些安排，運作順利。香港特區政府設立了一個名為行政長官特別顧問的職銜，向行政長官「提供建議」。葉國華獲行政長官董建華委任為「制度以外」的特別顧問，專門管理港台關係，以符合「錢七條」的「非官方」要求。他與董建

華關係密切，但不被視為政府官員。這種安排在制度上故意模稜兩可，在與台方政治人物打交道時提供靈活性，葉國華也是一位在兩岸具人脈和知識的商人。在他任內最重要的目標之一是與台灣建立和保持良好關係，因此他積極參加港九工團聯合總會等親台組織舉辦的多項活動（1967年中國大陸的「文化大革命」波及香港，有謂港英政府某程度上得到親台工會的幫助，使得左派工會罷工對社會的衝擊有所緩和；其後港英政府盤算，容讓親台人士在香港有一定活動空間，有助平衡左派勢力）（中央通訊社，2020）。不過，他巧妙地否認在這些場合代表官方立場，而只為自己說話，強調自己的非官方角色；但台灣人士仍希望透過葉國華瞭解香港對台政策及其底線（李曉莊，1997）。雖然這種安排在達成協定時可能更間接和欠效率，但連同一些具有政治頭腦的人，足以在如此複雜的情況下，為履行香港的角色提供良好關係的前景和機會。

　　雖然葉國華公開宣稱，港台交往必須遵循兩岸關係，但實情是他在兩岸關係的動盪時期維持了港台關係，充當了兩岸之間的政治槓桿（Shen, 2010）。最典型的例子是在1999年7月李登輝的「兩國論」引發動盪之後，香港與台北之間的首次「港台雙城論壇」未受影響，於翌年1月舉行，再次年續辦。這是兩岸局勢緊張期間進行的第一次城市外交。雙方討論交通營運和管理等非政治性城市治理問題。事實證明，這些聯繫對於在兩岸關係不確定時保持溝通，至關重要。雖然葉國華曾說台灣官員很難訪問香港，但在民進黨執政之後一年，國民黨籍的馬英九也獲港府接受以台北市市長身分來訪。訪問期間馬英九成為香港特首正式接待的第一位台灣官員，董建華也成為五十年來第一位與台灣高級官員正式會面的香港領袖。此外，葉國華每年都會出席「雙十國慶」活動，以表示他對台灣的善意。據報導，九七回歸後有關活動在室內可以照舊舉行，也是葉國華跟台灣駐港代表鄭安國達成的默契（中央通訊社，2020）。

　　那階段雖然未有簽署正式合作協定，兩岸關係時見波動，但港台雙方仿效回歸前的非官方風格以維持穩定關係。另一方面，這樣的架構下的港台關係在很大程度上依賴領袖的個人魅力。此外，由於葉國華不屬於任何特定政府部門，港台關係在資源上頗為有限。台灣方面多年來一再提出——包括 1998 年行政院副院長劉兆玄（成報，1998）、1999 年台灣駐港最高代表鄭安國（星島日報，1999）、2001 年陸委會副主委陳明通（香港經濟日報，2001），等等——正式的制度和解難機制可以提供更好的服務，這也符合制度主義理論的邏輯。台北對制度化的明顯熱情，正如新自由主義制度論的建議，是希望盡量增加雙方可得的資訊，減少作弊的可能性。再者，台北（特別是民進黨政府）也許有另一個動機，就是透過將與香港的互動制度化，促使對方認可台灣的「外交」地位，「國家」身分彷彿漸次浮現。然而，後來事態的發展不如預期。

參、政制事務局：一個規避風險的制度？

　　似乎在沒有仔細考慮政治影響的情況下，香港於 2002 年回應台灣對制度化的呼籲，取消由非官方的特別顧問去處理港台關係，將其職責轉移至擁有大量財力和人力資源的正式政府部門——政制事務局（2007 年更名為政制及內地事務局）。這是走向正規化和制度化的第一步，也是董建華推行主要官員問責制的一部分。該制度旨在將做出「政治決定」的政治責任，包括有關與台灣關係的決定，由被任命的主要官員而不是職業公務員承擔（Cheung, 2003）。此舉嘗試將港台關係制度化，將之安排在官僚架構中。這一轉變最初被認為是雙方都歡迎的作法，包括葉國華在內的香港官員都肯定此舉可為發展對台關係提供豐富資源，而不只是通過像葉國華這樣的中間人。

　　然而，這種制度化並沒有像期望的那樣成功。那年頭是雙方關係的其中一個低谷。例如在 SARS 疫情期間，當台灣要求香港遊客隔離十天時，雙方關係緊張。陳水扁總統治下日益敵對的兩岸關係影響了港台關係。然而，不僅制度化不能促進合作，而且政制事務局／政制及內地事務局的官方性質，也限制了跟台灣互動的職能不容偏離官方政策。在政治敏感環境下處理這種關係，一個正式的政府部門缺乏靈活性和外交技巧去發揮香港的作用。由政府部門去管理這種關係也跟「錢七條」相矛盾，限制了兩地政府之間的官方聯繫，破壞了以前享有的戰略模糊性空間。

　　更重要的是，管理這種微妙關係需要政治上的精明。主要官員問責制的初衷是提高香港高官的認受性和問責性。然而，在一個不民主的政治制度下，主要官員問責制只會令官員就敏感的政治問題做出決定時畏首畏尾，這也是在這種背景下推行制度化的主要缺點之一。為了避免被追究責任，香港官員寧願犧牲與台灣保持友好關係這首要目標，做出保守決定。[3]民進黨執政期間的幾個事例都反映了這種困境：政制事務局局長沒有到台灣的「雙十國慶」宴會以示善意，以前的特別顧問卻可以自由出席。2005年廣受歡迎的馬英九沒有獲准訪問香港，招致台灣官員的批評，批評港府將一切事務正式化，指責香港應對兩地關係惡化負責。即使在同年國民黨和大陸的關係回暖，台灣駐港代表還是不被允許在香港機場內，跟當時的國民黨主席連戰會面。事件反映香港官員的自我審查性格，限制了任何可能導致尷尬的互動機會，而這種姿態肯定不利於雙邊合作。雖然國民黨與大陸的關係轉趨友好，但港台關係並沒有透過「非官方聯繫」而加強。相反，台灣官員一再遭到香港拒絕，避免了任何尷尬或問責。因此，某些台灣官員抱怨說，某些大陸城市與台灣之間的互動甚至比香港更為密切。這

3　Bernard Silberman（1993）提醒大家，官僚在拖延疑慮時有不止一種「理性」的反應，即：1）它們將提供有效的對策，以克服既定政策目標與官僚執行之間一些長期存在的差距；2）回應不是功能性的，卻是個人對未來不確定性的恐懼的反應，而這樣一來，一些政策將永遠不會實施。

一情景也闡明了台灣方面在策略上逐步轉變，而香港作為兩岸關係中間人的重要性也逐漸回落。

直到國民黨在 2008 年總統大選中重新掌權，並設計了緩和的兩岸政策，港台關係才恢復友好。香港政府非常積極地在符合中國與台灣和解政策的「安全」條件下尋求與台灣的聯繫。然而，當海峽兩岸保持友好關係時，香港的協調作用也不那麼重要。

在 2008 至 2010 年建立正式機構以推行進一步制度化之前，香港政府官員對與台灣關係的態度發生了顯著變化。港台關係首次出現在行政長官2008 年的《施政報告》當中，提升了兩地經濟合作的重要性。雙方重新進行了互訪，包括國民黨籍的台中市市長胡志強、台北市市長郝龍斌，以及民進黨籍的高雄市市長陳菊等高層政要。香港政府也自 1997 年首次正式接待台灣官員，並同意於 2009 年 4 月在香港和台中舉行雙城論壇。在此期間，政制及內地事務局局長林瑞麟也兩度以官方頭銜訪問台灣，並跟台灣政府的大陸事務委員會主委會面。林瑞麟還宣布成立港台經濟文化合作促進會和台港經濟文化合作策進會，這是未來交流的平台。因此，無論訪問是否正式，雙邊的親密關係跟國民黨勝選前的心態形成鮮明對比。毫無疑問，由於兩岸關係緩和，港台關係改善是值得歡迎的。然而隨著港府越來越配合北京的政策，香港逐漸喪失了在兩岸關係矛盾時期發揮的影響力，而這種結果是由於雙方的互動與合作在 2002 年開始制度化而漸趨僵化所致。港台關係的命運，只能依循兩岸關係的發展模式。

肆、兩岸關係制度化的兩難

隨著兩岸關係緩和，港台政府成立民間組織，專門跟對方進行「促進經貿文化交流」，雙方關係進入制度化的另一階段，但不過是建基於兩岸

關係確立的模式。對香港來說，港台經濟文化合作促進會跟北京和上海等大陸平台相似；反之，在台灣看來，台港經濟文化合作策進會跟台灣在世界各地有實無名（de facto）的大使館是等同的。換言之，這項安排實際上將台灣及其辦事處的地位降格至中國省一級。在兩岸關係密切的時候，制度化在促進合作的好處很快顯現出來——兩會攜手合作組織會議，協調政府官員之間的交流，以利於雙方老百姓的福祉，並獲授權在必要時簽署協定。港台經濟文化合作促進會在台北設立香港辦事處名為「香港經濟貿易文化辦事處（台灣）」，首度處理香港市民在台灣須協處的問題。這是在兩岸關係和解的背景下發展港台關係的高潮。以前，不平等的地位和缺乏共同平台是港台官方關係的主要制約因素，上述這平台可以提供雙方所渴望的相互性和確定性。然而，在處理問題時，以前的靈活性並沒有得到複製。雖然這種制度化的互動模式在達成協定時有一些短期的積極因素，但這種努力亦顯示香港在兩岸關係中的作用發生了根本轉變，取消了香港作為兩岸的政治槓桿和對話管道所需的模糊性，尤其是在雙方發生衝突之時，這種結構安排使香港成為一個普通的中國城市。

　　制度化在初期發揮了促進合作的作用。兩會在貿易、文化、旅遊、稅務、公共衛生等領域達成了近 20 項協定，並在食品安全、貨物過境避免雙重關稅和保險監管方面達成共識。台灣政府宣布來台的香港遊客可在網上申請免簽證、留台一個月。香港金融管理局亦與台灣有關當局簽署諒解備忘錄，加強銀行監管。制度化亦促進了兩地高層官員的交流，例如陸委會主委賴幸媛訪問香港，香港財政司司長曾俊華訪問台北。台灣兩黨的政治人物，包括民進黨前總統候選人謝長廷和民進黨籍台南市長賴清德也可自由進入香港。特別是謝長廷，不但與港府及公眾互動，還與某些大陸官員進行交流，從而恢復香港作為先鋒互動平台的特殊地位，例如民進黨與中國大陸的交往。

　　除了定期的官方互動外，香港政府的某些姿態也揭示了港台之間的友誼。首先，香港特首梁振英（2012 至 17 年）在辦公室接待了他第一位來自台灣的嘉賓——海峽交流基金會前董事長江丙坤，以示會面的正式性質。這是香港行政長官史無前例的舉動，過去港府官員經常因政治原因在辦公室以外會見台灣官員。

　　其次，香港與台北的標誌性雙城論壇於 2013 年 6 月重新召開，前一次要追溯至 2001 年馬英九擔任台北市長任內。論壇使兩個規模相近的城市能夠在城市治理方面交流經驗，其中政策轉移是相互學習不同領域經驗的主要方式（Evans and Davies, 1999）。事實上，鑒於這些論壇大多數是非政治性的，而且在城市層面，次級外交為台灣提供了新的機會，因為它可以繞過有關其國家地位喋喋爭議。這種「務實外交」戰略被視為台灣突破 1990 年代以來外交孤立的重要渠道（Pluijm and Melissen, 2007；張釗嘉，2005）。它也為香港和台灣建立正常關係提供了模式，無論兩岸政治發展情況如何。因此，香港也應該利用這一層面，通過建立定期組織論壇的機制，與台北保持聯繫（沈旭暉，2015）。然而，港府始終未充分發掘這種潛力。

　　第三，台灣官員在香港等待簽證的時間，往往被視為兩岸關係的一個指標。以台灣駐港「文化領事館」光華新聞文化中心為例，2002 年路平主任簽證的等待時間超過一年，但 2012 年李應平主任的時間已大幅縮短至不到一個月，顯示港府有信心批准台灣高官來港。

　　最後，老百姓行動自由的程度也表明了另一個政府備受信任的程度。因此移民制度對公民越自由，關係越好。2008 年以前，台灣居民可以無需簽證在香港停留最多七天。後來持有大陸旅行簽證的台灣居民的留港天數延長至 30 天。自 2012 年 9 月初起，台灣居民在入境前可在網上辦理手續。高度便利的入境安排，鼓勵兩地人員流動。此外，在梁振英的第一份《施

政報告》中，台灣前財政部長劉憶如被招攬為經濟發展委員會非官方成員。在處理這些敏感關係時，政府務實的態度是顯而易見的。

伍、當制度化遇上社會政治運動

　　雖然港台關係自 2010 年以來享有一些制度化帶來的好處，但 2014 年在靈活性方面遇到挑戰，最終暴露了制度化在這種特別背景下的缺陷——面對政治衝突時未能促進合作。兩個社會自身的發展引發了一些不確定因素，爆發了兩場大規模抗議中國的政治運動。雖然引爆這兩場運動的背景不盡相同，但都是為了在各自的社會中消除中國日益增加的控制和影響力。2014 年 10 月開始的雨傘運動是對抵抗北京對民主的理解和控制的直接反應，要求北京恢復對香港賦予自治的承諾，並爭取香港有真正普選（Chan, 2014; Wong and Chu, 2017）。這是香港爭取民主化的一件大事。然而 2014 年 3 至 4 月在台北發生的太陽花運動，對港台關係的影響尤為顯著。這次運動令台灣將會「香港化」的念頭萌生（Kaeding, 2014），即台灣在所謂的「中國因素」之下正以某種方式走上了 1997 年後香港的命途。台灣真的害怕類似香港的統戰工作正在台灣發生，最終會被迫與中共統治下的大陸統一，違背民眾的意願。太陽花學運期間「今日香港，明日台灣」的口號，就清楚反映了這種心態。

　　自 2008 年以來北京嘗試透過經濟利益來贏取台灣民眾歸心的戰略遭遇重大挫折，對海峽兩岸所推行的政策的尖銳反駁，也引發反思。更重要的是，在港台關係的背景下，北京吸引台灣按照香港模式統一的計劃一敗塗地。因為近二十年來「一國兩制」在香港的實行是反面示範。這就引出了一個問題：香港在兩岸關係上是否仍然可扮演調停角色？

　　這兩場政治運動也轉化了港台關係的性質。他們匯聚香港和台灣的公

民社會，抵抗他們的「共同敵人」。運動之後的這種敘述促使兩個社會，特別是公民社會的活躍人士，意識到了他們在抵制「中國因素」方面的共同經驗。這種認識在港台關係中發展了民間社會之間互動這一新層面，在以前這是不活躍的。直到近年來才發展出來，顯示他們的團結（Kaeding, 2014）。例如自 2012 年反國民教育運動以來，一直享有國際知名度的傘運領袖之一黃之鋒多次訪問台灣，表達他們爭取民主的決心，並在運動後與太陽花運動領導人林飛帆和陳為廷分享他們的經驗。除了主流的社運人士外，另有一群在傘運之後出現，被稱為「本土主義者」的，主要爭取香港自決和獨立；2015 年 5 月他們首次訪問台灣，與台灣的獨派分享經驗。然而，後來被北京國台辦稱為「港獨與台獨匯流」。這種政治判斷表明，北京對香港回歸後曾受到鼓勵的港台民間交往表示可疑態度。

　　理論上，「新公共外交」（new public diplomacy）（Melissen, 2005）的實踐不限於政府之間，也在於人民之間，香港有可能展示「一國兩制」不光彩的一面，是因為香港社會容忍不同觀點和意見，因此公共外交有巨大潛力可以為一個國家提供軟實力（Nye, 2008）。香港和北京當局迫切需要說服台灣接受任何形式的統一（Wang, 2008），然而鑒於北京近年的敵對態度，這些互動並不為港府所樂見，甚至使現有的港台官方聯繫在制度結構下惡化。在中國威權狀況和對香港日益增強的控制之下，民間互動不幸地被視為對政權安全的威脅，而政權安全對中共政權至關重要。因此，為防止中國政府可能陷入尷尬境地，當台灣社會活動人士計劃在香港與同行會面，並參加 2014 年在香港舉行的七一大遊行時，他們的簽證立即被港府取消（沒有提供解釋），是沒有政黨背景的台灣公民首次被拒絕入境。此舉發出了一個明確訊息，即港府不歡迎那些被認為會對中國大陸造成威脅的人。這不僅違反了鼓勵民間社會互動的「錢七條」，而且正助長了兩地公民社會活躍人士一直所相信的──「一國兩制」只不過虛有其名。換

言之，香港政府並沒有解決根本問題，反而刺激了裡裡外外的公民社會活躍人士，為他們「加油」，合理化他們的經常性交流。從整體情況來看，原初以為制度化能防患於未然、在事前化解潛在衝突，但期望落空了。

陸、失敗的港台關係制度化

　　儘管受到上述不確定因素影響，當時仍是馬英九執政時期，制度化的官方互動並沒有在社運之後馬上中斷。港台經濟文化合作促進會和台港經濟文化合作策進會於 2014 年 12 月和 2015 年 9 月舉行聯席會議，但達成的協定減少了。第五次會議回顧了過去一年中各領域的合作成果，並同意研究在氣候服務等三個方面的合作前景。較近期的一次會議討論五方面的合作，但沒有跟進。該平台的成就之一是促進與台中市（2014 年 7 月）和桃園市（2015 年 8 月）舉辦城市交流論壇，研討他們在旅遊、機場和物流業等事務上的經驗。香港－桃園論壇特別重要，因為它是香港與民進黨市政府之間的首次城市論壇，論壇展示了雙方有能力超越政黨界限進行溝通。這再次表明，港台城市之間的交流可以繞過政治爭論找到出路。不過，這些交流要在國民黨仍然執政時期才有可能。換句話說，只有在兩岸關係友好時，制度化開展的互動和溝通才有效果。再者，雖然不能一筆抹殺這些活動的效用，但它們是臨時性的，不會在衝突時發揮解決機制作用。這種認知證明是重要的，因為在分歧出現時，制度化的重要優點之一未得善用——向對方提供有價值的資訊以保持合作（Keohane and Martin, 1995）。

　　經濟合作框架是帶來具體利益的最重要協定之一。例如，兩岸經濟合作架構協議（ECFA），也是香港官員以令三地經濟協同效應得到最大發揮，但制度化的互動始終未能達成任何協定。香港高層官員曾在各個議會

上多次建議進行商議，爭取對香港有利的互補性產業鏈。台灣反應冷淡，雙方只是同意研究建立這種框架的可能性敷衍了事，台方拒絕就任何談判時程表做出回應。這態度反映了當前港台關係互動的局限性之一：當雙方關係變得緊張時，這類議程也被一併放棄。這例子促使人們反思，這些制度化團體能夠承受 2010 年以來兩岸關係發展的多少衝擊？制度化不是為了在雙方自身的利益上促進經濟合作，而只是使會議一些技術性部門的交流形式化，卻未能帶來重大利益。

從經濟上講，在 2010 年台灣與中國大陸簽署貿易協議後，香港在兩岸貿易中的中轉作用備受削弱。2010 至 2016 年兩岸轉口貿易年增長率僅 6.4%，比 2004 至 2010 年的 8.5% 下降不少。2010 至 2016 年港台貿易的年增長率為 3.57%，從 2004 至 2010 年的 6.34% 下降更甚；跟中國大陸的貿易關係日漸向其他城市發展，而不再著重以香港為分銷中心。因此，誠如香港經濟貿易文化處主任承認，台灣並沒有感到任何迫切性要跟香港簽訂類似協定。然而，如果沒有這類協定，香港的經濟發展可能會落後於一個日益強調區域經濟產業鏈連通性的世界（Khanna, 2016）。作為一個城市，香港必須特別參與全球化世界中的區域化貿易網絡。因此港府官員一直對此熱心，未能就這類協議進行談判，削弱了香港在全球化和區域化世界的競爭力，比起在那些平台達成各個領域的零碎協議，帶來更多負面效果。

迄今為止的發展似乎證實了新自由制度主義的理性邏輯：在 2016 年民進黨的蔡英文當選總統的背景下，制度化的局限性都暴露出來。由於太陽花學運揭示了國民黨政府管治不善，民進黨在選舉中以壓倒性優勢獲勝，選民期待它對兩岸關係採取強硬態度——至少是在話語上。例如，蔡英文拒絕承認「九二共識」，而只接受「九二談判」的「歷史事實」。就北京的「一個中國政策」，這是一條紅線，民進黨政府的態度無疑激怒了北京；在這種非一般的兩岸環境下攤牌，排除了港台關係的建設性模糊——

它曾經是兩岸合作的關鍵之一。

　　然而，在民進黨政府治下（例如陳水扁時期）兩岸關係緊張時，香港經常被利用為模糊的管道，通過非正式會談的溝通去緩解兩岸衝突，是為港台關係的重點之一。然而，這種功能卻因為雙方關係制度化，以及社運人士的互動提高了北京的警惕性，日趨薄弱。這一時期是二十年來港台關係的最低點，緩和衝突的作用乏善足陳，反而兩地政府之間的敵視程度可堪與兩岸關係比擬，甚或更糟。

　　蔡英文勝選之後，官方關係在制度化之下戛然破裂。高級官員或政黨領導的互訪結束（表1），港台經濟文化合作促進會和台港經濟文化合作策進會的會議中止，多年來建立的信任和友誼被兩地政府之間的「口水戰」所取代。社會運動領袖再次成為焦點，他們的活動「提醒」了港府要防範任何潛在「危險」。例如，針對有關台灣「時代力量」將為參與2016年立法會選舉的本土主義組織「青年新政」造勢的報導，港府甚至在報導得到證實之前就明確駁回他們來港訪問的可能。當台灣陸委會對當時兩位被取消資格的香港立法會議員游蕙禎和梁頌恆的民主合法性予以認可時，當局警告台方不要干預香港內部事務。這是港方對台灣政府首次發出這樣的警告，顯示港方對台灣新政府的評論的高度關切和敏感。導致港台關係惡化的最重要因素，無疑是2016年支持獨立的民進黨上台執政。它最初鼓勵港台互動，把香港作為兩岸關係的緩衝站，從此不再是一回事了。香港在兩岸關係中的角色出現微妙轉變，在敵對時期香港作為相互談判的調解作用逐漸減少，港台之間的戰略模糊性被明確性取代，香港是中華人民共和國的一部分，並且嚴格遵守北京的兩岸政策。

　　同時，儘管官方層面的互動被切斷，但當異見者備受控制越見嚴苛時，香港和台灣的民間社會合作只會進一步被啟動。否則，這兩個社會將沒有共同目標。自2016至2017年，香港社會運動領袖已至少五次公開訪問台

表 1：各政府高級官員和高層政治人物互訪次數（包括過境）

香港政府	董建華時期 （1997 ～ 2005）		曾蔭權時期 （2005 ～ 2012 年）		梁振英時期 （2012 ～ 2017）	
台灣政府	李登輝 （1997 ～ 2001 年）	陳水扁 （2001 ～ 2005 年）	陳水扁 （2005 ～ 2008）	馬英九 （2008 ～ 2012）	馬英九 （2012 ～ 2016）	蔡英文 （2016 ～ 2017）
訪問次數	2	2	4	21	16	0
總計	4		25		16	

資料來源：作者整理媒體報導。

灣，既尋求支援，並討論如何打破目前北京控制下的香港社會僵局的策略，這是香港回歸以來最頻繁的時期。作為團結的姿態，立法院的民進黨籍和時代力量立委在 2017 年組成了「台灣國會關注香港民主連線」。這些行動強化了上述香港政府因港台關係制度化而創造的內在慣性。換言之，港府在處理對台關係時，已越來越謹小慎微和自我保護。由於北京更直接地干預香港事務，港府一直唯北京馬首是瞻，避免在敏感的兩岸問題上做錯決定而承擔任何政治責任。2016 年 8 月國務院台灣事務辦公室和中央人民政府駐港聯絡辦公室決定，拒絕任何有正式職務的民進黨政治人物來港，這是北京首次做出這樣的決定和聲明，而不是香港政府，這也顯示了香港在對台關係方面的決策權逐漸轉移到北京。許多台灣知名人士，不論政治派別如何，後來也被拒絕入境。這種趨勢繼續損害香港的獨特性，不利於港台和解。香港在處理對台關係失去自主權，只會促進港台關係和兩岸關係的同質化。

　　2017 年夏，林鄭月娥上任特首以來情況每況愈下，應該在 2018 年 7 月來港履任的台北經文處主任盧長水長期不獲發給簽證，在台對口的香港經文處主任也是在差不多同期出缺，迄今未補。2019 年 3 月，當時人氣高的國民黨籍高雄市長韓國瑜過港一天，特區政府在整個接待過程被明顯矮

化（趙致洋、羅金義，2019），只能成為北京對國民黨統戰、排擠民進黨政府的一枚不重要的棋子。2019 年 6 月香港爆發「反修例運動」，正是源於港台雙方政府無法解決一名港人在台灣殺人案的引渡問題；嫌犯陳同佳至今仍未能到台灣投案、受審，是為港台關係喪失以往靈活性的最新例子。「反修例運動」期間，一方面台灣官民對香港社會爭取民主的抗爭者在輿論、物資和具體措施上施援越來越多，另一方面北京對於港府以警暴「制亂」越見支持，於是台港社會對反抗北京霸凌更加同仇敵愾，而「一國兩制」的形象就差劣至無可挽救的地步（馬嶽，2020）。

　　2020 年夏天於香港實施的《國安法》進一步在法律上標示台灣為「境外勢力」，港台交流有機會背上「勾結境外勢力」的罪名，令制度化的模式更加難有進展——如果不是名存實亡。2020 年「雙十國慶」在香港的活動不論是室外的還是室內的都備受阻撓，參與籌備活動多年的元朗區議會副主席麥業成慨嘆，這是 1967 年「六七暴動」之後首次「斷纜」，過去出席人數數以千計，是否從此成為絕響（香港 01，2020）？

柒、結論：戰略模糊性終結？

　　本文嘗試從傳統國際關係理論出發，探討制度化對「城市外交」的影響。雖然新自由主義制度化理論相信制度化將為雙方帶來更密切的合作，但本文指出制度化的聯繫在城市層面，並不一定有助於上述理論期望的深化合作。反之，我們的案例顯示，城市背負的國家政策，深深影響著「城市外交」制度化的效能。也許這個案有助大家對日益增多的城市關係研究文獻做出批判性反思。

　　在香港和台灣的特殊背景下，制度化的互動賦予了台灣「國家」地位，這跟北京保持港台之間非正式和非官方互動的紅線互相矛盾，亦將香港在

兩岸關係上扮演調解人角色的戰略模糊性弱化了。儘管在 2010 年左右一度出現過樂觀的跡象，但自民進黨執政以來，制度化的缺陷立即顯現。在香港回歸初期，港台關係非正式地進行，儘管民進黨執政期間兩岸關係緊張，但港台關係仍然維持。2016 年以來，雙方關係的鼎盛時期已被敵視台灣所取代。

香港回歸以來雙方都希望通過制度化促進合作，但這種善意並沒有轉化為更具體的經濟和政治成果。制度化帶來了一些協定，例如加強雙方人民的流動、增加直航和其他許多技術協定，但其他重要協定，如深化自由貿易協定，即使兩岸可以完成貿易協議，港台也未推進相關談判；兩地歷屆政府領袖也從未互訪。

除了兩岸關係發展的不確定性和不穩定因素，特別是在李登輝和陳水扁執政時期（Wong, 2007），其實大環境的變化也不利於港台關係的發展。首先是台灣歷屆政府自 2000 年開始就逐步開放貿易，兩岸批准貿易協議之後，大幅削弱香港作為大陸貿易中轉站的經濟角色。換句話說，香港對兩岸經濟的影響力日漸式微。

其次，作為對台北違反紅線的回應，北京在包括香港對台關係的決策在內的方方面面，都加強了對香港的控制。無論假設是否屬實，這種看法無疑削弱了香港在兩岸關係中的獨特性和自主性。從更廣泛的背景看，這一假設也可以被視為中國的整體戰略，將香港從其他正在崛起的中國沿海城市邊緣化，這些情況削弱了香港作為兩岸關係特別調解人的政治角色。因此，港台關係似乎越來越錨定在兩岸關係的命途上已不足為奇，與最初的想法背道而馳。在這種背景下，制度化只會使情況變得更糟。大約十年前，上海國際問題研究院對香港在中國的城市外交上提出了這樣「功能定位」：「香港經濟發達、公民社會發展成熟，在開展公共外交、推動民間交流和擴展軟實力方面，有很大優勢。」（2009: 8）今天看來，這已經是

明日黃花了。

　　「城市外交」一直是香港和台灣的城市跟世界各地城市接觸的強項，這也是「次國家」（sub-state）政府在國際舞台上代表自己，在非政治性事務上發展互動的另一個好管道（Pluijm and Melissen, 2007）。台灣的城市一直非常積極地在亞洲和美國建立姐妹城市和友誼城市關係，以打破國家層面的外交孤立。自蔡英文就職以來，台灣的五個主要城市（五都）就建立了 17 個這樣的城市對城市關係。早在 2001 年，香港和台北不顧當時的陳水扁總統發表敵對言論，繼續舉行雙城論壇，這充分展示「城市外交」的作為。然而，由於制度化，自 2010 年以來上海和台北每年舉辦雙城論壇（柯文哲自 2014 年上任市長以來每年都有舉辦，橫跨兩黨政府執政），朱立倫可以以市長身分順利訪問南京和上海，高雄市政府也可以在沒有任何反對的情況下接待日本山形縣縣長（芋傳媒，2018）；其實自馬英九時代到今天的蔡英文時代（大約到 2019 年春），台灣已經至少有六位國民黨籍市長（包括台北、台中、嘉義、基隆、新北、高雄）八度訪問大陸城市，遍及上海、南京、廈門、寧德、深圳。過去十年來北京利用「城市外交」去做統戰工作，香港已經不再是「專利戶」；但香港與台北和其他台灣城市的關係仍然陷入僵局，港府一再無視台北市政府的邀請，因為擔心遭到北京反對。一方面這表明由於民間社會的互動，雙方關係的敏感性變得複雜起來；另一方面亦反映因為制度化互動模式，香港政府缺乏能力及雄心在外務上採取主動。只要這兩個因素依然存在，港台關係的前景是黯淡的。

參考文獻

一、中文文獻

上海國際問題研究院，2009，《國家外交政策下香港在鄰近地區的角色與作用》，
　　香港：香港特別行政區政府中央政策組。

成報，1998，〈台責回歸後官員來港難 訴特府務實溝通制度化〉，12月5日。

沈旭暉，2015，〈「港台雙城論壇」與「台港身分認同」〉，《明報月刊》，
　　2015年3月。

李曉莊，1997，《董建華的特別顧問：香港商人葉國華如何搭上政治這艘船》，
　　香港：明鏡出版社。

吳介民，2017，〈中國因素作用力與反作用力〉，吳介民、蔡宏政、鄭祖邦編：《吊
　　燈裡的巨蟒：中國因素作用力，與反作用力》：21-85，新北：左岸文化出版社。

星島日報，1999，〈鄭安國：調職醞釀多時 曾致力溝通惜事與願違〉，11月24日。

香港經濟日報，2001，〈台稱大三通 無損與香港關係〉，12月1日。

馬嶽，2020，《反抗的共同體：二〇一九香港反送中運動》，新北市：左岸文化
　　出版社。

張釗嘉，2005，〈城市外交之理論與實務──以台北市為例〉，《中山人文社會
　　科學期刊》，13（1）：55-93。

趙致洋、羅金義，2019，〈韓國瑜之行 見香港地位褪色〉，《明報》，4月1日。

二、英文文獻

Axelrod, Robert and Robert O. Keohane. 1985. "Achieving Cooperation under
　　Anarchy: Strategies and Institutions." *World Politics,* 38 (1): 226-254.

Chan, Johannes. 2014. "Hong Kong's Umbrella Movement." *The Round Table: the
　　Commonwealth Journal of International Affairs,* 103 (6): 571-580.

Cheung, Chor-yung. 2003. "The Quest for Good Governance: Hong Kong's Principal Officials Accountability System." *China: An International Journal,* 1 (2): 249-272.

Curtis, Simon. 2011. "Global Cities and the Transformation of the International System." *Review of International Studies,* 37 (4): 1923-1947.

Curtis, Simon (ed.). 2014. *The Power of Cities in International Relations.* London: Routledge.

Curtis, Simon. 2016a. *Global Cities and Global Order.* Oxford: Oxford University Press.

Curtis, Simon. 2016b. "Cities and Global Governance: State Failure or a New Global Order?" *Millennium: Journal of International Studies,* 44 (3): 455-477.

Evans, Mark and Jonathan Davies. 1999. "Understanding Policy Transfer: A Multi-level, Multi-disciplinary Perspective." *Public Administration,* 77 (2): 361-385.

Fravel, Taylor M. 2008. "China's Search for Military Power." *The Washington Quarterly,* 31 (3): 125-141.

Grieco, Joseph M. 1988. "Anarchy and the Limits of Cooperation: A Realist Critique of the Newest Liberal Institutionalism." *International Organization,* 42 (3): 485-507.

Joenniemi, Pertti and Alexander Sergunin. 2017. "City-Twinning in IR Theory: Escaping the Confines of the Ordinary." *Journal of Borderlands Studies,* 32 (4): 443-458.

Kaeding, Malte P. 2014. "Challenging Hongkongisation: The Role of Taiwan's Social Movements and Perceptions of Post-handover Hong Kong." *Taiwan in Comparative Perspective*, 5: 120-133.

Keohane, Robert O. 1984. *After Hegemony: Cooperation and Discord in the World Political Economy.* Princeton: Princeton University Press.

Keohane, Robert O. 1989. *International Institutions and State Power: Essays in International Relations Theory.* Boulder: Westview Press.

Keohane, Robert O. and Lisa L. Martin. 1995. "The Promise of Institutionalist Theory." *International Security,* 20 (1): 39-51.

Khanna, Parag. 2016. *Connectography: Mapping the Future of Global Civilization.* New York: Random House.

Lombardo, Johannes R. 1999. "A Mission of Espionage, Intelligence and Psychological Operations: The American Consulate in Hong Kong, 1949-64." *Intelligence and National Security,* 14: 64-81.

Mearsheimer, John J. 1994-1995. "The False Promise of International Institutions." *International Security,* 19 (3): 5-49.

Melissen, Jan (ed.). 2005. *The New Public Diplomacy: Soft Power in International Relations.* New York: Palgrave Macmillan.

Nye, Joseph. S. Jr. 2008. "Public Diplomacy and Soft Power." *The Annals of the American Academy of Political and Social Science,* 616: 94-109.

Shen, Simon X. 2010. "Affect of Regime Changes on Nonstate Actors in Taiwan-Hong Kong Relations (1997-2010): Publicly and Privately Affiliated Think Tanks As Case Studies." *Asian Politics & Policy,* 2 (4): 633-651.

Silberman, Bernard S. 1993. *Cages of Reason: The Rise of the Rational State in France, Japan, the United States, and Great Britain.* Chicago: The University of Chicago Press.

Van der Pluijm, Rogier and Jan Melissen. 2007. "City Diplomacy: The Expanding Role of Cities in International Politics." *Netherlands Institute of International Relations 'Clingendael',* 10: 1-42.

Wang, Yiwei. 2008. "Public Diplomacy and the Rise of Chinese Soft Power." *The*

Annals of the American Academy of Political and Social Science, 616: 257-273.

Wong, Timothy K. 2007. "The Triumph of Pragmatism: Hong Kong-Taiwan Relations." In Yue-man Yeung (ed.), *The First Decade: The Hong Kong SAR in Retrospective and Introspective Perspectives,* pp. 81-101. Hong Kong: The Chinese University Press.

Wong, Wilson and May Chu. 2017. "Rebel with a Cause: Structural Problems Underlying the Umbrella Movement of Hong Kong and the Role of the Youth." *Asian Education and Development Studies,* 6 (4): 343-353.

Zhao, Suisheng (ed.). 1999. *Across the Taiwan Strait: Mainland China, Taiwan, and the 1995-1996 Crisis.* New York: Routledge.

三、網路資訊

中央通訊社，2020，〈受制國安法 香港雙十國慶活動恐成歷史〉，10 月 10 日，https://www.cna.com.tw/news/acn/202010100085.aspx，查閱時間：2020/10/15。

芋傳媒，2018，〈城市外交　日本山形知事訪高雄〉，2018 年 5 月 28 日，https://living.taronews.tw/2018/05/28/43047/，查閱時間：2020/10/15。

香港 01，2020，〈雙十節港人紅樓外慶祝 進入孫中山銅像範圍內時遭保安攔截、推走〉，https://www.hk01.com/%E6%94%BF%E6%83%85/534148/%E9%9B%99%E5%8D%20%81%E7%AF%80%E6%B8%AF%E4%BA%BA%E7%B4%85%E6%A8%93%E5%A4%96%E6%85%B6%E7%A5%9D-%E9%80%B2%E5%85%A5%E5%AD%AB%E4%B8%AD%E5%B1%B1%E9%8A%85%E5%83%8F%E7%AF%84%E5%9C%8D%E5%85%A7%E6%99%82%E9%81%AD%E4%BF%9D%E5%AE%89%E6%94%94%E6%88%AA-%E6%8E%A8%E8%B5%B0，查閱時間：2020/10/15。

台港澳互動變局與結構挑戰

柳金財

（佛光大學公共事務學系助理教授）

摘要

　　自中國政府通過《港區國安法》後，對中台港澳互動產生新變局及結構性挑戰。檢視最近香港社會抗爭規模，國安法不僅已對其社會抗爭產生解離效果，也切斷香港社會運動與境外勢力政治社會組織聯繫。「寒蟬效應」發揮裂解香港政治社會組織抗爭及集體行動，避免與境外勢力產生「共振效應」。對台灣社會而言，恐產生「雙面刃效應」，亦即既會產生「寒蟬效應」，也可能增高「反中」路線飆漲。

　　就「寒蟬效應」來說，國安法運用「長臂管轄權」將實施對象擴及「任何人」，這對少部分反中、支援「法理台獨」或「正名建國」的台灣民眾或中間選民，將會產生「自我審查」限縮自身言論尺度，避免觸犯此法而遭刑罰。但同時也強化台灣社會對「一國兩制」反對、激化台灣認同及增加台獨支持度；尤其是刺激台灣社會反中路線抬頭，從而也不利於泛藍兩岸政治路線及兩岸關係發展。

關鍵詞：港區國安法、一國兩制、長臂管轄權、寒蟬效應

壹、前言

　　2020 年 6 月 30 日中國全國人大常委會通過《港區國安法》，因應未來香港如再爆發類似 2019 年「反送中運動」，據此「依法行政」、「依法治國」，強化中央政府對香港特區的「全面管治」，此法之頒布引發海內外震驚。贊成者認為《港區國安法》可視為中國政府基於延續「一國兩制」所提出「新社會契約」，香港市民只要履行一種最低義務，願意接受這些行為準則的香港市民，便能繼續安居樂業，這證明中國政府有信心恢復香港昔日繁榮（自由時報，2020）。反對者則質疑香港社會將由法治社會走向警察國家，扼殺言論自由與集會結社空間；尤其西方國家擔心中國政府此舉將扼殺香港國際金融中心、自由貿易港地位，導致「一國兩制、高度自治」名存實亡。

　　中國政府通過《港區國安法》，不僅引發西方社會及東亞民主諸國對黨國威權主義批判，惡化中國國際關係發展。同時，引起香港、台灣社會的「寒蟬效應」及反彈影響。例如《經濟學人》認為：《港區國安法》為二戰以來，對自由社會最大攻擊之一，世界應為中國崛起提高警覺。國際特赦組織（Amnesty International）表示，此立法「相當於香港近年歷史上對人權的最大威脅」。《紐約時報》（The New York Times）指出，此法將使中國政府之手更深入香港，可能激化西方國家與中國之間的衝突。《華盛頓郵報》（The Washington Post）更認為此法剝奪香港自治，且可能激怒美國採取報復性手段（中央社，2020）。

　　美國對《港區國安法》的反彈，為國際社會中最為強烈國家。2020 年 6 月 29 日美國國務卿蓬佩奧（Mike Pompeo）曾聲明：「中國決定剝奪香港的自由，迫使川普政府重新評估對港政策。」早在 2019 年 11 月 27 日川普（Donald John Trump）總統已簽署生效《香港人權與民主法案》和《保

護香港法案》時，要求國務院每年定期向國會遞交報告，以核查「一國兩制」實施承諾。之後美國商務部長羅斯（Wilbur Ross）宣布撤銷香港特殊貿易地位，暫停對港執行出口許可證豁免等優惠待遇，並禁止出口國防設備與敏感技術到香港（邵宗海，2020）。而美國取消香港的特殊經貿待遇，因香港是人民幣離岸交易中心，將損害香港的國際金融中心地位，也影響中國的國際融資。

據 NHK 新聞報導，日本執政的自民黨外交小組與外交調查會正草擬決議案，要求取消習近平以國賓身分到訪日行程，並對《港區國安法》立法表示嚴重關切。決議案提到此法生效後，許多公眾抗爭運動接連被捕，難以保證香港自由、民主等基本價值。同時要求日本政府採取措施保障在香港的日本人，亦應考慮支持香港居民，如對有意前往日本的港人發放工作簽證等。中國外交部發言人批評日本國內有人長期慣於對別國內部事務「說三道四」、進行政治炒作，沒有興趣和時間欣賞他們的「反華表演」。

《港區國安法》通過後，包括法國、英國、日本、歐盟 15 個成員國在內的 27 個國家，立即在日內瓦發表聯合聲明，呼籲中國政府應重新考慮《港區國安法》制定，宣稱該法已威脅到香港自治區的各種自由。同時，古巴代表 53 個國家發表聲明表示支持中國，並稱不干涉主權國家內部事務是《聯合國憲章》重要原則和國際關係基本準則。顯然，《港區國安法》頒布已引發各國爭論及靠邊站，強化自新冠疫情以來中國與美國在全球治理領導權之爭霸戰。

本文探討重點主要是分析中國制定《港區國安法》，導致台港澳互動產生變局與結構性挑戰，尤其是涉及政府與民間互動關係，以及其政治效應影響。從 2009 年澳門《國安法》到 2020 年《港區國安法》制定，由於兩地對中央政府政治立場與配合態度不同，前者由澳門立法會通過、澳門社會和民主派反對力量薄弱；後者則由「全國人大」常委會通過，香港社

會及民主派抗爭力度較大。儘管目前澳門《國安法》實施以來尚無民眾觸犯該法，顯然已產生「寒蟬效應」嚇阻作用；儘管這種「寒蟬效應」也會發生在香港及台灣社會，但香港社會多元化及批判性教育思維，恐怕其實施樣態未必會與澳門模式完全一樣。對台灣而言，《港區國安法》實施恐強化台灣社會對「一國兩制」反對、激化台灣認同及增加台獨支持度；尤其是強化台灣社會反中政治氛圍，從而不利於泛藍兩岸政治路線及兩岸關係發展。

貳、《港區國安法》實施後對香港社會產生衝擊

一、「寒蟬效應」與限縮公民權

（一）國家安全與公民權保障之衝突

中共《港區國安法》立法目的強調：國家安全與人權保障之衡平，援引適用人權兩公約。例如第 4 條規定：「香港特別行政區維護國家安全應當尊重和保障人權，依法保護香港特別行政區居民根據香港特別行政區基本法和《公民權利和政治權利國際公約》、《經濟、社會與文化權利的國際公約》，適用於香港的有關規定享有的包括：言論、新聞、出版的自由，結社、集會、遊行、示威的自由在內的權利和自由。」顯見中國政府已認識到擬定新國安法，必然遭遇海內外接踵而來的政治批判，人權保障必須符合國際人權公約規範。

同時揭露「罪刑法定主義」、「無罪推定原則」，例如第 5 條規定：「防範、制止和懲治危害國家安全犯罪，應當堅持法治原則。法律規定為犯罪行為的，依照法律定罪處刑；法律沒有規定為犯罪行為的，不得定罪處刑。」此條文強調「依法行政」、「依法治國」的法治精神，符合現在

刑法「罪刑法定主義」理念，明晰化犯罪的行為要件，排除法律執行模糊性。同時援引適用「無罪推定」原則而非是「有罪推定」，保障司法訴訟過程中相關當事人權益，避免造成冤假錯案（秦逸颯、林間，2020）。新國安法明確規範：「任何人未經司法機關判罪之前均假定無罪。保障犯罪嫌疑人、被告人和其他訴訟參與人依法享有的辯護權和其他訴訟權利。任何人已經司法程序被最終確定有罪或者宣告無罪的，不得就同一行為再予審判或者懲罰。」

雖然新國安法試圖在國家安全及人權保障立法取得平衡點，但在立法上仍無法擺脫國家主導模式，強化國家對社會管治。例如第 14 條規定：香港維護國家安全會工作不受任何機構、組織和個人干涉，決定不受司法覆核。這顯示中國政府在香港特區的國家安全工作具有高度自主性，此或可視為落實中央政府「全面管治」香港之表徵。《港區國安法》規範內容涉及若干公民權保障，例如在參政權方面，如第 35 條規定：任何人經法院判決危害國家安全罪行，即喪失參選和議員資格，或出任任何公職，以及選舉委員會委員資格。在司法審理方面，例如第 41 條：因為涉及國家秘密，不宜公開審理，禁止新聞界及公眾透露旁聽或部分審理程序。另第 43 條：警方經行政長官批准，可對有合理理由懷疑犯國安罪的人截取通訊和秘密監察；及第 46 條規定：律政司可以國家秘密為由，要求沒有陪審團（黎蝸藤，2020）。

據《香港特區政府憲報》公告，《港區國安法》第 43 條實施細則，包括獲取竊聽通信授權的指引。《實施細則》對《港區國安法》第 43 條授權警方搜查處所、竊聽通信、審查並指令網站刪除內容，以及凍結、充公個人財產與限制旅行自由的權力之執行。其中，搜查處所不局限於房舍，也包括車船、飛機與電子設備。此外，為有效防止和偵測危害國家安全罪行及保護涉及國家安全的資料的機密性，所有截取通訊及秘密監察行動的

申請，須經行政長官批准；而進行侵擾程度較低的秘密監察行動，可向行政長官指定的首長級警務處人員申請。新國安法強化行政權作用，而限縮司法權影響。

（二）限縮集會結社與遊行權利

　　中國政府通過《港區國安法》對香港內部社會產生「寒蟬效應」，限縮公民權保障範圍。此法頒布實施後將對公民產生「自我審查」作用，遏制言論自由、思想表達及政治主張、集會結社自由公民權，例如自 6 月 30 日深夜公布生效，香港至少有五個被視為「港獨」或本土主義的政治組織解散。包括曾主張「民主自決」的香港眾志宣布解散，其核心成員黃之鋒、羅冠聰和周庭已先行宣布退出眾志；主張「港獨」的香港民族陣線、學生動源宣布解散香港本部及成員；香港大專學界國際事務代表團宣布解散；2019 年 6 月「反送中運動」爆發後，11 個大專學生會組成大專代表團，動員各界支持美國國會通過香港人權與民主法案，以保障香港自治權也宣布解散。同時，香港親民主派陣營的社交媒體上，目前出現一股「刪文」潮，刪掉先前批評政府的文章，或刪除「港獨」或「光復香港，時代革命」的字句（老馬，2020）。外媒記者也表示《港區國安法》通過後，更難尋找受訪者願意接受採訪。

　　《港區國安法》通過後，香港政府除逮捕壹傳媒創辦人黎智英及高層，以及社運人士周庭等，8 月 26 日再有逮捕行動，民主黨議員林卓廷及許智峯等因涉及「暴動罪」等被捕，最少 16 人遭到逮捕。警方分別至林卓廷及許智峯住所逮捕兩人，聲稱涉及 2019 年屯門公園案件。香港民主黨引述警方所言，指林卓廷在「721 事件」中涉及「暴動罪」，兩人已分別被帶到沙田警署及西區警署。此波最少 16 人被捕，包括一名網路媒體記者，其中 13 人涉及 2019 年元朗「721 事件」（陳龍棋，2020）。

　　《港區國安法》生效後，消融香港內部社會組織抗爭頻率與規模。例如出現不少香港公民改掉臉書的名字，換成非本人頭像，成為只看帖、不發帖的網友；隱藏臉書分享可能涉及敏感相關國安議題帖文，不再運用WhatsApp、Telegram評論政治，並轉用「一閱即刪」對話內容的通訊軟件Signal。既往相關政治訴求恐觸犯國安法。例如若香港公民主張「港獨」、「光復香港」，可能觸犯「分裂國家罪」；高喊「林鄭（月娥）下台」、批判中國政府施政，可能涉及「顛覆國家政權罪」；與境外媒體聯繫評論敏感政治議題，恐涉及「裡通外國」、「勾結境外勢力」之嫌（風傳媒國際中心，2020）。換言之，頒布此法有利於削弱香港內部社會組織凝聚及抗爭，同時切斷其與外國勢力結盟的關係。

（三）強化對新聞媒體規範與治理

　　實施《港區國安法》旨在平息既往香港社會抗爭運動，例如2014年雨傘運動、2019年曾爆發反逃犯條例修正運動等抗議活動。尤其對媒體實施更嚴格的監管，避免產生社會抗爭的擴散效應。香港的公共廣播公司一向勇於嘗試追究官員責任，且新聞記者具有高度自主性。在新國安法運作下，香港電台的記者和電台單刀直入的調查報導似乎面臨風險，可能加強對香港原不受約束的新聞機構管制，傳統以英國廣播公司模式運作的香港電台已感國家規範壓力。

　　此外，《港區國安法》要求出版商、廣播公司，應避免可能被視為顛覆性、高度敏感性的政治議題討論，這可能導致國家對輿論傳播管道進一步控制，香港電台可能轉換成為國家宣傳機器扮演黨國喉舌角色，而失去相對自主性。《港區國安法》要求包括國安公署在內的幾個政府機構必須監督境內、外媒體，這引發部分公眾對新聞自由受到侵蝕而欠缺自主性質疑。根據第54條規定：駐港國安公署會與香港特區政府採取措施，加強

對外國和境外非政府組織和新聞機構的管理和服務。新國安法特別關注被認為是威脅中國主權獨立及國家安全事件，自香港回歸後，相關官員也曾一再呼籲香港電台與中央政府保持一致。

當媒體記者訪問香港特區行政長官林鄭月娥時，提及新國安法實施後，特區政府是否會保證香港的記者可以自由地進行報導。林鄭月娥回答是，若「香港的所有記者都可以 100% 保證，不會觸犯國安法的條文，那我也可以做同樣的保證」。換言之，香港媒體能否保有高度自主性，是在遵循國家法令，尤其是《港區國安法》前提下，一旦踰越法律授權，當無法享有新聞傳播自由。國安法實施導致媒體自我約束加強，例如有些新聞機構採取「先發制人」的措施，表達遵守新聞專業倫理，避免違反國安法。有些香港電台的記者表明其編輯已告知，請勿在新聞報導中強調支持「香港獨立」的口號；香港電台發言人伍曼儀表示：該電台記者「一直在專業地工作」，電台並非是「提倡香港獨立的平台」。顯見，《港區國安法》具有規範媒體報導作用（黃家茹，2020）。

二、強化香港政府與民主派人士對立與衝突

中國政府推動《港區國安法》，反而強化香港民眾對「一國兩制」反彈。「香港民意研究所」曾針對香港民眾是否同意或是反對《港區國安法》進行民意調查，6 月 29 日公布調查結果受試樣本中自評為「民主派」支持者中，有 96% 反對《港區國安法》；而自評為「非民主派」支持者則有 29% 反對《港區國安法》。根據香港中文大學「傳播與民意調查中心」進行民調顯示，64% 受訪者表示反對中央繞過立法會為香港立法，支持立法的有 24.3%。52.3% 受訪者同意港府有責任防範、制止和懲治危害國安的行為和活動，20.2% 表示不同意。換言之，《港區國安法》之通過，係由

中國政府繞過香港立法會所促成，香港民眾支持度頗低。

　　同樣地，根據「香港民意研究所」進行民調顯示，約 56% 受訪港人反對有關立法，當中 49% 更表示「強烈反對」，支持立法者有 34%，其餘一成表示無意見或未決定，其結果大致相同。然而，「反送中運動」的支持度有所下跌，由 3 月的 58% 降至 51%。香港民意研究所於 6 月 29 日至 7 月 2 日《國安法》生效前後進行調查，有 85% 民主派支持者支持「假如中央政府正式在香港推行國安法，美國政府根據《美港關係法案》，不再給予香港一些有別於中國的特殊待遇」，僅有 4% 反對。非民主派支持者則有 30% 支持該論述，反對者有 55%。整體而言，大約 57% 的香港受訪者支持美國取消香港一些特殊待遇的制裁措施，大約 29% 的受訪者表示反對。值得關注的是，香港政府極度反對外國就《港區國安法》可能引申出來的一系列制裁活動，此不啻顯示此法加劇香港政府與民主派人士對立與衝突。

參、中共在澳門與香港推動《國安法》之差異與示範

一、中國政府介入力度不同

　　中共於 2020 年 6 月始完成《港區國安法》立法及實施，然《澳門特區維護國家安全法》已於 2009 年實施。澳門與香港皆為特別行政區，香港自 1997 年回歸中國，澳門則於 1999 年回歸。澳門不僅早在 2009 年自行完成《基本法》第 23 條立法、制定《維護國家安全法》，並於 2018 年 9 月澳門政府成立「維護國家安全委員會」，由特首擔任主席，統籌協調維護國家安全事務；2019 年 2 月，澳門立法會通過法例，規定只有身分為中國公民的法官與檢察院司法官可被指派處理《國安法》犯罪案。香港

作為全球金融中心及國際自由貿易港，其開放性與相對獨立性遠比澳門為佳，且香港民主派在立法會中影響力，也大於反對派人士在澳門立法會作用。香港社會在行政長官及立法會選舉「雙普選」議題呼聲一直存在，澳門類似此議題倡議則微乎其微。儘管澳門《國安法》實施後並未被動用，但卻在澳門社會產生「寒蟬效應」。事實上，23 條立法已產生嚇阻效果，強化澳門民間社會和媒體輿論自我審查（張世賢、蕭督圜，2020：16-22）。香港與澳門在國安法之立法差異主要存在以下不同。

首先，立法層級不同。《港區國安法》出自「全國人大」、澳門《國安法》則是出自澳門立法會。香港自 1997 年回歸後尚未就旨在維護國家安全的《基本法》第 23 條自行立法，故在 2020 年舉行的第十三屆「全國人大」會議，制定《港區國安法》納入議程，並提出納入《基本法》附件三的形式，落實《港區國安法》。而澳門則於 1999 年回歸，且於 2009 年就《基本法》第 23 條立法，並於同年自行立法頒布實施《澳門特區維護國家安全法》。其次，兩地立法時間序列不同。澳門比香港更晚回歸中國，然卻早已制定《國安法》，其對中國政府所制定法律、政策指令較為服從，所以中國政府未設置中央指派人員介入。相對而言，表面上似乎中央全面管治之力度較為薄弱，但實質上澳門社會欠缺多元媒體生態及較為強大民主派人士，無力排除中國政府介入。

再者，中央政府介入力度不同。兩地同設「維護國家安全委員會」，委員會主席也皆由特首擔任，惟澳門國安委委員由澳門特區政府官員兼任，沒有設中央指派人員；香港國安委則是在委員會下設秘書長報由中央任命（《港區國安法》第 13 條），所設國安事務顧問皆由中央政府指派（《港區國安法》第 15 條）。中央政府指派「國家安全事務顧問」進入香港國安委，提供諮詢意見。此外，澳門亦沒有設駐地國安機構，而香港則設駐港「維護國家安全公署」。公署是中央授權直接設立，不受《基本

法》第 22 條所限，即「中央人民政府所屬各部門不得干預香港特別行政區根據本法自行管理的事務」。此標誌國安公署是繼中聯辦、外交部駐港特派員公署和駐港部隊之後，中央政府在港設立的「第四機關」。

最後，管轄權層級不同。澳門《國安法》並無特殊規定，按《澳門基本法》及一般原則由澳門法院有管轄和終審權。《港區國安法》規定，一般而言，香港對該法規定犯罪案件行使管轄權，但第 55 條規定情況，將由維護國家安全公署行使管轄權，最高人民檢察院指定有關檢察機關行使檢察權，最高人民法院指定有關法院行使審判權。而在訴訟方面，澳門《國安法》也無專門規定，遵循澳門司法系統的一般規定。《港區國安法》則賦予香港特首權力，指定法官處理國安案件，此實有違反「司法獨立」之嫌（《港區國安法》第 44 條）。

二、中央主導立法及刑罰差異

港澳兩地在國安法立法諮詢過程有所差異。2008 年澳門特首何厚鏵宣布啟動 23 條立法後，展開 40 天諮詢期，澳門街坊總會調查指出：僅六成受訪者知道《國安法》草案。澳門特區政府共舉辦五場諮詢會，當中僅一場開放給公眾，限定 17 位市民預先登記後發問，大部分發言者都表態支持《國安法》，未獲邀出席的反對派新澳門學社理事長陳偉智批評，此為「表面上是諮詢會、實際上是效忠大會」。2019 年 5 月中國政府出乎意料強推《港區國安法》，事前並未諮詢香港各界意見，甚至在表決通過前皆未公布草案全文。草案表決前一周，中聯辦舉辦 12 場閉門座談會，邀請香港政界、法律、商界、教育等多個界別共 120 人參與，不僅拒絕透露條文細節，同時重申中央有管轄權（施英，2020）。

同時，港澳區兩地國安法刑罰輕重不同。《港區國安法》主要針對的

四類罪行，包括分裂國家罪（第 20 條、第 21 條）、顛覆國家政權罪（第 22 條、第 23 條）、恐怖活動罪（第 24 條至第 28 條）、勾結外國或者境外勢力危害國家安全罪（第 29 條、第 30 條），並無對叛國罪做出規定，「恐怖活動罪」亦非《香港基本法》第 23 條所指有關國家安全的罪行。量刑起點分為判囚最少三年、五年或十年；主犯或策劃者刑期以監禁十年起算，最高可囚終身。《港區國安法》自立法以來，已有多起案件處於審判階段。儘管澳門《國安法》規定非常嚴厲及犯罪類型更為多元，包括「七宗罪」：叛國、分裂國家、煽動叛亂、顛覆中央人民政府、竊取國家機密，以及外國政治性組織或團體建立聯繫做出危害國家安全的行為，違者最高監禁三十年，為澳門最高刑罰，所規定罪行與《澳門基本法》第 23 條相對應。

　　澳門《國安法》自實施以來十一年從未執行過。澳門的刑罰相對較輕，若觸犯同類罪行，最高判囚二十五年。自立法以來，尚無任何一人觸犯。同時，澳門沒有無期徒刑，最高只有二十五年徒刑，澳門《國安法》對叛國、分裂國家、顛覆中央人民政府均處以十至二十五年徒刑，煽動叛亂刑期最高八年，竊取國家機密刑期最高可達十五年。但香港《國安法》規定，分裂國家罪、顛覆國家政權罪、恐怖活動罪、勾結外國或者境外勢力危害國家安全罪，最高均處無期徒刑（德國之聲，2020）。

肆、《港區國安法》實施對台灣社會衝擊

一、強化台灣社會「反中」路線

　　2020 年 8 月 6 日大陸委員會公布例行民調結果，調查顯示八成以上民眾反對中共制定《港區國安法》，侵害香港民主自由及司法獨立、破壞「一

國兩制（80.9%），及該法將全世界納入管轄（84.0%）、要求台灣政治組織及代理人提供涉港活動資料（84.9%）。此外，近八成民眾不認同港府在核發台駐港官員簽證時，增加額外政治條件（79.8%）。民調結果凸顯台灣主流民意認為，中國政府確實破壞香港「一國兩制」及傷害兩岸關係。

對比先前 6 月 4 日大陸委員會公布民調，有 82.0% 台灣民眾反對中國政府制定《港區國安法》，侵害香港民主自由及司法獨立，破壞香港「一國兩制」。同時，中央研究院社會所「中國效應研究小組」公布，於 2020 年 4 月 21 日至 5 月 28 日，電話調查「台灣民眾是否支持香港反送中」，結果顯示台灣有高達 67.1% 的民眾支持香港「反送中」運動，只有 32.9% 不支持（陳怡君，2020）。這顯示台灣民意也反對《港區國安法》，深恐該法未來將適用於「兩制台灣方案」；台灣民意正「走上一條遠離中國的路徑」，尤其年輕一代更為明顯。中國政府在香港特區制定《國安法》，也有作為一旦完成國家統一後適用在台灣的模式思維，這反而刺激台灣民意的「反中」意識揚升及路線抬頭。

此一形勢發展進一步強化台灣社會反對「一國兩制」（中央社，2020.07.08）。中國政府頒布《港區國安法》對台灣社會恐產生「雙面刃效應」。亦即既產生「寒蟬效應」，也會適得其反刺激「反中」路線飆漲。就「寒蟬效應」來說，由於此法擴及到「任何人」，這對少部分「反中」、支持法理台獨或正名建國的台灣民眾或中間選民，恐會產生「自我審查」從而限縮自身言論尺度，避免觸犯此法而遭刑罰。台灣社會無論是執政民進黨政府，或國民黨皆反對「一國兩制」，但民進黨公開拒絕接受「九二共識」；國民黨對「九二共識」的態度，從認同接受，轉為疑慮甚至宣稱「過時論」，後又提出立基於《中華民國憲法》的「九二共識」。但國民黨仍反對習近平所提「兩制台灣方案」選擇，反對「一國兩制」成為國、民兩黨的「台灣共識」；普遍民意皆是採取「維持現狀」立場（BBC 中文評論，

2020.09.09）。

自「習五條」推出以來，台灣民眾反對中國政府所提「一國兩制」，有的調查顯示反對聲浪已從 75.4% 到 90.0%，升高近 15%。此外，九成以上民眾反對中國藉疫情打壓台灣參與世界衛生組織（WHO），傷害台灣人民健康權益（91.6%）。根據大陸委員會 2020 年 8 月 6 日公布民調指出，台灣民眾反對對岸的「一國兩制」（88.8%），高達九成以上民眾反對中共武力威脅台灣（90.9%），及不認同對我外交打壓（91.8%）。七成以上民眾贊成政府完成「國安五法」修法及《反滲透法》立法，並贊成持續推動相關修法完善民主防衛法制（74.5%），八成以上民眾支持政府做好自我防衛，拒絕「兩制台灣方案」，捍衛國家主權及台灣民主（82.4%），以及主張兩岸交流應符合法令、秉持對等尊嚴及不設政治前提（84.4%）（徐筠庭，2020）。

二、刺激台灣認同與台獨聲浪

民進黨政府批判中國政府，在香港實施「一國兩制」五十年不變的承諾已失效；現又針對香港訂立《國安法》，批判其剝奪香港人權和自由，將損害香港的高度自治。這將導致台灣民眾更加反對「一國兩制」，同時也激化台灣內部族群、政黨升高彼此對立與衝突。根據 2020 年 7 月台灣政治大學選舉研究中心發布「台灣民眾台灣人 / 中國人認同趨勢分布」民調顯示，偏向支持台灣獨立為 27.5%，皆創下歷年新高。值得關注的是，「反送中」運動期間，香港民眾支持「一國兩制」的比例逐漸下降，支持台獨聲浪反而增高，首次支持台獨比例高於不支持，這也促進台灣內部追求獨立聲浪增加。香港民眾反對《港區國安法》制定，恐為台灣內部反中勢力和獨派政治聯盟所操作運用，從而使台灣社會更加遠離中國及疏離兩

岸關係發展（柳金財，2020）。

　　根據政治大學選舉研究中心調查，1992 年調查結果顯示，25.5% 台灣民眾認同自己是中國人、17.6% 認為自己是台灣人、46.4% 認為「雙重認同」既是台灣人也是中國人，將近 71.9% 台灣民眾具有中國認同；1995 年認同自己為台灣人的比例 25%，首度超越自認為中國人的比例 20.7%。1995 年李登輝訪美及 1996 年台海飛彈危機，更強化台灣人民對中國政府反感與敵意，從而增加台灣人認同。2000 至 2008 年陳水扁主政期間，台灣人認同增長幅度反而較為緩慢，但仍持續增長。儘管民進黨籍陳水扁總統推動「一邊一國論」，倡議公投制憲、台灣正名，以台灣名義參與聯合國；同時推展所謂「漸進式台獨」、「文化台獨」及「去中國化」教育，2005 年調查結果顯示，認同自己是台灣人的比例提升到 45%，首度超越雙重認同比例 43.4%。

　　2008 至 2016 年台灣再度出現政黨輪替，主張「九二共識」、「互不承認主權、互不否認治權」及主張「不統、不獨、不武」的國民黨籍馬英九重新取得執政權。2014 年太陽花學生運動時，認同自己是台灣人的比例達到最高點 60.6%，認為雙重認同皆是占 32.5%。2015 至 2019 年期間台灣民眾認同自己是台灣人的比例開始下降，分別是 59.5%、58.2%、55.5%、54.5% 及 56.9%。2016 年民進黨籍蔡英文總統執政後，提出主張維持現狀，依據《中華民國憲法》、《兩岸人民關係條例》處理兩岸事務，否定「九二共識」存在、反對「一國兩制」，導致兩岸停止外交休兵台灣斷送七個邦交國、中國對台軍事演習頻率增加，中國對台政策採取外交壓制、軍事武嚇及限縮交流、暫停協商對話，對台政策採取壓制及單邊行動，激化台灣人民的敵對及「反中」意識。

　　2019 年 1 月中國政府倡議「兩制台灣方案」、6 月香港爆發「反送中」運動，對香港的「全面管治」被質疑沒有信守「一國兩制」的「高度自治」

承諾，導致台灣民眾更加反對「一國兩制」；認同自己是台灣人的比例，止跌回升又上升到 56.9%。顯而易見的是，中國政府舉措導致台灣反中路線揚升，而民進黨在 2020 年台灣總統選舉操作「抗中保台」的「反中」策略，獲得選票極大化目標，即至新冠病毒疫情肆虐更加惡化兩岸關係，這些因素強化台灣人認同凝聚（柳金財，2020）。

伍、《港區國安法》對台、港產生結構挑戰

中國政府通過《港區國安法》，在香港特區設立涉及國家安全的委員會及辦公機構，具有遏制非政府組織和其他社會團體抗爭活動的效果，顯然這是對香港回歸後各種抗爭運動頻仍，尤其是針對未來爆發類似 2014 年雨傘運動、2019 年「反送中」運動，採取有效法律處置作為，藉以防止抗爭風波持續擴大蔓延。這種懲罰行為甚至將對象轉向「任何人」，包括境內外香港公民及非香港人士。此法實施的政治影響效應，包括對香港社會產生「寒蟬效應」，裂解政治異議性組織，防止其進一步集結擴大化，弱化其社會運動集體動員能力（李春，2020）。同時，也試圖切斷香港社會抗爭者與境外勢力連結，避免其產生「擴散作用」及「共振效應」。

一、強化國安機制壓制香港公民社會

中國政府為遏制香港特區社會抗爭運動，依據《港區國安法》在香港設立國安新機構，對挑戰中國政府、特區政府統治的作法進行法律制裁。根據此法設置香港特別行政區成立維護國家安全委員會，其職責包括：（一）分析研判香港特別行政區維護國家安全形勢，規劃有關工作，制定香港特別行政區維護國家安全政策；（二）推進建設香港特別行政區維護

國家安全法律制度和執行機制；（三）協調香港特別行政區維護國家安全的重點工作和重大行動（《港區國安法》第 12 條）。這些國家安全機構運作，強化對危害香港國家安全之防範及嚇阻。

　　依據《港區國安法》規定，中國政府在香港設立維護國家安全委員會，並對其監督和問責；由中央指派的國家安全事務顧問將列席港區國家安全委員會會議。第 48 條設立維護國家安全公署，職責包括辦理危害國家安全犯罪案件；第 16 條規定在香港警務處設立維護國家安全的部門，由中央政府指派。第 18 條在律政司設立專門的國家安全犯罪監控部門，該部門檢控官任命須獲得國家安全委員會同意。第 44 條則載明，審理危害國家安全犯罪案件的法官須由香港行政長官委任。顯然，國家安全委員會及行政長官在檢控與審判方面，具有人事任命權（張世賢、蕭督圜，2020：16-22）。

　　從涉及香港國安機構人員任命來看，勢必加強對香港社會全面治理。例如中國政府任命駱惠寧為國家安全委員會國家安全事務顧問、任命鄭雁雄為維護國家安全公署署長；任命李江舟、孫青野為維護國家安全公署副署長。同時，特首林鄭月娥任命警務處監管處長劉賜蕙為警務處副處長，擔任警務處維護國家安全部門的負責人。這顯示中國政府在香港特區的國家安全機構、國安工作及實施，將從秘密轉向公開、低調轉向高調。香港特區政府可依據此法對任何社會抗爭進行定性，抗爭運動特性一旦被界定為屬於國安性質，國家可依據國安法進行必要刑事處置。香港政府展現《港區國安法》賦予新權力，消弭示威者對中國政府「全面管治」香港之抗議行為及示威運動。

　　《港區國安法》展現中國政府全面管治香港社會之政治意志。例如第 3 條規定：「中央人民政府對香港特別行政區有關的國家安全事務負有根本責任」、「香港特別行政區負有維護國家安全的憲制責任」；第 12 條

規定「要接受中央人民政府的監督和問責」；第 40 條規定香港特別行政區對本法規定的犯罪案件行使管轄權，第 55 條規定中央政府對危害國家安全的案件行使管轄權，應當設立維護國家安全委員會並明確其定位。但第 55 條關於駐港國家安全公署在特定情形下對本法規定的案件行使管轄權列出三種：（一）案件涉及外國或者境外勢力介入的複雜情況，香港特別行政區管轄確有困難的；（二）出現香港特別行政區政府無法有效執行本法的嚴重情況；（三）出現國家安全面臨重大現實威脅的情況。前述三種情形始能啟動，或者行使中央對有關案件的管轄權，其立案偵查由駐港國家安全公署負責，起訴由最高人民檢察院指定有關檢察機關負責。案件的審判由最高人民法院指定有關法院負責。有關偵查、起訴、審判等訴訟活動及刑罰的執行，執法訴訟活動適用《刑事訴訟法》等相關法律規定。這顯示中國政府藉由《港區國安法》連結適用《刑事訴訟法》，援引應用於香港特別行政區，強化在「一國」內部實施適用在「兩制」地區中的法律。

二、運用長臂管轄權切斷香港民主力量與海外連結

中國制定《港區國安法》其監管範圍甚廣，實施細則更涉及台灣，「可要求台灣政治組織及其代理人提供涉港活動資料」，此法將「境外管轄權」延伸適用至非中國公民，此種立法案例並非創建，而是以美國對全球實施的「長臂管轄權」為師。「長臂管轄權」概念源自民商法所延伸，原為美國民事訴訟概念，專門處理州際間原告與被告間之法律管轄權糾紛。「長臂管轄權」延伸至美國境外時，以「效果原則」作為考量；主張「只要某個發生在國外的行為對美國產生效果，不管當事人是否擁有美國籍或住所，亦不論該行為是否符合當地法律，只要這種效果或影響的性質，就不

會使美國行使管轄權完全不合理，美國法院便可基於上述效果產生的理由而行使管轄權」（邵宗海，2020）。

　　最近中美爆發貿易戰，並蔓延至科技戰，這使得美國運用「長臂管轄權」結合《反海外腐敗法》（FCPA）、《競爭法》（Antitrust Law）和《引渡法》等，授予美國法院具有「合法性」、「適法性」理由控告、逮捕及引渡涉案海外企業和人士。美國曾以司法互助協議為名，於 2018 年 12 月協請加拿大逮捕在溫哥華機場預備轉機的華為財務長孟晚舟，引渡美國，即是依據其違反美國法律規定向伊朗出售科技的禁令，此為「長臂管轄權」應用（黃清賢，2020：66-67）。綜觀《港區國安法》亦援引適用「長臂管轄權」，發揮其「寒蟬效應」及嚇阻作用，切斷港獨與台獨相互連結。中國學習效仿美國的「長臂管轄權」立法經驗，將法律適用於境外各國民眾身上，並非專指香港特區永久性居民，也擴及非香港特區永久性居民。《港區國安法》明文中將「任何人」納入適法對象，並非首創，而是學習到《以法制法》。這種「長臂管轄權」應用，衝擊傳統國家主權最高性、排他性及公民權保障之爭議。

　　中國從美國法律制定經驗中獲得啟發，學習到「以牙還牙」，從《港區國安法》第 20 條 1 至 3 項指涉港獨、台獨構成違法要件，即是援引適用「長臂管轄概念」。《港區國安法》適用對象為「任何人」，擴展至非香港永久居民，藉此產生「寒蟬效應」，裂解政治異議性組織及其政治抗爭運動；同時切斷香港民眾與境外勢力抗爭連結，避免造成「滲透效應」。例如第 20 條規定：「任何人組織、策劃、實施或者參與實施以下旨在分裂國家、破壞國家統一行為之一的，不論是否使用武力或者以武力相威脅，即屬犯罪。」第 21 條規定：「任何人煽動、協助、教唆、以金錢或者其他財物資助他人實施本法第 20 條規定的犯罪的，即屬犯罪。情節嚴重的，處五年以上十年以下有期徒刑；情節較輕的，處五年以下有期徒刑、拘役

或者管制。」

　　這兩項條文所提及「任何人」，係針對香港永久性居民及非香港永久性居民，這可能包括香港反對派及本土激進分離勢力、國際反中勢力及台獨勢力，試圖推動香港走向獨立或半獨立政治實體。《港區國安法》適用地域從香港擴展至境外，避免境外敵對勢力的「滲透作用」。若台灣政府領導人或政治菁英、社會團體領導人，動輒公開發表或以實際行動支持「反送中」運動之言論與行為，並提供援助，此將可能觸犯第 21 條「任何人煽動、協助、教唆、以金錢或者其他財物資助他人實施本法第 20 條規定的犯罪的，即屬犯罪」。第 34 條規定：「不具有香港特別行政區永久性居民身分的人實施本法規定的犯罪的，可以獨立適用或者附加適用驅逐出境。」

　　依據《港區國安法實施細則》直指境外為台灣，防止「台灣代理人」在香港從事違反國安性質活動。第 43 條第 1 款規定，特區政府警務處辦理危害國家安全案件時，可採取包括「要求外國及境外政治性組織、外國及境外當局或者政治性組織的代理人提供資料」的措施，「實施細則」的「附表五」中則明訂「境外」係指台灣。「附表五」特別定義「台灣代理人」內涵，其前提是指「在香港活動」，並「受台灣當局或台灣政治性組織直接或間接指使、直接或間接監督、直接或間接控制、僱用、補貼或資助，或收受台灣當局政治性組織金錢或非金錢報酬」，及「為台灣當局或台灣政治性組織的利益而進行其全部或部分活動」（大陸委員會，2020）。

　　前述「實施細則」要求台灣提供資料的對象，為台灣當局或台灣政治性組織在香港活動的「台灣代理人」，且「附表五」也對「台灣政治性組織」明訂「不包括沒有在香港活動的政治性組織」。換言之，「實施細則要求提供資料的對象是在港活動者」。陸委會批評公布「實施細則」為「對於長期在香港從事民間交流服務的台灣政黨、民間團體、駐港機構及人士極

其不尊重、不友善」；國台辦發言人則批評「民進黨當局作賊心虛」、「肆意誣衊，再次暴露其圖謀插手香港事務、搞亂香港、謀求台獨的險惡用心」等語。這顯示《港區國安法》與《反滲透法》一樣，皆具有對象的針對性，兩岸當局分別採取「以法制法」方式互動，排除對方對彼此內部事務之干涉與滲透。

三、台灣反制措施低調、理性與不挑釁

自民進黨政府執政以來，一再宣稱依據《中華民國憲法》、《兩岸人民關係條例》處理兩岸事務，主張維持現狀，遵循「新四不原則」表達「承諾不變、善意不變，不會在壓力下屈服，不會走回對抗的老路」。然因不承認「九二共識」，中國對台政策採取「硬更硬、軟更軟」策略，強化對台的壓制力度，兩岸關係陷入對立、緊張及敵對狀態。且因 2019 年初中國國家主席習近平發表「習五點」，倡議「兩制台灣方案」、6 月爆發香港「反送中」運動；2020 年初爆發新冠肺炎疫情，蔡英文為在 2020 年總統大選獲勝採取「抗中保台」之「反中」論述與路線，兩岸互動陷入惡性循環。民進黨政府意識到日益敵對兩岸關係，將徒增台灣安全風險係數。因而，對《港區國安法》採取理性低調回應，並未採取強烈反制作法。

例如蔡英文總統曾在 2020 年 5 月 25 日，指出依據《香港澳門關係條例》第 60 條，香港情勢一旦發生變化，可停止適用該條例一部或全部，希望香港情勢不致走到這一步，也將密切關注後續發展，適時進行必要的應變措施。但在 7 月 2 日《港區國安法》通過後第二天表示：在密切關注香港局勢的同時，提醒：「台灣的過去式，不該是香港的現在式和未來式」，「盼望我們對轉型正義的努力，能給香港等待自由之光的朋友們些許鼓勵」（中央社，2020.07.02）。此種不正面批判《港區國安法》通過，但間接

展現對此法案通過後實施之反彈。

　　首先，宣稱參酌各國措施適時提出反制措施。針對《港區國安法》細則公布其中第 43 條規定，可向外國及台灣政治性組織及其代理人要求就涉港活動提供資料，否則將面臨刑事責任與罰款。蔡英文總統表示，若《港區國安法》實施，對國家傷害或有不合理的現象時，「我們會考慮反制措施」；在必要時候會對國民、政府相關組織，發出警訊或指引。大陸委員會也表示，若《港區國安法》實施對台灣造成傷害，或者產生不合理現象，政府部門會參酌各國相關措施作為、台灣政治經濟環境、台港關係、最新情勢發展等，進行嚴謹的討論研議，適時提出反制措施。

　　其次，並未立即修正《港澳條例施行細則》表達抗議。大陸委員會在《港區國安法》正式生效後，原有意修改《港澳條例施行細則》第 25 條表達對中國政府反彈，但最後卻宣告「不準備修改港澳條例」，其因在於行政院長蘇貞昌提及：港澳條例行之已久，根據第 25 條內容，對於香港變化的情況都有因應，現也已設立辦公室、匡列預算，也已開始有相關的關懷活動，所以法令若足夠，就沒有修改必要。換言之，大陸委員會欲藉由對香港援助制度化，凸顯對《港區國安法》的質疑。但行政院長蘇貞昌卻以沒有修改必要，有意緩解兩岸當局在香港議題上的衝突，避免已陷低潮的兩岸關係更趨向對抗。

　　再者，台灣政府僅提出對香港民眾給予人道主義關懷，避免遭控訴介入香港事務。蔡英文總統提出會持續支持香港民眾，堅持其所珍惜的自由、民主及人權。也會提供一項專案，對香港民眾提供人道主義協助與關懷。為進一步落實對港人的照顧，業已公布「香港人道援助關懷行動專案」，所設置「台港服務交流辦公室」，亦已於 2020 年 7 月 1 日正式營運，提供港人必要的協助。另針對台灣政府駐港辦事處的運作，是否會受到《港區國安法》衝擊，大陸委員會澄清台灣政府關心香港情勢，但從未介入香

港事務。強調駐港辦事處在港的運作向來皆符合台港雙方的共同規範，致力推動台港正常健康的交流合作，保護雙方民眾的權益跟福祉。顯然，面對《港區國安法》實施，台灣政府所能操作的策略層面其實相當有限，陷入左右為難困境。所謂「關心、支援而不介入」說法，恰凸顯介入香港事務必須非常謹慎（盧素梅，2020）。

最後，台灣駐香港機構恐其功能與角色漸弱化。《港區國安法》第 43 條《實施細則》公布施行，細則授權香港警務處長，在偵查危害國安行為時，可「向外國及台灣政治性組織及其代理人要求就涉港活動提供資料」。此法明確要求台灣政治性組織提供涉港資料，民進黨政府認為這形同是侵犯中華民國之管轄權；該細則施行若對國家造成傷害或有不合理現象，不排除祭出反制措施。台灣現有駐港機構運作，主要包括台北經濟文化辦事處、香港台北貿易中心，以及台灣觀光協會香港辦事處等，在《港區國安法》頒布後其運作將受制約及處於相當尷尬角色地位，若其涉及不當干涉香港內部政治事務，未來其角色恐成為「漸凍人」，導致功能「失能」（柳金財，2020.07.13）。換言之，台灣政府設在香港機構在執行相關事務必須非常謹慎，嚴守分際，不接觸政治異議人士及介入香港內部事務。若僅是處理純粹一般香港民眾涉及港台事務，應能履行其正常職能。

陸、結論

相對而言，「一國兩制」在澳門實施阻力相對小；若將《港區國安法》內容與澳門《國安法》法例條文比較，前者更加強調維護社會秩序之穩定；同時更增設須由中央委任和指派的人員，強調中央政府對香港特別行政權的「全面管治」。基本上，澳門《國安法》是《基本法》下的法例，但《港區國安法》則是凌駕《基本法》之上。從兩地國安法立法了解，黨國威權

政體皆以「國家主導」模式制定兩地國安法，願意順從者可透過立法會自行制定；不願意者則透過「全國人大」制定之。同時，不管是香港或澳門在《國安法》立法徵詢皆是流於形式，尤其對香港社會徵詢更流於表面化、中央介入更深、法律刑罰更重，這將進一步制約兩地特區政府與民主派人士、社會組織及民眾互動。

　　無庸置疑，「寒蟬效應」已產生，澳門雖無適用案例。截至 2021 年 1 月香港警方依據《港區國安法》逮捕 55 名泛民人士，指控其涉嫌顛覆國家政權罪，當被押送到法院出庭時仍有民眾在庭外高舉標語，倡議「釋放政治犯」。[1]3 月法官裁定其中 15 人保釋，另外 32 人不准保釋還押；且設下嚴格的保釋條件，包括要求不得直接或間接以任何方式做出違反國家安全的言行；不得直接或間接以任何方式聯絡任何外國官員、議員、任何各級議會成員或其他服務於以上人員的人士；交出所有旅遊證件；不得離港（張謙，2021）。同時，中共延遲香港立法會選舉，為配合香港選舉制度改革，以落實「愛國者治港」目的，立法會選舉原定於 2020 年 9 月 6 日舉行，但港府以冠狀病毒疾病（COVID-19）疫情為由，2020 年 7 月底宣布延後選舉至 2021 年 9 月 5 日；現又再度延遲一年至 2022 年 9 月，共延期兩年（張謙，2021）。因此，澳門模式運作未必適合香港模式，是否產生示範效果不無疑問。未來香港政府對公民社會控制恐越趨嚴格，自實施《港區國安法》後，更加惡化香港政府與公民社會間對立與衝突，降低公眾對特區政府的支持度及滿意度，這可能隱藏未來香港社會爆發更為激烈衝突之根源。目前《港區國安法》能否有效遏制公民不服從、抗爭運動，尚待觀察。

1　2021 年 1 月 6 日警方香港逮捕 55 名泛民人士，指控其在 2020 年 7 月為立法會選舉而進行的初選涉嫌違反《港區國安法》。警方起訴其中 47 人，指他們「串謀顛覆國家政權罪」。被控者包括組織初選的香港大學法律學系前副教授戴耀廷、已解散的「民主動力」前召集人趙家賢，以及多名參與初選的前立法會議員毛孟靜、黃碧雲、譚文豪、胡志偉、朱凱迪、尹兆堅、楊岳橋、陳志全、林卓廷等。因其他罪名而正在服刑的前香港眾志秘書長黃之鋒、人民力量譚得志也在被起訴之列（張謙，2021.03.01）。

　　中共通過實施《港區國安法》，恐讓台灣社會更抗拒「一國兩制」。自 2019 年 6 月香港爆發「反送中」運動後一周年，2020 年 6 月所進行台灣民意調查顯示，九成一支持香港反送中運動者認為中共並未遵守對香港「一國兩制」的承諾，九成不能接受在台灣實行「一國兩制」，七成七擔心台灣接受「一國兩制」會讓「反送中」事件在台重演；調查發現，有六成五民眾認為，若台灣接受「一國兩制」，香港「反送中」事件終將在台灣重演，僅一成九覺得不會發生（羅印沖，2020）。2020 年 8 月大陸委員會公布民調指出，台灣民眾反對對岸的「一國兩制」（88.8%），高達九成以上民眾反對中共武力威脅台灣（90.9%），及不認同對我外交打壓（91.8%）。對照同年 3 月民調顯示，民眾認為大陸對台灣政府與民眾的不友善態度，分別升高到 76.6% 與 61.5%，創十五年來新高；更有九成民眾不滿中共「一國兩制」及對台文攻武嚇與外交打壓（賴言曦，2020）。

　　毋庸置疑，中國政府頒布《港區國安法》不僅對香港社會將產生「寒蟬效應」，裂解政治社會組織抗爭及集體行動；同時，也阻隔切斷香港政治異議人士與境外勢力連結，避免若干港獨與台獨人士產生「共振」。這對台灣社會恐產生「雙面刃效應」，既會產生「寒蟬效應」，但也可能會增高「反中」路線揚升。就「寒蟬效應」來說，由於《港區國安法》實施對象擴及到「任何人」，這對少部分反中、支援「法理台獨」或「正名建國」的台灣民眾或中間選民，恐也會產生「自我審查」限縮自身言論尺度，避免觸犯此法而遭刑罰。換言之，《港區國安法》不僅對香港內部社會抗爭產生解離效果，也切斷香港社會運動與部分台灣政治社會組織聯繫。

　　然而，《港區國安法》也會激起部分台灣民眾反中路線再度抬頭及固化。台灣社會中，無論是執政的民進黨當局或國民黨皆反對「一國兩制」，但民進黨公開拒絕接受「九二共識」，《港區國安法》通過意味著兩岸重啟和平對話困難重重（黃國樑，2020）；國民黨對「九二共識」由接受轉

為疑慮，儘管仍承認「九二共識」的歷史貢獻，後又提出立基於《中華民國憲法》的「九二共識」。反對「兩制台灣方案」，幾乎成為國、民兩黨的共同選擇；台灣社會普遍民意皆是採取「維持現狀」立場。就此而論，《港區國安法》固然強化中國政府對香港特區「全面管治」，但在「今日香港、明日台灣」的政治想像空間下，反而可能強化台灣社會反中路線的正當性及合理性。

中國政府否定「九二共識」就是「一中各表」，無形中衝擊國民黨的「九二共識」及兩岸論述，導致其兩岸路線更加被邊緣化，從而可能更會降低其兩岸關係主導權及話語權。儘管，《港區國安法》具有切斷香港社會抗爭與境外勢力連結作用，對香港社會及台灣社會也會產生「寒蟬效應」，然從「反送中」運動到反《港區國安法》制定抗爭可知，這已刺激台灣社會「反中」路線的強化，民眾更加反對「一國兩制」、提升台灣人認同，甚至增加支持台獨力度。對未來台灣社會而言，究竟這會持續產生強化「反抗作用」或是「寒蟬效應」發酵，頗值關注探究。

參考文獻

一、中文文獻

張世賢、蕭督圜，2020，〈中國大陸通過港版國安法影響評析〉，《展望與探索》，18（7）：16-22。

黃清賢，2020，〈台灣對香港國安法應有正確認知〉，《觀察雜誌》，84：66-67。

二、網路資訊

BBC中文評論，2020，〈國民黨的艱難選項：爭取台灣年輕人，維護「九二共識」，反一國兩制〉，《BBC中文網》，9月9日，https://www.bbc.com/zhongwen/trad/chinese-news-54069670，查閱時間：2020/09/10。

大陸委員會，2020，〈「港版國安法第43條實施細則」無限擴張、恐怖無比的警察權〉，7月10日，https://www.mac.gov.tw/cp.aspx?n=54CC3C3B3C 188026，查閱時間：2020/09/07。

中央社，2020，〈港區國安法通過，外媒關注自由受損美中衝突加劇〉，《聯合新聞網》，6月30日，https://udn.com/news/story/121127/4669006，查閱時間：2020/09/06。

中央社，2020，〈蔡總統：台灣的過去式不該是香港現在和未來式〉，《雅虎新聞網》，7月2日，https://news.campaign.yahoo.com.tw/2020election/article.php?u=，查閱時間：2020/09/07。

中央社，2020，〈港國安法衝擊，學者：讓台灣更抗拒一國兩制〉，《聯合新聞網》，7月8日，https://udn.com/news/story/121127/4687232，查閱時間：2020/09/08。

老馬，2020，〈英媒：香港版國安法震懾港獨和亂港政客，紛紛解散組織刪除

網文〉，《中國小康網》，7 月 3 日，https://rmh.pdnews.cn/Pc/ArtInfoApi/article?id=14362979，查閱時間：2020/09/08。

自由時報，2020，〈港版國安法是新社會契約？馬英九恩師孔傑榮打臉了〉，《自由時報》，7 月 5 日，https://news.ltn.com.tw/news/world/breakingnews/3218783，查閱時間：2020/09/06。

李春，2020，〈港憂國安法促濫權、寒蟬效應〉，《聯合新聞網》，7 月 5 日，https://udn.com/news/story/121127/4679495，查閱時間：2020/09/09。

邵宗海，2020，〈《港區國安法》通過，美國何以強烈反彈？〉，《ETtoday 新聞雲》，6 月 30 日，https://forum.ettoday.net/news/1749460#ixzz6XapxcRSI，查閱時間：2020/09/08。

邵宗海，2020，〈香港角力，小英踩剎車〉，《中國時報》，7 月 9 日，https://www.chinatimes.com/opinion/20200709005337-262105?chdtv，查閱時間：2020/09/08。

施英，2020，〈港人七一遊行抗議數百人被捕，美國、歐盟和國際組織強烈反對國安法〉，《民主中國》，7 月 2 日，http://minzhuzhongguo.org/MainArtShow.aspx?AID=105527，查閱時間：2020/09/08。

柳金財，2020，〈一石兩鳥《港區國安法》嚇阻效應防止「雙獨」合流〉，《華夏經緯網》，7 月 13 日，http://www.huaxia.com/thpl/tdyh/yqbj/2020/07/6461523.html，查閱時間：2020/09/06。

柳金財，2020，〈抗中下台灣主體意識揚升？台灣人認同變遷之歷史過程〉，《六都春秋》，7 月 20 日，https://www.ladopost.com/newsDetail4.php?ntId=57&nId=3774，查閱時間：2020/09/08。

風傳媒國際中心，2020，〈連「光復香港、時代革命」都不能喊了！港府稱「具顛覆國家政權含意」，警告切勿以身試法〉，《風傳媒》，7 月 3 日，https://www.storm.mg/article/2818740?page=1，查閱時間：2020/09/08。

徐筠庭，2020，〈陸委會民調：逾 8 成台灣民眾反對中共推港版國安法〉，《華視新聞網》，8 月 6 日，https://news.cts.com.tw/cts/politics/202008/20200806 2009574.html，查閱時間：2020/09/09。

秦逸渢、林間，2020，〈再解《港區國安法》：人權保障與審訊公平，到底有沒有空間？〉，《端傳媒》，7 月 10 日，https://theinitium.com/article/20200710-opinion-national-security-law-conflict/，查閱時間：2020/09/ 08。

張謙，2021，〈香港泛民 47 人遭控顛覆出庭，市民聚集要求釋放政治犯〉，《中央通訊社》，3 月 1 日，https://www.cna.com.tw/news/firstnews/202103010 072.aspx，查閱時間：2021/03/05。

張謙，2021，〈港媒：立法會選舉再延一年，非直選議員將大增〉，《中央通訊社》，3 月 5 日，https://www.cna.com.tw/news/firstnews/202103050048.aspx，查閱時間：2021/03/05。

張謙，2021，〈港泛民 47 人被控違反國安法，4 人終獲保釋〉，《中央通訊社》，3 月 6 日，https://www.cna.com.tw/news/firstnews/202103050227.aspx，查閱時間：2021/03/06。

陳怡君，2020，〈中研院民調：逾七成台人不認為中國大陸政府是朋友〉，《中央廣播電台》，6 月 2 日，https://www.rti.org.tw/news/view/id/2066522，查閱時間：2020/09/08。

陳龍棋，2020，〈打壓香港反對派，中國今晨大搜捕 16 民主派人士〉，《新頭殼 newtalk》，8 月 26 日，https://newtalk.tw/news/view/2020-08-26/456198，查閱時間：2020/09/08。

黃家茹，2020，〈香港《國安法》：新聞自由面臨危機 恐引發媒體界寒蟬效應〉，《卓越新聞電子報》，7 月 2 日，https://www.feja.org.tw/53666，查閱時間：2020/09/08。

黃國樑，2020，〈陸強硬推港國安法 學者：別再奢望蔡的「兩岸和平對話」〉，

《聯合新聞網》，5 月 22 日，https://udn.com/news/story/120884/4583054，查閱時間：2020/09/09。

德國之聲，2020，〈港澳命運大不同：六個魔鬼細節揭露港版國安法比澳門毒辣〉，《聯合新聞網》，6 月 27 日，https://udn.com/news/story/121127/4662972，查閱時間：2020/09/08。

賴言曦，2020，〈官方民調：認為中國不友善比例，創十五年新高〉，《中央通訊社》，3 月 27 日，https://www.cna.com.tw/news/firstnews/202003260374.aspx，查閱時間：2021/02/26。

黎蝸藤，2020，〈《港區國安法》對香港法律體系的十大衝擊〉，《關鍵評論網》，7 月 8 日，https://www.thenewslens.com/article/137364，查閱時間：2020/09/08。

盧素梅，2020，〈援助港人，台港服務交流辦公室明揭牌〉，《三立新聞網》，6 月 30 日，https://game.setn.com/game666content.php?newsid=770467，查閱時間：2020/09/08。

羅印沖，2020，〈反送中周年／聯合報民調：近七成國人認香港一國兩制跳票〉，《聯合報》，6 月 8 日，https://udn.com/news/story/121147/4620440，查閱時間：2021/02/27。

兩岸互動經驗與粵港澳大灣區的政治挑戰

蕭督圜

（中國文化大學政治學系兼任助理教授）

摘要

　　近來，中國積極謀劃新一輪的國內改革與對外開放的發展策略，2019年推出的「粵港澳大灣區」的國家級戰略，可視為北京以政策手段促成粵港澳加速融合的策略。由於過去港澳與大陸之間的活動存在著「一國兩制」的界線，包括法制層面、經貿層面與心理層面，因而整合範疇一直停留在經濟領域及功能性的需求。

　　隨著中國國情的內外轉變、領導人思維的調整、社會經濟結構的需求，以及港澳的現況與過去有所不同，北京期待透過積極作為推動由上而下的全面整合。但由於一國兩制在初始的政治制度的設定，北京與香港市民即對政治需要有著南轅北轍的根本性衝突。接連發生「反送中」運動的政治風波及新冠肺炎的衝擊，不僅香港政治認同感更低，也讓制度無法吸納政治的問題表露無遺。

　　北京未來將更強勢且多面向的推動大灣區整合，並輔以強硬的法律手段以達到政治目的，台灣應更謹慎務實的看待北京動向。

關鍵詞：兩岸關係、一國兩制、粵港澳大灣區、政治認同

壹、前言

第四屆海峽兩岸中山論壇以「台商一起來、融入大灣區」為主題，在 2020 年 7 月中旬邀集兩百多位台商盛大舉辦。此活動一方面顯示北京在疫情衝擊後將戮力推進大灣區發展進程的決心，另一方面也可作為近期兩岸關係僵局下新一波對台政策的新舞台。事實上，兩岸互動自 2019 年 8 月，因大陸停發陸客來台自由行通行證以及宣布暫停大陸影片及人員參加 2019 年金馬獎典禮後，兩岸社會文化交流出現緊縮的狀態。而後更因 2020 年新冠肺炎疫情的影響，兩岸之間的人員往來幾近完全停擺，加以中美摩擦持續加劇，致使兩岸關係更趨緊繃，迄今未解。是以，北京在兩岸關係上若要推進習近平總書記在 2019 年初提出的「一國兩制台灣方案」，不僅需充分借鑒「一國兩制」港澳模式的寶貴經驗，更需要找到兩岸互動之間新的探索點，故而大灣區的議題又再次成為新局勢下的議題焦點。

反觀大陸與香港之間同樣由於 2019 年下半年爆發「反送中」運動，打亂了粵港澳大灣區計劃的布局，促使北京在「十九屆四中全會」做出完善國家治理體系和治理能力現代化的決定，展開新一波一系列的政經調整政策。在 2020 年初，即從路線設定、人事調整到政策落實展開超前部署，陸續加強對香港在政治上的防控，更提升港澳工作事務體系的級別。而 2021 年以來因新冠疫情的衝擊，再次對香港經濟產生重大衝擊，不僅人心浮動，香港政府的領導威信也趨於崩解，迫使北京決定以國家層級的操作穩定香港發展。但此次北京在推進「經濟認同」往「政治認同」的作法上與過去有明顯不同，先是硬的一手以「頂層設計」的角度，繞過香港立法會，由「全國人大」訂立《港版國安法》，完善中共「全面管治權」在港的部署；而 2021 年再次由「全國人大」通過修訂《關於完善香港特別行政區選舉制度的決定》；並授權人大常委會針對《香港基本法》附件中特

首及立法會選舉方法來進行修改，藉以確保政治上不容挑戰。軟的一手，陸續推出多項大灣區的新發展計劃，諸如：《粵港澳大灣區城際鐵路建設規劃》、「粵港澳大灣區跨境金融聯通新措施」，藉以守住拉攏人心的基礎及香港金融與轉運中心的競爭力。而這也成為 2012 年習近平執政以來，以「頂層設計」謀劃「全面管治權」的重要作為，更可能是以和平方式解決香港人心回歸問題的終極策略。

　　比較北京的對港與對台政策思維，可以發現有其相似及可參考之處，北京長期以來都是希望透過整合理論中功能主義的思維，推進對台與對港的融合進程。過去在功能主義論（functionalism）的思維下，提出「分枝論」（doctrine of ramification），認為國家間特定領域（經濟或技術）功能部門的成功合作經驗，將促成其他部門合作之需要，構成功能性的互賴網絡，並逐步擴展到政治部門，最終達到政治整合（Mitrany, 1943）。功能主義論也假定，技術菁英與其他專家在歷經合作後，其思考邏輯與行為將會產生趨同的結果，而這種同質化的過程將促發功能化的結合，尤其在經濟領域上效果尤其顯著。

　　因而在整合的操作上，先是利用政治爭議性較低的經濟發展政策引導區域合作，再從逐步建立起的交流共識擴散至其他領域的合作，這樣有助於在促進彼此利益時降低衝突的可能。而隨著合作過程中的分枝現象產生，同時經由學習及相互適應的過程，人民因為在合作過程中得到益處，進而改變他們對整合的負面態度，就會產生「由下而上」的推力。當民意轉而肯定整合進程後，整合的兩造政府將會以合作及互利的方式，追求彼此的絕對獲益，並進而延伸至具爭議的政治議題。因此功能主義派的觀點認為，隨著功能性的整合越深，其所帶來的經濟利益就越大，因此衝突不易形成，亦不至於影響整合過程，不僅有助於兩造間的團結，最終還有助於在政治性議題上取得共識（吳新興，1995）。

此外，功能主義論者也認為功能有其「技術性自決」（technical self-determination）作用及「中立」（functional neutrality）特性，也就是說功能可以自我決定其適當的組織與機構，而不受政治力所影響。當這些功能組織建立後，隨著人民可以從功能組織得到國家所不能提供的利益時，國家間的分歧與界限會逐漸模糊，因此人民的忠誠也會開始往功能組織轉移（loyalty transferring）。因此可以理解到，功能主義者認為物質環境的改善與人民對國家的忠誠是密切相關的。但不可忽視的是，功能主義除了強調生活上的需要滿足，也同樣重視心理上的認同，必使其對所屬群體產生歸屬感，才能轉移其認同到新的抽象共同體之上（Mitrany, 1943）。

進而檢視北京在推動兩岸與陸港功能性整合的進程，一方面對大陸的整體發展具有重大助益，另一方面又可以「製造依賴」讓台港難以抗拒，「以經促統」也成為北京慣用的手段。但這樣的發展策略在 2014 年爆發台灣的太陽花運動，以及香港的雨傘運動之後遭受挑戰，即使整合有利於經濟發展，但台港社會此時考量合作的因素可能不僅著眼經濟利益，確實衝擊了功能主義的詮釋力度。但有別於兩岸之間本就存在的高度政治性差異，為何連過去與廣東地區有著「前店後廠」、共生共榮關係的香港，近年來也開始出現對陸港融合的政治抗拒，甚至目前香港社會上也對粵港澳大灣區的看法具有甚大歧異，都讓人對隱藏於背後的原因感到高度興趣。

本文擬從歷史途徑與文獻分析，解構北京對台政策的發展脈絡及操作瓶頸，並以台灣經驗視角探索粵港澳灣區在整合上的發展現況與可能限制，進而釐清北京在對港與對台政策上有何異同；而在粵港澳灣區的作為上，其「經濟吸納政治」的作為將如何推進，其經濟認同走向政治認同的策略上又將有何挑戰；最終探索吾人未來觀察北京動向時該如何思考應對。此乃本文探討重點，章節安排也將在此脈絡下展開，最後總結其對台灣的可能影響，作為本文結論。

貳、兩岸交流的歷史經驗與交流挑戰

一、台灣對於兩岸經貿整合的經驗探討與變遷

自 1978 年改革開放之後，中國推動以「經濟發展為綱」的國策，並在 2001 年加入 WTO 之後，伴隨經濟全球化的發展腳步，中國展開參與東亞區域整合的進程。當中國邁開東亞區域經濟的步伐時，一直與東協組織保持密切的經貿關係。在 2002 年，中國即與東協簽署「中國—東協全面經濟合作架構協議」，進而在 2003 年的中國東協高峰會上，時任總理的溫家寶提出「東亞自由貿易區」的構想，這也成為 RCEP 的濫觴。而兩岸之間的經貿互動，也因為經濟稟賦與要素整合的關係，具有良好的合作基礎，故而強化兩岸經貿整合的呼聲不斷。但由於政治因素，兩岸之間始終存在著整合的藩籬，更因為中國全力追求國家發展的同時，隨其綜合國力的成長以及民族自信心的提升，「中國威脅論」的觀點也甚囂塵上，台灣社會對整合亦頗有戒心。但由於中國經濟磁吸能力不斷上升、影響力持續擴大，我方也發現在台灣不願參與中國的經濟整合時，逐漸出現被邊緣化的情境，遂而台灣社會在經濟利益與政治認同之間產生極大矛盾，也對兩岸的交往產生密切而動態的影響。

關於台灣民眾要如何在麵包與愛情之間做出選擇，到底大陸在呼籲兩岸經濟整合時會不會有機會改變台灣社會的政治認同？而大陸的經濟吸納政治的策略，會不會達成「以經逼政、以經圍政」的效果？對此，我學術界實已有不少研究觀點可以參酌，若從過往十多年研究關注面向的變遷，可以找到解釋當前民眾選擇的重要原因。

首先，第一階段大概是 2008 年以前的觀點，探討當時大陸快速崛起挾帶政經影響力而台灣卻經濟成長低迷時，大陸如何以經濟誘因影響台灣

政治發展，在「經貿利得」與「政治自主」的兩難中，台灣社會如何選擇。根據耿曙、林瑞華（2004）的研究以「連綴社群」觀點突破傳統的「雙邊模式」與「統合模式」研究，其分析指出西進的台商及尋找未來契機的青年學子結合而成的利益團體，確實對政府及政策形成一股龐大影響力，推動國家朝其有利方向前進，進而也推動了台灣在兩岸互動向政治層面的進一步統合；而這也成為 2008 年推動國民黨可以重新執政的政經基礎。而林琮盛、耿曙（2005）的研究也提出，在全球化下的兩岸關係，「經濟交流」與「政治自主」並非對立互斥，在不對稱的經貿互賴下，台灣也可以使用不對稱的手段來增加嚇阻，緩和兩岸不對稱經貿結構的負面影響，達到台灣在發展生存與國家安全上的雙贏。

其次，第二階段大概是 2008 年後馬前總統採取開放的兩岸政策後變化，研究的重點在於兩岸間持續的經貿合作對我民眾心理有何影響，大陸的經濟吸納政治是否成功。耿曙（2009）在其長期研究兩岸經貿與認同議題的基礎上，進一步觀察比較胡錦濤時期對台新政，胡錦濤以《反分裂國家法》作為守勢作為，以「讓利惠台」作為攻勢作為。但結果顯示，胡錦濤期待以「經濟影響政治」的各種優惠政策，其「以經促統」的力度似乎成效有限，雖有改善台灣民眾對大陸的負面觀點，卻未能扭轉民意取向。在台灣民眾的思考中，理性的「利益層面」與感性的「認同層面」雖長期處於對立，但既有的「敵我之防」依然存在，兩岸政經互動的經驗顯示，無論經濟施惠或創造好感，其實很難轉化政治立場。而兩岸交流的關鍵，在於大陸官方能否有創意、彈性的看待「一中」問題，過度強調原則性前提，就難以擴大互惠交流，

陳陸輝、耿曙、涂萍蘭、黃冠博（2009）的研究則提出，兩岸關係出現密切的經貿往來互動，但因雙方始終政治對立，以致整體格局上呈現「政經悖離」的現況。但就是因為這樣的結構，特別適合作為觀察政治與

經濟如何相互影響的途徑。由於兩岸經貿開放與否、兩岸是否走向相互依賴，都將決定台灣的未來，是以該不該接受大陸對台的經濟優惠政策，成為台灣民眾在「經濟利益」與「政治認同」之間的重要抉擇。其研究發現，由於兩岸互動頻繁促使民眾對於兩岸往來觀點趨向開放，也造就兩岸互惠互利，但同時因為台灣民主選舉的政治競爭激烈，兩岸交流的開放也強化「台灣意識」與「台灣認同」的深化。受到政治認同因素的影響，部分台灣民眾對兩岸經貿的觀點認為這是與「對手」往來，不僅在意誰得誰失，也關注得失之間該如何取捨，因此兩岸間密切的經貿互賴難以外溢為政治整合，而大陸的惠台政策亦難收成效。要解決兩岸之間整合議題的關鍵，恐怕「經濟利益」並非最佳途徑，對等與尊嚴才是重點。

　　陳陸輝、耿曙（2009）持續在兩岸經貿互動關係及台灣選舉的政治版圖變化上探索台灣民眾的統獨立場變遷，該研究認為台灣民眾因其不同的政治社會化經驗，形塑了不一樣的統獨意識與立場。不論是本省籍或是外省籍的第三代，由於具有共同的生活經驗，因此其統獨立場出現趨同的現象。而兩岸關係的最終走向，還將取決於台灣民眾的「理性自立」與「感性認同」兩種因素的選擇，但「維持現狀」也成為多數人一個「不滿意，但還可以接受」的選擇。耿曙、劉嘉薇、陳陸輝（2009）進一步探索台灣社會在維持現狀的判斷下，若加入「戰爭風險」與「統合成本」因素下，看待統獨議題時「純粹理念」及「務實考量」又會如何拉鋸及判斷。研究發現，雖然統獨議題的理念與務實判斷並非一成不變，但影響民眾統獨思考的要件中，「身分認同」與「族群身分」的影響力超越「年齡世代」與「教育水平」的要素，這涉及民眾接受不同論述時，「社會記憶」及「社會脈絡」對個人造成的感受。

　　第三階段大概是2014年發生太陽花運動事件後，不僅阻斷了兩岸間經貿整合的深化進程，也對大陸對台政策產生重大衝擊，而台灣社會又是

如何看待問題的核心。陳映男、耿曙、陳陸輝（2016）從「群體利益」與「個人利益」兩個面向的調查中發現，當兩岸經貿的目的是為政治服務時，民眾若認定兩岸經貿既有利台灣也有利個人，當然毫不保留支持開放；反之，則義無反顧地反對開放。因此，「整體利害」是左右民眾支持開放與否的關鍵，但這卻涉及政治認同的判斷，更是政治情緒的具體投射。因此當民眾政治好惡已成時，更將影響其對經濟利益因素的認知。而陳陸輝、陳映男（2016）也透過研究台灣大學生的政治情緒來觀察兩岸經貿交流的影響，其研究發現在兩岸持續密切交往的過程中，政治情緒的因素一直悄悄的扮演重要關鍵。尤其當學生在政治社會化過程中逐步形成對大陸的判斷時，政治情緒將左右他們最後對兩岸相關議題的判斷，也成為影響政府決策的關鍵因素。

二、大陸的兩岸整合策略與政策瓶頸

　　不同於大陸其他地區所進行的區域整合，海峽西岸經濟區計劃（下稱海西區）雖也曾受關注，但受限於兩岸互動的僵局而發展有限（中國時報，2018）。回顧海西區的發展，由於福建省過去長期來作為對台作戰準備的前線，限制基礎建設和經濟的發展，相較於珠三角與長三角等地而言，若能透過對台釋放善意、吸引台商投資，不僅有助於避免在大陸區域經濟發展大環境下邊緣化問題，又能扮演對台交流的重要角色，勢必得到青睞。2004 年由福建地方政府提出《海峽西岸經濟區建設綱要》，此一計劃立刻獲得北京中央的重視，強調支持福建省加快海峽西岸經濟區建設，除可加強兩岸交流合作外，亦有利於推進和平統一的戰略目標，是兼具重大經濟意義和政治意義的整合方式。事實上，大陸進行區域經濟發展規劃時，一方面需考量地方經濟發展的是否具備優勢條件，另一方面則是看北京中央

政府有無政策的支持和資金的挹注，兩者缺一不可。但海西區由於具有濃厚的統戰色彩，而兩岸間當時又處於互動的低檔，大陸只能從福建單方面來思考規劃；雖情勢如此，兩岸學者專家還是給予海西區正面評價，認為未來可成為兩岸共同市場的新試點（童振源，2006；中評網，2006）。

　　隨著 2008 年台灣政黨輪替，紛擾多年的兩岸關係出現新的轉機，不僅開放直航、擴大交流，更簽署《海峽兩岸經濟合作架構協議》（簡稱ECFA），帶來兩岸經濟合作的新契機，也讓海西區再次成為話題。從兩岸經濟合作與大陸區域經濟發展而言，在多年的互補互利下，利用投資、生產、行銷、貿易網絡構築，業已形成大（中國大陸與台灣）、中（長江以南沿海地區與台灣）、小（福建與台灣）三層重疊空間經濟結構，若能透過先行先試帶動海西經濟區快速成長，並且以其作為兩岸經濟更緊密互動之平台，將有助於促進海峽兩岸經濟加速朝向一體化的形成（戴肇洋，2010）。但整體而言，就地區發展條件而言，福建省遠遜於長三角、珠三角，海西區發展的主要關鍵是基礎建設能否扮演與周邊地區溝通與橋梁的角色，以及閩台互動。若從產業、企業發展的角度來看，海西區規劃著重在機械、電子和石化三大產業的發展，但福建的產業鏈較短，上下游的配套能力較弱，產業的群聚關係不強，台商必須要能自成體系，而投資門檻勢必提高（李志強，2009）。福建地區雖具有地緣上的優勢，但並非台商對大陸投資交流的唯一選項，其他地區可能比福建更有優勢，端視有何優惠政策的支持。福建提出建設海西區，進而推動設立平潭綜合實驗區，倡議金廈特區，成立以來得到北京中央在包括資金的挹注、軟硬體建設等各方面政策的全力支持（吳漢，2011）。不可諱言的，北京希冀將「海峽西岸經濟區」建設推向「海峽經濟區」，其實是戰略思維的調整，若能順利推動，不但可以成為中國大陸區域經濟發展的新亮點，更可以借鑑粵港澳灣區整合的經驗，吸納台灣先進的優勢產業、技術、資金，造成難以逆轉

的經濟結構。

　　但 2016 年台灣再次政黨輪替，兩岸間的互動交流迅速冷卻，勢必衝擊海西區的發展。對北京而言，由於當時的對台政策以三中一青（中小企業、台灣中南部、中低階層及青年族群）為核心重點，為避免海西區發展的廢弛，轉而以能操之在我的部分持續推動政策；配合海西區的發展，2017 年起調整為產業與青年，並由間接處理轉為直接接觸，目的是要讓台灣年輕人不只願意往中國大陸流動，更要讓他們能夠留在大陸的產業內求發展。中共「十九大」後因應兩岸新情勢，中共領導人習近平提出願與台灣加深「心靈契合」的指導原則，大陸對台工作亦逐漸改變戰略，逐漸轉向並修正，以台灣青年與基層作為連結並拉攏的主要對象。進而開始推出一系列的「惠台政策」，這也是 2018 年 2 月 28 日，北京公布對台 31 項《關於促進兩岸經濟文化交流合作的若干措施》的背景因素（謝明瑞，2018）。在此基礎上，為貫徹國台辦「惠台 31 條」措施，廈門市 4 月 10 日發布《關於進一步深化廈台經濟社會文化交流合作的若干措施》（簡稱廈門 60 條），範圍涵蓋中小學、青少年、科研機構、高教及台企領域，遠超過中央的 31 項措施範圍，希能延續海西區作為兩岸經貿合作最緊密、文化交流最活躍的平台。

　　2019 年 1 月，習近平在「告台灣同胞書」發表四十周年紀念會上發表五點聲明，提出探索「一國兩制台灣方案」，作為推動兩岸關係和平發展達成制度性安排，也成為大陸對台的新綱領。及至 11 月，北京再次公布《關於進一步促進兩岸經濟文化交流合作的若干措施》（簡稱 26 條措施），包括涉及為台灣企業提供同等待遇的措施 13 條，涉及為台灣同胞提供同等待遇的措施 13 條；「26 條措施」宗旨與促進兩岸經濟文化交流合作的「31 條措施」一脈相承。而福建省也強調，福建目前是台青登陸試水溫的首選之地，未來要當台灣民眾前往大陸的第一家園，將漸成為大陸對台先行先

試的基地。

　　從大陸至今公布的對台措施具體內涵看來，惠台政策的提出仍將對台灣的人才和資源產生一定的磁吸作用，但在面臨新冠肺炎疫情影響與兩岸互動僵局時，其實施也將面臨若干無法避免的問題，雖北京仍希望以操之在己的方式持續推動，但效果必然大打折扣。但從大陸區域及兩岸關係發展趨勢研判，透過政策持續推動兩岸社會經濟融合方面，將是今後大陸藉以掌控兩岸互動關係的主要工作方向，勢必在此前惠台政策後將陸續推出相關政策。但大陸不應忽略的是，雖然從學理上來說，兩岸經濟要素的互補及產業整合的需要，透過海西區的政策優惠來吸收台商、青年和產業共同發展是極其合理的。但在當前中美貿易戰下促使全球產業鏈重整，而中美之間的戰略衝突逼迫台灣政府更加親美，未來兩岸社會經濟在制度及文化上的差異鴻溝應更勝以往。事實上，根據政大選研中心 7 月公布的民調結果顯示，雖然維持兩岸現狀依然是多數人的選擇，但「台灣認同」再次攀上新高、「中國認同」則持續下滑（BBC, 2020）。結合前述整理的學術研究經驗，前瞻兩岸之間在後疫情時代，大陸若無法解決政治認同的問題，單方的經濟吸納政治政策，效果將難有進展，也可能呈現更加兩極化的結果。

參、粵港澳大灣區的發展經驗與整合策略

一、粵港澳大灣區整合的經驗探討與解釋

　　2019 年初，《粵港澳大灣區發展規劃綱要》正式發布。粵港澳大灣區建設是中共總書記習近平提出的重大戰略決策，是為了展示中國邁向國際一流灣區以及世界性城市群的重要藍圖。北京「粵港澳大灣區」計劃

的正式提出，除了是基於升級香港過去「背靠內地、面向世界」的經濟發展核心策略，也是社會的集體共識（劉兆佳，2013：299-300）；此外，也是北京以經濟整合模式降低港人對融合疑慮的策略（朱英嘉，2018）；更是北京「一國兩制」與區域經濟一體化有機結合的實踐進程（蔡赤萌，2019）。

　　回顧大陸推動珠三角區域整合的歷史背景，在港澳「一國兩制」模式下，長期以來港澳兩個特區都是扮演帶領珠三角地區先行先試的領頭羊，在大陸內有深化改革、外有持續開放的需求下，進一步整合珠三角地區的共同發展成為北京的理性選擇。從香港的發展角度及立場來觀察，作為經濟率先起飛的亞洲「四小龍」之一，香港持續與國際市場密切結合，以其先進的管理水準與雄厚資本的優勢，透過與擁有廉價土地和勞動力的珠三角互補長短，共同完成各自的經濟轉型。不過，由於珠江口的天然阻隔和跨江通道的障礙，基本上受惠較大的是珠三角東岸比鄰香港的區位，珠三角西岸和粵西地區相對沒有香港的經濟輻射和帶動作用，是造成珠三角東西兩岸相對發展落差局面的一個重要原因。

　　隨著發展進程，在珠三角東岸地區，人口、資源、土地和環境對社會經濟發展的壓力和約束越來越大，經營成本也逐步上升，反觀珠三角西岸地區在這些方面展現出其競爭優勢。故而在 1997 年亞洲金融危機後，香港特區政府在工商界期許下，將振興香港經濟的新經濟增長點放到了珠三角西岸，認為有必要盡快建設連接香港與珠海和澳門跨海陸路通道，在珠三角西岸複製「前店後廠」的經濟合作模式，以充分發揮香港的優勢，這也成為香港經濟轉型發展方向的一環（陳廣漢，2009）。

　　2003 年的 SARS 為港澳帶來新的挑戰與契機，隨著 CEPA 的啟動，讓珠三角和港澳地區經濟的產業開始進行調整與升級，粵港澳合作已經從以製造業為主體的合作，開始向以服務業為主體的合作轉變，從「前店後廠」

合作模式向「共同市場」的形態轉變，也讓港澳與珠三角地區進入新一輪的經濟整合過程。為擴大珠三角與港澳地區的連結與互動，2008 年時《珠江三角洲地區改革發展規劃綱要（2008-2020）》公布，確定建構「港珠澳大橋」的跨界大型交通基礎設施，還要求進一步加強粵港澳、泛珠江三角洲區域與東協的國際經濟區域的合作，透過主動參與國際分工，建立開放型經濟新格局，鞏固香港作為國際金融、貿易、航運、物流、高增值服務中心的地位。

不過，大灣區的整合卻未如設想的容易，CEPA（內地與港澳關於建立更緊密經貿關係的安排）實施超過十年，粵港澳卻沒有如上世紀八、九十年代第一次「前店後廠」的產業整合，達成利益最大化的共識且推進深度融合發展，北京認為最重要的原因還是在於政治制度的束縛。一方面，粵港澳三地均有邊界分隔，又是三個獨立的關稅區，過去談跨界合作多從己身利益出發，缺乏統合；就經濟、人口、地域規模而言是廣東居大，但就發展階段、法制建設、市場化程度而言，香港居於領先。多年來廣東與香港的關係並不協調，如何進行跨界整合並強化融合，顯非易事。

誠如張緊跟（2008）的研究，大陸在四十年的改革開放及快速成長下，已使得粵港澳地區的經濟結構產生複雜又急遽的變化，珠三角區域之間的合作過分強調地方政府在區域合作中的主導性功能，造成合作內容熱中於對短期政績的追求，成為一種純粹的各區域政府管理的形態，對整合卻無益。此外，封小雲（2014）也認為，從粵港澳三地之間的經濟合作指標呈現出的明顯退化走勢，證明大珠三角地區的結構形態，從原本的互補性結構逐步轉向替代性結構，使得傳統的競合關係開始演變成競爭多於合作。

另一方面，在大灣區內行政分割嚴重，廣東省九個城市之間及其對香港、澳門之間都缺乏有效協調。鑑於「一國兩制」的複雜性和城市之間的嚴重行政分割，這 11 個城市之間很難產生有效的協調機構，如果缺乏有

效的協調，本來容易解決的具體問題，就會阻礙灣區的整體整合（鄭永年2017）。要確保大灣區要素流動最簡單而且有效的方法，是區域在制度、行政安排逐漸劃一，減少障礙，令其按實際考慮而自由流動；理論上，同樣道理也適用於資金與訊息等要素的流動之上，但過去卻缺乏這樣的開放制度。

因此，雖然在粵港之間有著「粵港合作聯席會議」，並在 2010 年簽署《粵港合作框架協議》，但檢視自 2010 年起至 2020 年的《框架協議》工作重點不難發現其問題。由於粵港的《框架協議》上具有強烈的功能性與目的性，其重點在於強化與有優化過去「前店後廠」建立起來的合作關係，因而工作方向多圍繞在跨界基礎建設、現代服務業、營商環境及優質生活圈等領域。因而粵港之間的整合關係，在長期的粵港合作與協調的動態過程中，僅只成為因應國家發展戰略和粵港跨境治理的功能性關係，缺乏向政治擴散的機制（楊愛平，2017）。

此外，過去的大灣區整合因著重功能性的完善，但在遭遇「一國兩制」的結構性限制時，往往未能盡全功。從歐盟發展經驗評估，證明制度性的區域整合因為以成員間統一的發展環境為基本目的，透過成員間體制整合建立相同的制度環境條件，最終突破了因為體制差異形成的整合性制度障礙，得以降低區域內的交易成本，從而獲得來自制度整合後更大的效率與利益。因而，北京認為這困局非邁向制度性的區域整合，無法克服（張緊跟，2018），也趁勢解決中央與地方的不對稱互動關係（官華、唐曉舟、李靜，2018）。

不可否認的是，以法制促進粵港不斷的深化合作與相互依賴，既是北京的重大經濟戰略，更是重大的政治戰略決策。根據王慧麟（2010）的觀察，北京的政治選擇是以經濟成長為施政目標，法律只是其施政過程的工具或手段，促進經濟發展終將成為其加強對社會的政治控制而已。為了強

化政權，法律會隨經濟需求不斷增加，而經濟越穩定發展，則越有助於維持政權的穩固。所以中國在走向經濟現代化過程中，以法律建構經濟秩序，實有其戰略意圖。而北京利用法律手段緊縮對香港的控制，重整香港的政治、經濟及社會秩序，將會成為對港的常態。

是故，《深化粵港澳合作推進大灣區建設框架協議》的時代意義在於透過政治操作，一方面藉此扭轉過去在粵港、粵澳及港澳之間功能性區域整合下不協調的合作關係，逐步建構起三方制度性的協作機制；另一方面也將成為打破過去「兩制」下的諸多制約，將過去功能性的區域整合昇華成制度性的區域整合，邁向由「一國」主導擘劃的新里程碑，這將是大灣區整合最深層且重要的政經意涵。

二、新情勢下大灣區的政策規劃與發展挑戰

自國務院發布《粵港澳大灣區發展規劃綱要》後，北京期待透過經濟融合帶動制度整合，大灣區終將因金流、人流等要素整合而逐步密不可分，進而促使生活模式趨同而人心凝聚。最終在「人盡其才，地盡其利，物盡其用，貨暢其流」的狀態下，超越「一國兩制」達到「一國良制」的目標。但各界也注意到，當前的大灣區規劃，正是建立在北京以政治方式逐步將香港納入國家規劃體制，以及粵港兩地政府整合的規劃嘗試上。大灣區戰略不僅標誌著香港被從「頂層設計」的方式寫入到中國的「區域規劃」之中，此外與過往最大的不同是，大灣區規劃在香港現有的行政架構上設立「粵港澳大灣區建設領導小組」，用以「加強組織領導」。這是北京首次把「小組治國」的模式跨境應用在「高度自治」的港澳特別行政區，突破了一國兩制原有的管制框架。換句話說，未來中國的治理模式將可運用在決定香港發展的規劃事宜（彭嘉林，2019）。

　　但是大灣區計劃推出不久，不僅外有中美貿易糾紛持續攪局，內部也突遇香港的「反送中」社會衝突及其後的新冠肺炎疫情的影響，致使大灣區的投資建設與整合進度大幅落後。不可諱言的是，在香港回歸二十多年後的今天，香港與大陸城市間的社會文化不僅有一定程度的差距，雙方在政治信任與身分認同上的差異也不斷被凸顯出來。從中大香港亞太研究所對香港青年所做的調查中，超過八成的年輕人對前往大灣區工作沒有興趣，主要是因為對大陸的資訊自由和民主法治有負面觀感（香港 01，2020）。而隨著近年來香港社會出現的陸港社會衝突及反修例運動，香港內部的政治光譜已經出現大幅移動，在 2021 年 6 月的調查中，不僅支持本土認同及激進抗爭的群眾持續增加至兩成，而且也跨越了過去學歷及年齡的限制；而支持建制派的比例則下降至僅有一成（李立峯，2020）。從香港的現況來看，跟前文所分析的台灣發展經驗擁有很高的雷同性，代表「身分認同」與「族群身分」的影響力超越「年齡世代」與「教育水平」的要素；而「政治情緒」同樣也成為香港年輕世代在面對大灣區整合時的取決要素。

　　一直以來，大陸多認為回歸以來港人沒有適應回歸後的現實變化，隨著主權與治權的更迭，理應在意識形態上也有所轉變，但港人的國民意識始終不高，甚至在 2008 年後還轉趨下降。其中的一項重要原因就是制度的差異，讓港人對大陸制度難以認同，而導致影響國家認同（陳麗君，2015：219-226）。此外，對於香港的政治發展，港獨議題的興起、泛民主派勢力的成長都讓北京擔憂，而北京認為這都是因為香港的普選問題所產生，因此一方面增強陸港兩地的經貿整合進程，另一方面盡可能壓制香港政改的進程，卻引發 2014 年的雨傘運動，激化陸港之間的敵對螺旋，而北京卻選擇以更強硬的方式回應香港社會，勢必讓管治的正當性更受質疑（陳弘毅、趙心樹，2017）。尤其粵港澳大灣區的發展仍因北京治港政策

強調「頂層設計」，採取「由上而下」的制度設計，即使規劃再完善，但目前看來由於推進的過程中缺乏港人「由下而上」的認同，可能導致粵港澳大灣區的整合難以得到社會廣泛支持而完善。

事實上，就目前的現實狀態而言，縱使北京透過制定《港區國安法》來創造香港的第二次回歸，積極以法律工具為基礎、以政治管控為核心、以經濟繁榮為號召、以梳理人心為目標，戮力將港澳與珠三角城市整合成為城市群，但能否真的成功，也還有待檢驗。伴隨國安法的施行、延後香港立法會選舉一年，以及強調香港政府運作的行政主導制，已經讓香港風聲鶴唳，甚至對港府執政的正當性都產生衝擊。港人對政治的不滿皆反應在對特首林鄭月娥的認同上，根據香港民意研究所的最新調查，林鄭月娥的評分只有 28.1 分，而反對林鄭月娥擔任特首的比例高達 69%（中央社，2020）。

但北京近期以來的作為，顯然並無意願調整其強硬的對港政策與整合策略，但「政治的歸政治、經濟的歸經濟」的政經分流策略依然持續運作，並持續以法律作為推動區域整合的工具。北京陸續在《粵港澳大灣區發展規劃綱要》基礎上發布許多優惠政策，包括：（一）《關於金融支持粵港澳大灣區建設的意見》，支持促進粵港澳大灣區跨境貿易和投融資便利化，推升香港金融產業規模；（二）《國家開發銀行支持粵港澳大灣區建設行動計劃（2019-2022 年）》，提供融資金額 2,000 億元用以強化大灣區基礎建設與創新產業，其中包括香港機場第三跑道；（三）《粵港澳大灣區（城際）鐵路建設規劃》，將投資 4,000 億打造「軌道上的大灣區」，結合香港原有的京九鐵路、廣深港高鐵，讓主要城市之間可以一小時通達；（四）「人大」通過《全國人民代表大會常務委員會關於授權國務院在粵港澳大灣區內地九市開展香港法律執業者和澳門執業律師取得內地執業資質和從事律師職業試點工作的決定》，未來三年港澳律師在大陸通過資格檢定後

將可在大灣區執業，藉以拉攏香港法律人士。此外，另有廣東省發布的《粵港澳大灣區（內地）事業單位公開招聘港澳居民管理辦法（試行）》，希望可以吸引具專才的香港居民到大陸工作，持續以大灣區磁吸香港的意圖不言可喻。

　　但從北京對台政策與兩岸交流經驗來看，北京的單邊作為並非毫無成果，但卻難以將「經濟利益」轉化為「政治認同」。這在過去兩岸經貿的發展上也見到同樣的情況，當台灣的民眾與政治菁英對大陸的情感日漸疏離，經貿來往帶來的誘因並未能拉近彼此的距離，可見主要困難仍是政治問題（高朗，2004）。尤其在目前北京戮力強化在香港的政治控制之餘，未來恐難落實在《基本法》所承諾的普選問題，勢將削弱社會大眾對香港政治體制的認同與信心，亦難維持金融中心的基礎不墜，香港的金融地位與北京的大灣區戰略都將面臨更多挑戰。顯然，北京在大灣區整合上，若不願正視港人的意願，爭取香港社會的政治認同，將使得大灣區的發展依然面臨整合的挑戰。

肆、結語

　　從過去歐洲整合的經驗顯示，整合的過程並非線性發展，也可能是蜿蜒上下的山路，更可能發生倒退的情境。而希望以經濟整合邁向政治整合的過程中，也不見得就能如功能主義者所期望的，人們單純的基於經濟福利等因素就轉移忠誠，更應考量包括歷史文化、語言、宗教、社會制度或其他共同的生活經驗在內的因素。因此在 2014 年後，台港的太陽花與雨傘運動分別凸顯出年輕一代對大陸的不認同，在年輕世代與大陸在政治認同漸行漸遠的情境下，經濟整合也就難以為繼，遑論政治整合的發展（宋興洲、李玫憲，2015）。而這也促使了北京逐步從過去的功能主義思維朝

新功能主義轉型，強化整合過程中「政治過程」的角色，藉以影響功能與權力結構的變化。因此如何擴大政治與經濟菁英對整合的作用更受到北京重視，這也成為北京推動粵港澳大灣區相關政策過程中的主要思維。但不可諱言的，北京處理陸港與兩岸整合，仍應借鏡歐洲整合的經驗，若政治與經濟菁英只著眼新功能主義的功能性合作與菁英決策，表面上看似可以解決危機困境，但其實只是讓問題更加蟄伏。仍應回到重視民眾對整合動向的看法，改變認同的性質，擴大包容認同的空間，才有助於為整合開創新機（賴昀辰，2018）。

　　而從本文以歷史途徑檢視北京在粵港澳灣區及海西區的發展歷程與整合策略，可以發現都是以北京作為主要的發動者，北京希望透過經濟整合的功能性擴散，達成政治整合的目的。而從發展的時間序列來說，粵港澳灣區發展在前，其經驗提供了北京在規劃海西區時不少借鑒的因子；而從推進整合的難度而言，兩岸間海西區的整合因為缺乏珠三角的歷史淵源與產業背景，加以如何用經濟與社會文化政策突破兩岸政治認同的困境，現在看來又提供了大灣區未來整合的思索方向。從北京對台與對港政策的比較上來說，最大差異凸顯在兩個層面。政治上，自香港回歸中國大陸統治，雖然北京承諾在港實行「一國兩制」，但在一國的框架之下，北京給予香港的政治自主性正逐步縮小，縱使港人不滿抗爭也難逆轉趨勢。而經濟上，香港在 CEPA 後加大依賴大陸經濟發展的層面與幅度，導致本身產業嚴重傾斜、社會分化加劇，如今的經濟結構與發展政策實已難自外於大灣區的整合。反觀台灣在政治上不受北京高度牽制，而經濟上雖曾因 ECFA 與陸客自由行的開展向大陸傾斜；但 2016 年後台灣戮力於推動「新南向政策」，而 2018 年後的中美貿易戰催生了東亞新產業鏈的布局，台灣得以避免如同香港高度依賴中國大陸而難有迴旋空間的窘境。比較粵港澳灣區整合與兩岸經貿互動，顯現大陸出台的惠台以及各項對台協議絕非單純的對台

「統戰」或單方的「讓利」，而是其具有整體戰略思考的措施。首先，惠台政策本身對大陸也有利，例如包括台商的投資、土地、租稅、稅率降低都跟中國大陸有關。其次，從上而下的制度設計代表著中共政府對此的重視，也把惠台政策看作是大陸國家發展整體戰略中的一環。第三，考慮到台灣的特殊性，並未提出如港澳「借助大灣區融入國家發展」的口號，反是以軟策略作為主軸，此種軟策略拉攏台灣民心的作法，基本上是以親情結合惠台模式，來處理兩岸未來可能結合的問題（謝明瑞，2018）。準此，粵港澳灣區和海西區都是中國大陸進行區域經濟整合的發展模式，兩者間有相同點也有相異處。無論其同與異，對我政府與社會來說，恐難避免中國大陸以法律與經濟推動政治整合的趨勢。從目前大陸以「頂層設計」及「全面管治權」強勢整合大灣區發展與打壓香港社會異議人士的作為，顯見其在遭遇整合的政治挑戰時僅以強硬的舊思維應對，而忽略了在政治與經濟之外，如何以爭取認同作為理順整合的路徑。整體來說，大陸對台與對港政策的守舊與落伍，難以理解台港民眾的政治認同與情緒變化，當台港社會間擁有共同的壓迫感與排斥傾向時，大陸所主導的經濟整合將更難發揮實質成效。

參考文獻

一、中文文獻

王慧麟，2011，〈法律重整香港經濟秩序——關於中國影響香港經濟的初步觀察〉，本土論述編輯委員會、新力量網絡編，《本土論述 2010：香港新階級鬥爭》：187-198。台北：漫遊者文化事業股份有限公司。

朱英嘉，2018，〈「粵港澳大灣區」戰略意義：中國特色的區域整合觀點的分析〉，《展望與探索》，16（8）：66-90。

吳新興，1995，《整合理論與兩岸關係之研究》，台北：五南圖書出版公司。

官華、唐曉舟、李靜，2018，〈粵港澳大灣區建設中的區域治理體系研究〉，《港澳研究》，3：53-61。

宋興洲、李玫憲，2015，〈兩岸統合關係之回顧與展望：辯證功能主義觀點〉，《全球政治論》，52：35-57。

林琮盛、耿曙，2005，〈從「安全」與「利益」的兩難中解套：再思兩岸關係中的市場力量〉，《遠景基金會季刊》，6（4）：239-281。

封小雲，2014，〈粵港澳經濟合作走勢的現實思考〉，《港澳研究》，2：45-52。

耿曙，2009，〈經濟扭轉政治？中共近期「惠台政策」的政治影響〉，《問題與研究》，48（3）：1-32。

耿曙、林瑞華，2004，〈兩岸經濟整合的政治影響〉，2004 年「東亞區域整合對台灣安全與發展之影響」國際學術研討會，嘉義：南華大學。

耿曙、劉嘉薇、陳陸輝，2009，〈打破維持現狀的迷思：台灣民眾統獨抉擇中理念與務實的兩難〉，《台灣政治學刊》，13（2）：3-56。

高朗，2004，〈從整合理論探索兩岸整合的條件與困境〉，包宗和、吳玉山編，《爭辯中的兩岸關係理論》，頁 43-75。台北：五南圖書出版公司。

張五岳、蕭督圜，2019，〈中國大陸港澳政策與問題〉，大陸委員會編，《中國大陸研究專書：「十八大」以來中國大陸的發展與變遷》，頁363-386，台北：陸委會。

張緊跟，2008，〈試論新區域主義視野下的泛珠江三角洲區域合作〉，《武漢大學學報（哲學和社會科學版）》，5：351-357。

張緊跟，2018，〈論粵港澳大灣區建設中的區域一體化轉型〉，《學術研究》，7：58-65。

陳弘毅、趙心樹，2017，《民主與選舉：香港政改的回顧前瞻》，香港：天地圖書出版公司。

陳映男、耿曙、陳陸輝，2016，〈依違於大我、小我之間：解讀臺灣民眾對兩岸經貿交流的心理糾結〉，《台灣政治學刊》，20（1）：1-58。

陳陸輝、耿曙，2009，〈台灣民眾統獨立場的持續與變遷〉，包宗和、吳玉山編，《重新檢視爭辯中的兩岸關係理論》，頁163-194，台北：五南圖書出版公司。

陳陸輝、耿曙、涂萍蘭、黃冠博，2009，〈理性自利或感性認同？影響台灣民眾兩岸經貿立場因素的分析〉，《東吳政治學報》，27（2）：87-125。

陳陸輝、陳映男，2016，〈政治情緒對兩岸經貿交流的影響：以台灣的大學生為例〉，《選舉研究》，23（2）：55-86。

陳廣漢，2009，《香港回歸後的經濟轉型和發展研究》，北京：北京大學出版社。

陳麗君，2015，《香港社會關係與矛盾變化研究》，香港：中華書局。

楊愛平，2017，〈回歸二十年：變化社會中的粵港政府間關係〉，《暨南學報（哲學社會科學版）》，7。

劉兆佳，2013，《回歸後的香港政治》，香港：商務印書館。

蔡赤萌，2019，〈粵港澳大灣區建設：理論框架與香港角色〉，《澳門理工學報》，1：26-38。

賴昀辰，2018，〈歐盟整合理論的新發展：後功能主義對傳統整合理論之挑戰〉，

《政治科學論叢》，78：137-178。

二、英文文獻

Mitrany, D. 1943. *A Working Peace System: An Argument for the Functional Development of International Organization*. Oxford: Oxford University Express.

三、網路資訊

BBC，2020，〈台灣民意調查顯示： 台灣人認同創新高 但維持現狀仍是主流民意〉，https://www.bbc.com/zhongwen/trad/chinese-news-53391406，查閱時間：2020/09/05。

中央社，2020，〈林鄭月娥民望低迷　反對出任特首比率達 69%〉，https://www.cna.com.tw/news/acn/202009090054.aspx，查閱時間：2020/09/05。

中國時報，2018，〈受限兩岸關係惡化 海西獨憔悴〉，https://www.chinatimes.com/newspapers/20181024000067-260301，查閱時間：2020/09/05。

中評網，2006，〈蕭萬長：關注、支持海峽西岸經濟區規劃〉，http://www.crntt.tw/crn-webapp/doc/docDetailCreate.jsp?coluid=3&kindid=12&docid=100121954&mdate=0911123624，查閱時間：2020/09/05。

吳漢，2011，〈海峽西岸經濟區「先行先試」政策的意涵及其對台灣的影響〉，http://ir.lib.ksu.edu.tw/bitstream/987654321/17279/2/100，查閱時間：2020/09/05。

李立峯，2020，〈香港市民政治派別認同的持續轉變〉，https://news.mingpao.com/ins/%E6%96%87%E6%91%98/article/20200723/s00022/1595327334051/%E9%A6%99%E6%B8%AF%E5%B8%82%E6%B0%91%E6%94%BF%E6%B2%BB%E6%B4%BE%E5%88%A5%E8%AA%8D%E5%90%8C%E7%9A%84%E6%8C%81%E7%BA%8C%E8%BD%-

89%E8%AE%8A%EF%BC%88%E6%96%87-%E6%9D%8E%E7%AB%8B%E5%B3%AF%EF%BC%89，查閱時間：2020/09/05。

李志強，2009，〈海西經濟區對台灣產業的可能影響〉，http://www.mac.gov.tw/public/Attachment/04115505593.pdf，查閱時間：2020/09/05。

香港01，2020，〈逾八成青年沒興趣到大灣區工作　與內地資訊自由及法治有關〉，https://www.hk01.com/%E7%A4%BE%E6%9C%83%E6%96%B0%E8%81%9E/474489/%E8%AA%BF%E6%9F%A5-%E9%80%BE%E5%85%AB%E6%88%90%E9%9D%92%E5%B9%B4%E6%B2%92%E8%88%88%E8%B6%A3%E5%88%B0%E5%A4%A7%E7%81%A3%E5%8D%80%E5%B7%A5%E4%BD%9C-%E8%88%87%E5%85%A7%E5%9C%B0%E8%B3%87%E8%A8%8A%E8%87%AA%E7%94%B1%E5%8F%8A%E6%B3%95%E6%B2%BB%E6%9C%89%E9%97%9C，查閱時間：2020/09/05。

彭嘉林，2019，〈政治危機之下，大灣區何去何從？五問粵港澳大灣區計畫〉，https://theinitium.com/article/20191015-hongkong-greater-bay-area-analysis/，查閱時間：2020/09/05。

童振源，2006，〈海峽西岸經濟區對兩岸經濟關係發展之影響〉，http://www3.nccu.edu.tw/~ctung/Documents/W-B-b-22.pdf，查閱時間：2020/09/05。

鄭永年，2017，〈粵港澳大灣區與制度創新〉，https://www.master-insight.com/%E7%B2%B5%E6%B8%AF%E6%BE%B3%E5%A4%A7%E7%81%A3%E5%8D%80%E8%88%87%E5%88%B6%E5%BA%A6%E5%89%B5%E6%96%B0/，查閱時間：2020/09/05。

戴肇洋，2010，〈海西經濟區發展策略談兩岸產業合作模式之研究〉，http://www.tri.org.tw/research/impdf/1172.pdf，查閱時間：2020/09/05。

謝明瑞，2018，〈中國大陸31項惠台（對台）措施對台灣的影響〉，https://www.npf.org.tw/2/19025，查閱時間：2020/09/05。

台港澳經貿互動與粵港澳大灣區發展

吳佳勳

（中華經濟研究院第一研究所副研究員兼副所長）

摘要

　　「粵港澳大灣區」自 2017 年 7 月 1 日正式定位為中國大陸的國家級戰略，目標是推動基礎設施互聯互通，並進一步加深投資、貿易、人員往來的便利化。然 2018 年以後，國際情勢快速變化，美中貿易戰引爆，中美相互加徵關稅。值此期間，香港於 2019 年 6 月爆發一連串「反送中」運動，一時之間香港經濟社會動盪，終致引發美國關切其自治問題。

　　本文主要環繞粵港澳大灣區發展，並以台港澳經貿互動為引。本文認為，大灣區的發展關鍵，在於後續的區域治理與制度調和，以及能否吸引世界級人才的進駐。觀察現今粵港澳大灣區之發展，已初具雛形者包括智慧手機、無人機、機器人、基因定序等產業，未來將更往軟硬結合朝人工智慧領域發展。由於大灣區正是台商聚集最密集之處，惟現階段仍多以傳統製造業為主，未來台商能否順利朝先進製造業升級轉型，將成為企業競爭力的關鍵所在。

關鍵詞：粵港澳大灣區、香港、港區國安法、台商

壹、前言

　　2017 年，香港與澳門回歸二十周年，中國大陸國家主席習近平特別赴港參加慶祝大會暨香港特別行政區第五屆政府就職典禮，並見證由中國大陸國家發改委、廣東省、香港、澳門四方共同簽署《深化粵港澳合作推進大灣區建設框架協議》。自此「粵港澳大灣區」政策正式提升為中國大陸國家級戰略，其總體戰略規劃具體延伸至 2030 年（吳佳勳、吳子涵，2019：55-59）。

　　然自 2018 年以後，國際情勢快速變化，美中貿易戰引爆，中美相互加徵關稅，值此期間，香港於 2019 年 6 月爆發一連串「反送中」運動，一時之間香港經濟社會為之動盪，終致引發美國關切其自治問題，決定於2019 年 11 月簽署《2019 年香港人權與民主法案》，要求需在 180 天之內，由美國國務院針對香港是否維持自治地位提交評估報告。然在 2020 年 5月 21 日，中國第十三屆「全國人大」會議提出《港區國安法》草案，並火速於 5 月 28 日表決通過。此舉招致歐美國家反彈，美國國務卿蓬佩奧遂於 2020 年 5 月 27 日，向美國國會提出香港不再擁有高度自治的評估報告，認定香港不再得以享有美國法律下特殊待遇。此外，美國進一步於同年 7 月 2 日由參眾議院再通過《香港自治法案》，該法案較此前《香港人權與民主法案》牽連更廣，涉及國際金融層面，將潛在制裁對象首次納入國際銀行，可導致違法銀行無法與美國交易、無法使用美元結算，可用以打擊中國資金鏈，相關影響牽連比原先《香港人權與民主法案》單純制裁中方官員和機構來得更深且廣。

　　由美中貿易戰為引，牽動了美國對於香港自治地位的否定，也對於台港澳及至於粵港澳大灣區的發展帶來影響。本文擬先探討台港澳近年來經貿互動變化起，再進一步分析粵港澳大灣區的發展前景觀察，最後為結語。

貳、台港澳經貿互動

　　由台港澳的經貿統計數字來看，過去幾年我國對中國大陸出口比重約在 26% 至 29% 之間，而對香港出口比重則在 12% 至 14% 之間，兩者合計占我國總出口比重變化不大，約占四成（參表 1）。由此數據顯示，香港占我國出口中國大陸的比重超過三成，即使部分是轉口到中國大陸以外其他國家，然其中絕大部分仍是以中國大陸為最終市場。換句話說，長期以來我國輸陸的出口金額當中，將近三成係透過香港來進行轉口。然而 2019 年受香港「反送中」運動影響，我國對其出口金額在該年大減，出口年成長率衰退 2.5%。

表 1：台港澳與兩岸貿易之變化

單位：百萬美元、%

	2016		2017		2018		2019		2020	
	金額	占比	金額	占比	金額	占比	金額	占比	金額	占比
出口										
中國大陸	73,732	26.41	88,745	28.13	96,498	28.89	91,789	27.89	102,452	29.67
香港	38,254	13.70	41,165	13.05	41,401	12.40	40,325	12.25	48,998	14.19
澳門	129	0.05	112	0.04	120	0.04	98	0.03	92	0.03
總出口	279,175	100.00	315,487	100.00	334,007	100.00	329,157	100.00	345,274	100.00
進口										
中國大陸	43,991	19.19	50,037	19.45	53,790	18.89	57,394	20.09	63,569	22.19
香港	1,330	0.58	1,512	0.59	1,409	0.49	1,062	0.37	1,210	0.42
澳門	6	0.00	7	0.00	5	0.00	6	0.00	5	0.00
總進口	229,199	100.00	257,200	100.00	284,792	100.00	285,651	100.00	286,481	100.00

資料來源：財政部進出口統計。（https://www.mof.gov.tw/htmlList/103）

　　進口方面，我國自中國大陸進口比重持續提升，金額也有所成長，應與美中貿易戰於 2018 年期中發酵，牽動我國產業回台布局，進而帶動自

陸進口金額逐漸上升有關。而台灣自港進口金額，約在 10.6 億至 15 億美元之間，約占我國自全球進口金額的 0.37% 至 0.59%。但比較特別的是，2019 年我國自香港進口比重有較明顯的下滑，恐與該期間香港「反送中」運動有關，顯示香港政治的穩定與否，對台港貿易帶來一定程度的衝擊。

以經貿關係的重要性來看，2019 年台灣仍是香港第三大貿易夥伴；第六大港產品出口市場；第五大轉口市場；以及第二大進口來源地。而香港是台灣第四大貿易夥伴、第三大出口市場，以及第 29 大進口來源地。[1]

貿易品項方面，2019 年台灣出口到香港金額最高者為機械及電機設備類，出口金額達 335 億美元，已占我國對港出口總額的 83%。其中又以電子零組件部分為最多，2019 年出口金額為 292 億美元，占該產品我國對全球出口的 25.96%，同時該產品在 2019 年對港出口是少數未受影響，仍呈現正向出口成長的品項。再其次是資通與視聽產品，2019 年對港出口金額為 31.8 億美元，但只占我國對全球出口的 7.46%，年成長率為 -15.68%。另光學及精密儀器、鐘錶、樂器類也是主要對港出口產品，其中主要以光學器材為主，2019 年對港出口金額為 13.6 億美元，該產品占我國對全球出口的 12.03%，但在 2019 年對港出口年成長率衰退 17.48%。

進口產品方面，台灣自港進口產品主要是珠寶及貴金屬製品，2019 年進口金額為 5.16 億美元，約占同年我國自港進口金額之 48.6%，也占我國自全球進口的比重 18.04%，其中又有半數為黃金。另只有少量機械及電機設備類自港進口，2019 年自港進口金額 1.6 億美元，只占我國自全球進口比重 0.13%，與上年相比年成長率衰退 33.28%。

另在台港間尚包含大量轉口貿易及服務貿易形態，惟相關統計資料相對缺乏，茲援引我國駐港單位「香港經濟貿易文化辦事處」所提供之數據：

1　引述自香港經濟貿易文化辦事處，https://www.hketco.hk/tc/economy_info/index.html。

2019 年香港轉口往台灣的貨品主要有電動機械、器具及用具及其電動部件
（47.5%）；辦公室機器及自動資料處理機（12.7%），以及電訊及聲音收
錄及重播器具及設備（10.9%）。

　　而在服務貿易方面，香港 2016 年至 2018 年的服務貿易總額約 1.31 至
1.47 兆港元（約 1,695 至 1,897 億美元），其中約 39% 是與中國大陸所進
行的服務貿易、13% 與美國，與台灣往來的服務貿易約 495 至 569 億港元
（約 63.8 至 73.4 億美元），占比只有 3.9% 左右。其中香港對台服務輸出
項目主要有運輸、旅遊與金融服務。而香港從台灣輸入的服務項目主要有
旅遊、運輸與其他商業服務。[2]

　　另在投資金額方面，根據投審會資料，我國對中國大陸投資金額受美
中貿易戰影響，在 2019 年有明顯下滑，由原本每年約 80 至 90 億美元規模，
減半降至 41.7 億美元，2020 年增加至 59.1 億美元。2019 年我國對港投資
金額僅有 4.57 億美元，2020 年增加至 9.1 億美元。但比較特別的是，2020
年上半年，我國對港投資金額已達 8.48 億美元，超越上年全年投資額，主
要係華新麗華以 5.52 億餘美元間接增資香港華新國際投資公司。

　　由投資業別來看，以 2020 年為例，我國對港投資金額高低依序為金
融保險業，已占同年我國對港投資七成。其次是支援服務業；再其次為批
發零售業、製造業（主要為化學材料製造業），以及專業、科學及技術服
務業。

　　陸資及港資來台投資方面，由於陸資受到我國嚴格管制，近五年來陸
資在台投資金額均在 2 億美元之譜，2019 年更降至 1 億美元以下，2020
年增加至 1.26 億美元，反觀我國對港資的限制較陸資寬鬆，故港資在台投
資金額均超過陸資。2019 年受香港「反送中」運動影響，更激發大量港資

2　同註 1。

來台，投資金額達 6.46 億美元，2020 年減少至 5.54 億美元。其中，主要投資在批發及零售業、塑膠製品製造業兩者，合計已占香港對台投資的六成。其餘主要投資項目亦散布於：不動產業、專業、科學及技術服務業、資訊及通訊傳播業，以及金融及保險業等（參表 2）。

表 2：台港與兩岸投資動向之變化

單位：百萬美元、%

對外投資	2016		2017		2018		2019		2020	
	金額	占比	金額	占比	金額	占比	金額	占比	金額	占比
對外投資										
中國大陸	9,671	44.37	9,249	44.42	8,498	37.28	4,173	37.85	5,906	33.35
香港	408	1.87	295	1.42	578	2.53	457	4.15	912	5.15
對外總投資 *	21,794	100.00	20,822	100.00	22,792	100.00	11,024	100.00	17,712	100.00
來台投資										
中國大陸	248	2.20	266	3.42	231	1.98	97	0.86	126	1.36
香港	596	5.29	279	3.59	347	2.97	646	5.74	554	5.98
來台總投資 **	11,274	100.00	7,769	100.00	11,660	100.00	11,254	100.00	9,263	100.00

說明：* 核准對外投資與對中國大陸合計。** 核准外國人投資與陸資來台投資合計。
資料來源：經濟部投審會。

參、《港區國安法》推行後對台港經貿的可能影響

《港區國安法》於 2020 年 6 月 30 日正式生效。該法案之內容，主要針對香港四種威脅作為，包括顛覆國家政權、分裂國家、恐怖活動、外部勢力干預等進行管制。同時該法案直接置於《香港基本法》的附件三，刻意繞過香港立法會，引發外界對於香港自治地位的存疑。

特別的是，儘管歐美等國際社會對於《港區國安法》多存有疑慮，但香港本身商界對於中國大陸提出《港區國安法》的看法卻相對樂觀。例如

香港總商會和香港中華廠商聯合會，均認為 2019 年香港歷經「反送中」動盪及 2020 年疫情衝擊，經濟大受打擊，如果中國大陸中央提出《港區國安法》，能有助安穩香港情勢，且不損及香港營商信心，則樂見其成。其中，香港總商會就其法案影響進行調查，在 5 月 26 至 29 日期間，訪問 418 間香港企業。調查結果有 61% 受訪企業認為《港區國安法》長遠將對其業務帶來正面或不認為會有任何影響。不過也有過半（54%）受訪企業認為法案在短期內難免會對其業務有負面影響（馮仁樂，2020）。同時，企業最關注的是法案對營商信心帶來的不確定性，及外國對香港可能實施的制裁措施。

另外再如香港物流協會，則是對法案表示擔憂，由於香港物流與美國高度相關，美國市場約占五成，歐洲、東協只占二至三成，若香港失去特殊待遇，對於專做美國市場的物流公司所加徵的關稅，將使貿易成本大幅提高，衝擊廠商收益。另也可能迫使原本在中國大陸生產，再經香港轉口美國，如電腦、成衣等產業，選擇將產線移到其他國家，如此將影響香港作為物流中轉中心的地位（朱悅瀅，2020）。香港美國商會也是抱持反對看法，認為《港區國安法》通過後將加劇美中摩擦，並動搖香港作為國際商業及金融中心的地位，呼籲陸方應早點公布執行細節，以降低國際企業在香港投資的不確定性。

一、《法案》對台港貿易物流的影響與因應

在貿易層面，香港對我國的重要性主要在對陸出口及轉口二大功能。根據經濟部投資審議委員會統計：我國台商主要聚集在中國大陸的長三角（江蘇省約占 30.74%；上海市占 14.61%）及珠三角等地，其中珠三角一帶的台商又多集中在廣東省，台商家數占比達 18.07%，以傳統製造業及電

子零組件製造業居多，並從事特殊的三角貿易形態，即台灣接單、大陸生產、外銷歐美等模式。由於該地臨近香港，故廠商亦多利用香港作為物品進出口、轉口之重要基地，甚至多選擇香港作為進軍中國大陸的營運總部所在地。

　　台灣之所以選擇香港作為進出口轉運基地，主要憑藉其「獨立關稅區」，並享有除菸酒外產品全面零關稅的優勢條件。一旦《法案》所提報告認定香港不具自治地位，並取消《美國—香港政策法》給予香港有別於中國大陸的特殊待遇，那麼在陸台商透過香港對外轉出口的意願恐將降低。其次是在美中貿易戰下，在陸台商（特別是集中於珠三角一帶台商）亦可能有機會透過香港作為中介地，再將產品出口美國來規避高關稅，但《法案》若取消香港特殊地位，則此一管道也將宣告封閉。

　　另一方面，台灣本地廠商透過香港對陸出口方面，受法案的影響則相對較小，即使《法案》取消香港特殊地位，但憑藉香港與中國大陸的市場緊密優勢，以及簽訂《內地與香港關於建立更緊密經貿關係安排》（Closer Economic Partnership Arrangement, CEPA）等協議，再加上相較其他臨近港口具備更高的轉運和管理效率，預期香港仍可穩定爭取台灣廠商在珠三角一帶市場的進出口轉運商機（吳佳勳，2020：71-76）。

　　以實際貿易數據來看，中國大陸近年先後遭遇美國對其發動的貿易戰、香港反送中運動，以及率先於武漢爆發的新冠肺炎疫情，在在衝擊其經貿表現。若單就中國大陸對美、台、港三地對照於原本 2017 年的貿易結構變化，有著戲劇性的轉變（參圖 1）。

　　圖 1 左方是中國大陸對照於 2017 年的出口貿易結構變化示意圖，在貿易戰後，即 2019 年中國大陸對美國出口占比相對於 2017 年，大幅下降了 2.22 個百分點，此時對香港的出口占比也降低 1.14 個百分點，對台灣的出口則增加了 0.29 個百分點。但在疫情發生後，即自 2020 年後貿易戰

圖 1：中國對美、台、港進出口貿易結構變化

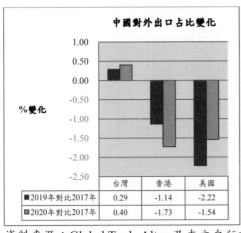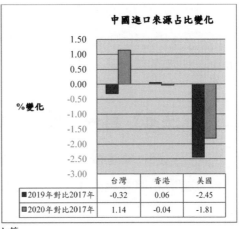

資料來源：Global Trade Altas 及本文自行計算。

疊加疫情衝擊下，中國大陸對美出口占比降幅縮小，主因美國本身疫情嚴重，對中國製造業進口供應需求提升，故與 2017 年結構相比，中國大陸對美出口占比減少 1.54 個百分點，然而對香港出口持續下滑，降幅持續擴大至 1.73 個百分點，顯示中國大陸透過香港轉出口的功能似有減少現象。而對台灣出口則是在疫情後再提升到 0.40 個百分點（參圖 1）。

　　中國大陸對香港出口占比的大幅減少，除了可能受香港反送中運動影響，該運動自 2019 年 3 月開始，一直延燒到同年年底未曾休止，直到疫情爆發後相關活動才略見平息。最主要的原因，仍受美中貿易戰衝擊，過去珠三角一帶廠商，常運用香港作為出口轉運基地，但受到對美出口大幅下滑影響，連帶也減少了對香港的出口比重，使得香港成為貿易戰牽連受創的角色。

　　再看中國的進口來源部分，圖 1 右圖顯示來自美國進口比重也是明顯減少，但來自台灣的進口比重在 2020 年疫情爆發後大幅增加。其原因主要是美中貿易戰已逐漸提升至科技戰，美國將中國多家企業列入實體清

單，並實施科技出口管制，故使得中國自美進口比重大幅減少。在此其中，透過香港轉口的比重變化不大，故來自香港的進口結構與此前變化不多，反而是來自台灣的進口比重，受出口管制禁令影響，陸企趁管制尚未生效前急單採購備貨因應，帶動自台進口比重大幅提升。

二、《法案》對台港投資金融的影響與因應

一直以來，香港既是外國進入亞洲的主要貿易樞紐，更是中國大陸對外貿易窗口和境外金融中心，主要奠基於美國和國際社會承認香港的自治地位。

香港的重要性也展現在其為中國大陸最重要的境外投資來源地（2018年香港占中國大陸外商直接投資〔FDI〕總數 71.1%，高達 960 億美元）、上市集資地（2018 年中國企業在香港上市集資 IPO 金額高達 35 萬億美元，至今合計共有 1,146 間中國國企、紅籌和民企在香港主板上市）、銀行貸款來源地（2018 年香港各銀行對中國大陸銀行和非銀行客戶的淨債權總額高達 7,130 億元港幣）和債券融資平台（2018 年中國企業在香港發行的美元債券總額高達 723 億美元）（張嘉伶，2019：14）。

當前全球 152 家銀行將亞洲總部設在香港，銀行雇員超過十萬人，資產管理、私人銀行、基金理財從業人員達 3.7 萬人，管理來自全球超過 50 兆港元的資產。香港也是最繁忙的資金交易中心。根據香港證券及期貨事務監察委員會統計，2018 年香港超越泛歐交易所，成為全球第五大、亞洲第三大的證券市場。現共有 2,315 家公司在香港交易所上市，總市值逾 29.9 兆港元，每月平均成交量高達 1,820 億美元，規模相當於台股的四倍（朱悅瀅，2020）。

香港長期作為國際金融中心，資金進出具高度效率，吸引全球龐大資

金入駐，也提供中國大陸政府和企業源源不斷的融資基礎。尤其是中國大陸地方政府在香港融資的比例高，高度依賴香港基金。同樣的，香港也是在陸台商重要的募資與融資所在地。一旦《法案》取消香港特殊地位，上述吸引力將大幅下滑，也將連帶衝擊我國台商在香港的籌資與融資空間。

肆、粵港澳大灣區的發展及其對台商的意涵

中國大陸對於「粵港澳大灣區」的規劃構想由來已久，早於 1980 年代初期香港尚未回歸時，已有商界人士呼籲應打造港珠澳大橋，運用陸路連結港澳和珠海地區，可謂大灣區之最早雛形。時至 2008 年發布《珠江三角洲地區改革發展規劃綱要（2008-2020 年）》，目標是打造粵港澳為「世界級城市群」。2009 年粵港澳三地共同編製《大珠江三角洲城鎮群協調發展規劃研究》，提出粵港澳建設具有全球競爭力的世界級城鎮群。此後「粵港澳大灣區」之具體圖像越見清晰。及至 2015 年，大灣區首次寫入國家文件，中共中央發布《推動共建絲綢之路經濟帶和 21 世紀海上絲綢之路的願景與行動》，在「一帶一路」建設中提出「打造粵港澳大灣區」。至 2016 年，國務院發布《關於深化泛珠三角區域合作的指導意見》，再度重申「攜手港澳共同打造粵港澳大灣區，建設世界級城市群」的區域發展目標；同（2016）年，廣東省政府工作報告及《十三五規劃綱要》亦先後提出發展粵港澳大灣區的工作任務。

時至 2017 年 3 月，分由國務院總理李克強在十二屆「全國人大」第五次會議政府工作報告中提出：「要推動內地與港澳深化合作，研究制定粵港澳大灣區城市群發展規劃，發揮港澳獨特優勢，提升在國家經濟發展和對外開放中的地位與功能。」同年 10 月，國家主席習近平於中共「十九大」報告再度重申「支持香港、澳門融入國家發展大局，以粵港澳大灣區

建設、粵港澳合作、泛珠三角區域合作等為重點，全面推進內地同香港、澳門互利合作，制定完善便利香港、澳門居民在內地發展的政策措施」。粵港澳大灣區政策至此聚焦，得到高度關注。

就灣區規劃範圍來看，灣區面積約 5 萬平方公里，涵蓋廣州、佛山、肇慶、深圳、東莞、惠州、珠海、中山與江門等九個城市，再加上香港及澳門兩個特別行政區，形成「九市二區」共組的一個龐大城市群（見圖 2）。根據香港政府統計處截至 2019 年的統計，區內常住人口約 7,265 萬人，惟主要集中在廣州及深圳兩市；境內 11 個城市的生產總值高達 1.68 兆美元，約同（2019）年全中國國內生產總值的 11.67% 左右，經濟及社會規模均可比擬中小型已開發國家。

圖 2：粵港澳大灣區地理分布圖

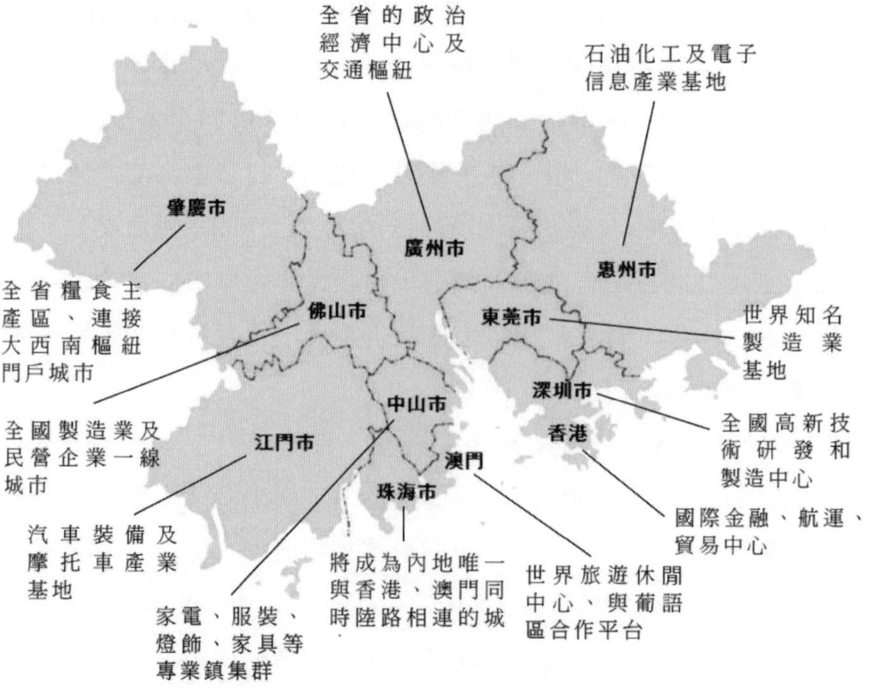

全省的政治經濟中心及交通樞紐

石油化工及電子信息產業基地

肇慶市

廣州市

惠州市

全省糧食主產區、連接大西南樞紐門戶城市

佛山市

東莞市

世界知名製造業基地

深圳市

全國製造業及民營企業一線城市

中山市

香港

全國高新技術研發和製造中心

江門市

澳門

國際金融、航運、貿易中心

珠海市

汽車裝備及摩托車產業基地

家電、服裝、燈飾、家具等專業鎮集群

將成為內地唯一與香港、澳門同時陸路相連的城

世界旅遊休閒中心、與葡語區合作平台

資料來源：香港立法會秘書處（2018），粵港澳大灣區概況。

　　根據中國大陸中央規劃，粵港澳大灣區建設的主要任務：一是推進區域內基礎設施互聯互通，二是推進區域內投資、貿易、人員往來便利化，三是在區域內開展創新創業、科技金融、國際科研成果移轉等成效；四是建構具有國際競爭力的現代產業體系，以共建起一龐大城市群，可與美國紐約灣區、舊金山灣區和日本東京灣區匹敵之港灣經濟區。

　　在此區域，與台商的關聯甚為緊密。台商在粵長期有著大量投資，根據我國經濟部投資審議委員會資料顯示，從 1991 年至 2020 年 12 月止核准對中國大陸投資的件數與金額。以累計投資金額的分布比重來看，台商主要投資區域前三名依序為：江蘇省、廣東省及上海市。與台灣比鄰的福建省排名第四，但台商累計投資金額僅不到 9%。再以台商投資件數來看，廣東省的投資件數最高，超過三成比例（30.2%）集中於廣東省，名列第一。

　　台商於廣東省之投資業別，以「電子零組件製造業」投資為最多，累計投資金額為 70.2 億美元，占對廣東省投資金額 20.7%；其次為「電腦、電子產品及光學製品製造業」，累計投資金額為 55.6 億美元，占對廣東投資金額的 16.4%。此外，台商對廣東省投資之前十大產業中僅「批發零售業」及「金融及保險業」為服務業，投資金額分別為 23.1 億美元（6.8%）及 13.2 億美元（3.9%），其餘均為製造業（見表 3）。

　　再進一步將廣東工業銷售產值較高之業別，與我國對廣東的主要投資產業進行對照可發現，[3] 廣東銷售產值最高的十項製造業當中，高達六項為台商在廣東的前十大投資業別，包括：「計算機、通信和其他電子設備製造業」、「電器機械和器材製造業」、「橡膠和塑膠製品業」、「金屬製品業」、「非金屬礦物製品業」、「化學原料和化學製品製造業」等。截至 2020 年年底，台商在廣東對上述產業的累計投資金額分別在 11.9 億至

3　因兩岸產業別方面在「大類」或「中類」之分類略有不同，故本文將以「小類」或「細類」作為判斷依據，適時針對「大類」或「中類」合併，以利相互對照。

表 3：台商對廣東省投資業別情形（1952 至 2020 年）

單位：億美元；%

排名	業別	對廣東投資金額	占對廣東投資總額比重	占中國大陸同產業投資比重 *
1	電子零組件製造業	70.2	20.7%	19.6%
2	電腦、電子產品及光學製品製造業	55.6	16.4%	21.9%
3	電力設備製造業	37.4	11.0%	31.6%
4	批發及零售業	23.1	6.8%	15.5%
5	塑膠製品製造業	20.0	5.9%	31.9%
6	金屬製品製造業	17.4	5.1%	24.0%
7	非金屬礦物製品製造業	13.5	4.0%	15.8%
8	金融及保險業	13.2	3.9%	9.1%
9	機械設備製造業	11.6	3.4%	16.6%
10	其他製造業	9.0	2.7%	30.6%

說明：* 分子為我國在廣東省對該產業的投資金額，分母為我國對中國大陸同一產業的投資金額。

資料來源：經濟部投資審議委員會。

125.8 億美元之間不等。

　　值得注意的是，我國對廣東投資金額最高的五個產業類別，皆與廣東銷售產值相對較高的工業類別一致，顯示我國優勢產業與廣東的重點產業有高度重疊的現象；加上現階段台商對廣東的投資遠高於其他地區，代表我國台商在廣東的製造業投資具相當基礎。

　　這樣的優勢也顯現在廣東的對外貿易表現上，以 2019 年廣東進口來源分布，來自台灣的進口值高達 600 多億美元，僅次於東協，更優於韓國、日本及歐盟。而主要出口地是香港，以轉口為目的，其次則是美國。此種貿易分布模式，相當程度能夠對應出台商在廣東的投資形態，係自台灣進口零組件，在陸生產加工，然後透過香港轉出口或直接出口至歐美日等先進國家。

　　台商在廣東的大量投資，促使其當地政府對於台商的重視。為此，廣東省於 2020 年 7 月 17 日發布《2020 年廣東省貫徹落實相關惠台政策措施辦事指南》，加強招攬台商參與粵港澳大灣區建設。該指南共有 27 條措施，其中 20 條涉及提供台商同等待遇，涵蓋科技研發、行業准入、文創、融資和財稅支持等；七條涉及台胞同等待遇，包括：申辦相關基金、榮譽獎項、從業資格考試等，以期加速台資企業融入粵港澳大灣區。

　　另一項較新提出的政策，是粵港澳大灣區「跨境理財通」，係由中國人民銀行、香港金融管理局、澳門金融管理局於 2020 年 6 月 29 日所發布：《關於在粵港澳大灣區開展「跨境理財通」業務試點的聯合公告》。未來粵港澳大灣區當地居民和港澳居民將可在對方地區的銀行開設投資專戶，跨境購買理財產品，並依購買主體分為「南向通」、「北向通」，「北向通」指的是港澳地區居民可透過在粵港澳大灣區的銀行開立投資專戶，購買中國大陸銀行銷售的合資格理財產品。「南向通」則是反過來，粵港澳大灣區內的居民，透過在港澳銀行開立投資專戶，可購買港澳地區銀行銷售的合格投資產品。業務資金透過帳戶綁定採封閉式規劃管理，在兩地銀行分別開設匯款和投資帳戶、一對一綁定方式處理。投資產品範圍方面，分析認為初期主要涵蓋風險較低、相對簡單的投資產品，例如保本型投資、各類貨幣存款；未來再逐步增加針對專業投資者的產品，包括結構性票據（structured note）、避險基金（hedge fund）與私募基金（private equity）等。中國大陸政府搶在此際實施粵港澳大灣區「跨境理財通」，似有進一步在香港國安法實施的同時，用以穩定香港金融市場與投資者的企圖，表達中央持續支持香港作為亞洲國際資產管理中心地位的政策用意。

伍、粵港澳大灣區對台商的機會與挑戰

「粵港澳大灣區」自 2017 年 7 月 1 日正式定位為中國大陸的國家級戰略，其總體戰略規劃是到 2020 年達到國際一流灣區基本形成，以及世界級城市群的框架基本確立，到 2030 年世界級城市群位居全球灣區榜首，成為全球先進製造業中心、重要創新中心、國際金融航運和貿易中心，參與全球合作與競爭能力大幅躍升。

粵港澳灣區政策之亮點，主要仍奠基於粵、港、澳三地近年的經濟成長實力。特別是側重於廣東作為中國大陸主要製造業核心基地，藉由過去改革開放的歷史淵源、優越的地理位置與鄰近港、澳強化其國際鏈結能力，多年來吸引大量外資企業的投資挹注，使得深圳、東莞等地已由傳產重鎮，逐步轉型為以現代化創新產業為核心的發展形態，尤其境內以高新技術產業、物流業、金融業為主的深圳市，更是近期被國際評為「中國矽谷」的亞洲創新發展重點城市，其新世代的創新思維與快速汰換的產業結構革新，更是不容忽視。優異的城市表現更為其陸續贏得 2015 年的《深圳國家自主創新示範區建設實施方案》；2018 年的《深化服務貿易創新發展試點總體方案》，若再加上 2015 年掛牌的廣東自貿試驗區，可結合廣州南沙的物流中心、深圳前海的金融服務以及珠海橫琴的旅遊文化，將廣東整體產業對外開放進一步強化，諸多政策措施可望為粵港澳灣區帶來政策疊加效應，推升在地產業創新以及對國際市場的鏈結能量。

就目標與策略而言，粵港澳大灣區推動基礎設施互聯互通，進一步加深投資、貿易、人員往來的便利化，其中更值得關注的是創業孵化、科技金融、國際成果轉讓等領域的深度合作，以新興科技產業建構具有國際競爭力的現代產業體系，重振或加快發展金融、航運等現代服務業，並藉由香港的國際化基礎架構起全球良好對接的口岸。

　　若將粵港澳大灣區的發展前景對照於美國矽谷，其在硬體領域匯集了個人電腦、半導體、通訊與汽車等產業，但軟性累積的實力如雲端、大數據、人工智慧與商業模式創新，才是真正矽谷精神。而由其中所孕育最難能可貴的價值，則體現在所謂的「創業家精神」。觀察現今粵港澳大灣區之發展，已具雛形的有智慧手機、無人機、機器人、基因定序等產業，未來將更往硬軟結合朝人工智慧領域發展。此趨勢對台灣來說，一方面可能是台灣企業的競爭勁敵，但另方面更可能是台商企業的世界舞台。研判大灣區的發展關鍵，在於後續的區域治理與制度調和，以及能否吸引世界級人才的進駐。

　　對台商而言，「粵港澳大灣區」所在地廣東，正是台商聚集最密集之處。這些在廣東地區的投資台商，多集中在傳統製造業別，以電子零組件、電腦周邊、電力設備等製造為主，其當年選擇在陸設廠多因考量成本因素。然近十年來卻深受中國內部營商環境壓力所苦，包括土地成本上揚、社保和工資成本節節提升，環保法規日趨嚴格等因素，均迫使傳統製造廠商不得不在地轉型或外移。此種趨勢也牽動近年台商赴當地投資形態，已由傳統製造業漸向小型服務業發展，廠商家數也快速遞減。以深圳、東莞為例，台商數量已由 2008 年的一萬多家減至現在只剩三千多家。尤其在美中貿易戰後，更加速此一趨勢，台商紛紛選擇將產線外移，或回台投資，或赴成本更低的海外市場如東南亞、印度等開發中國家投資設廠。

　　另外一個值得關注的焦點，在於中國大陸於 2020 年 6 月 1 日公布將海南島打造為自由貿易港方案，擬建設海南全島封關運作的海關監管特殊區域。然而受限於海南島本身的資源條件不足，2019 年全島生產總值（GDP）僅 5,300 多億人民幣，經濟能量偏低，處於以農業和低階製造業為主力的經濟發展階段，同時也缺乏先進製造和高端人才的進駐，成為制約海南自貿港建設的相關限制。因此陸方學者獻策，多認為海南自貿港若

要突破限制，就必須有效引導外界優勢條件進駐海南。而粵港澳大灣區正是首選之地，主要就地緣關係來看，粵港澳大灣區的珠三角一帶經濟能量充沛，產業聚落完整，先進製造科技資源豐富且高端人才充足，是鄰近海南島最理想的孕育腹地。

因此在《海南自由貿易港建設總體方案》中即明確定調：海南島應促進與粵港澳大灣區聯動發展。所謂聯動發展，即兩地需在貿易、投資、人才等各方面實現「聯動對接」。其中，兩地交通先行是重點之一，故早在2018年起中國大陸即陸續推動海南積極對接粵港澳大灣區交通規劃，以高標準編製綜合交通運輸體系的中長期發展規劃。若海南能順利接入中國大陸全國高鐵網和國家綜合運輸通道，解決海南「孤島交通」的問題，則可望藉由連接北部灣和廣東西部地區，帶動瓊州海峽經濟帶的發展，形成與粵港澳大灣區的聯動發展態勢。

由中國大陸積極設置海南自貿港之政策時間點來看，恰於美國取消香港特殊貿易地位之後，中國大陸此舉或有意讓海南取代香港部分功能之意圖。但就當前海南的基本條件、尤其是優勢產業項目觀之，短期內並不具備取代香港國際地位角色的可能性。對此，中國大陸官方人士也紛紛公開澄清，如國家發改委副主任林念修表示，海南自貿港與香港定位、重點發展產業皆不同，其為互補大於競爭，並不會對香港造成衝擊（許維娜2020），對台影響亦相當有限。

總體言之，中國大陸近年積極推動「區域經濟」發展，其基本理念是整合區域內資源，藉由資源、產業、貿易、人力的交流，形成大型城市群聯動發展模式，轉化為經濟成長的新動力。同時中國大陸的區域經濟已逐漸從「城市群的合作模式」走向「整合性的戰略合作模式」（朱英嘉2018），在粵港澳大灣區尤其如此。該灣區政策目標在於促進區域性經濟發展並將港、澳鑲嵌於一種制度之內，強化港、澳對於大陸內地的經濟依

賴，儘管歷經了 2019 年香港「反送中」抗爭運動及後續國安法的實施，大陸中央推動粵港澳大灣區的政策決心與力度只會不斷加大，政策方向也不會改變。

　　粵港澳大灣區的政策效應，對台商而言恐怕既是機會也是挑戰，如同聯發科當年在深圳找到了推動行動通訊的主要夥伴，成就了該企業的一時輝煌。再由目前大灣區幾家已在全球嶄露頭角的知名企業來看，許多企業在創業初期即已將目標鎖定成為國際大廠，規模龐大，追求建立國際知名品牌，此定位與我國以中小企業為主體；偏好成為隱型冠軍；規模偏小但專業度集中的特質大不相同。因此就機會面而言，台商可望隨著粵港澳大灣區的發展找到全球市場，策略在於如何在兩岸三地供應鏈之中，掌握台商在關鍵零組件的地位。再就挑戰而言，高階技術人才的流向，是兩岸間產業競爭的制勝關鍵，由於人才的流動往往取決於制度的設計，也與就業與生活環境因素密不可分，尤其是企業家精神和創新創業機會，奠基於良好的創業與投資環境。因此歸根究柢，兩岸產業競合的關鍵始終環繞在制度競爭，而這制度的良窳又取決於是否能有效吸納全球高階技術人才的持續流入，此也將成為長期經濟走向的基本分野。

參考文獻

一、中文文獻

朱英嘉，2018，〈「粵港澳大灣區」戰略意義：中國特色的區域整合觀點的分析〉，《展望與探索》，16（8）：66-90。

吳佳勳，2020，〈當中國「香港國安法」遇上美國「香港人權與民主法案」〉，《經濟前瞻》，（190）：71-76。

吳佳勳、吳子涵，2019，〈「粵港澳大灣區」的挑戰與對台意涵〉，《經濟前瞻》，（181）：55-59。

二、網路資訊

朱悅瀅，2020，〈港倘失獨立關稅區　物流業憂影響港轉口地位〉，《香港經濟日報》，https://inews.hket.com/article/2655184/%E3%80%90%E6%B8%AF%E5%8D%80%E5%9C%8B%E5%AE%89%E6%B3%95%E3%80%91%E6%B8%AF%E5%80%98%E5%A4%B1%E7%8D%A8%E7%AB%8B%E9%97%9C%E7%A8%85%E5%8D%80%E3%80%80%E7%89%A9%E6%B5%81%E6%A5%AD%E6%86%82%E5%BD%B1%E9%9F%BF%E6%B8%AF%E8%BD%89%E5%8F%A3%E5%9C%B0%E4%BD%8D，查閱時間：2020/9/1。

張嘉伶，2019，〈打開潘朵拉盒子後的香港，國際金融中心明珠蒙塵？香港國際金融中心的未來？〉，《台灣銀行家》，116：14，http://service.tabf.org.tw/fbs/Doc/Preview/95274.pdf。

許維娜，2020，〈國家發改委：海南自貿港與香港定位不同 互補大於競爭〉，《人民網》，6月8日，http://finance.people.com.cn/BIG5/n1/2020/0608/c1004-31739044.html，查閱時間：2020/09/07。

馮仁樂，2020，〈香港總商會調查：61%企業對立法持正面看法〉，《香港商報》，

6 月 2 日，https://www.hkcd.com/content/2020-06/02/content_1195777.html，查閱時間：2020/09/07。

從經濟中介者到東亞經濟整合參與者：
香港角色變遷與挑戰

徐遵慈

（中華經濟研究院台灣東協研究中心主任）

摘要

　　香港是全球貿易、轉運與金融中心，經濟自由度與貿易自由化表現一向備受推崇。香港長期扮演中國大陸對外經濟往來的中介者，擁有眾多歐美與亞洲企業為中國市場設立的營運總部，自 1997 年後在中國承諾實施「一國兩制」的保證下，以個別關稅領域身分與各國經貿往來，成功維持其經濟與商務活動有別於中國之獨立性地位。

　　近年在中國大陸政策下，香港積極參與東亞經濟整合與洽簽自由貿易協定（FTA），其中尤以與東協國家簽署之 FTA 最為重要，未來並可望在中國支持下參加《區域全面經濟夥伴協定》（RCEP）之新會員談判。然 2019 年香港爆發大規模「反送中」運動，以及中共強推《港區國安法》等，引起歐美國家強烈反彈，拜登延續川普強硬立場，對香港扮演中國對外中介者的角色與自身經濟發展帶來嚴峻挑戰。

　　香港為我國對中國轉運貿易重鎮，也是金融、科技產業進入大陸市場的運籌中心。面對香港地位逐漸改變，我國須關注拜登政府就任後美中關係、美港關係之變化，與對香港經濟制裁之後續發展，俾能正確掌握香港情勢發展與因應台港關係之可能變化。

關鍵詞：一國兩制、世界貿易組織、個別關稅領域、自由貿易協定

壹、前言

　　香港是國際知名的自由港，長久以來經濟自由度與貿易自由化程度居各國之冠。香港也是國際轉運中心與世界金融中心，不僅與歐美及亞洲國家建立穩定且密切的貿易、投資關係，更扮演著中國大陸與東南亞、南亞國家往來的橋梁。作為中國對外門戶，近年香港積極參與東亞區域整合，洽簽自由貿易協定（Free Trade Agreement, FTA），然因 2019 年爆發大規模「反送中」運動，以及中共強推《港區國安法》等，引起歐美國家強烈反彈，美國更率先宣布取消給予香港在「一國兩制」下之貿易差別待遇，對香港扮演中國對外中介者的角色與自身經濟發展，帶來重大影響。

　　本文旨在檢視香港參與東亞經濟整合與經濟中介角色的歷程，將首先探討中國參與東亞區域整合之背景及其對於香港參與整合之立場，其次將分析香港在「一國兩制」下之參與對策與洽簽 FTA 之進展，第三部分將分析美國與中國貿易衝突升高與抵制《港區國安法》之作為，對香港角色與經濟發展之影響，最後將提出結語。

貳、中國參與東亞整合背景

　　中國參與亞洲經濟整合，最早可回溯至 1970 年代參加第一個區域貿易協定《曼谷協定》（Bangkok Agreement），然該協定雖早自 1975 年即成立生效，但簽署後一直未能扮演重要角色。[1] 自 2001 年起，中國加入世界貿易組織（World Trade Organization, WTO）後，改採較積極態度推動雙邊貿易協定，自此逐漸洽簽各項 FTA，也給予香港在「一國兩制」之下跟

---

1 2006 年《曼谷協定》更名為《亞太貿易協定》（Asia-Pacific Trade Agreement），積極實施成員國間降稅計劃，惟降稅產品項目仍屬有限。

進中國洽簽 FTA 的空間。

一、中國參與經濟整合與洽簽 FTA 現況

中國與東南亞國家協會（Association of Southeast Asian Nations, ASEAN，以下簡稱：東協）的官方經濟合作關係可回溯至 1991 年 7 月，時任中國大陸外交部長錢其琛以「貴賓」（Guest）身分，應當時東協會議主辦國馬來西亞之邀，出席東協第二十四屆部長會議。1996 年 7 月，東協於第二十九屆部長會議期間，正式授予中國大陸「完全對話夥伴」（full dialogue partner）身分，1997 年東協與中國大陸開啟每年召開東協－中國領袖會議（ASEAN-China Summit）的最高層對話機制，自此雙方關係迅速升溫。

2000 年 11 月，時任中國總理朱鎔基首次提出建立中國—東協自由貿易區的建議，與東協各國責成組成東協－中國經濟合作專家小組（ASEAN China Expert Group on Economic Cooperation），專家小組建議以十年為目標，建立東協－中國自由貿易區（Free Trade Area）。據此，東協與中國簽署《中國大陸－東協全面經濟合作架構協定貿易協定》（Agreement on Trade in Goods of the Framework Agreement on Comprehensive Economic Cooperation between the Association of Southeast Asian Nations and the People's Republic of China）後，陸續完成服務貿易、投資、爭端解決等後續協定，2010 年 1 月 1 日雙方宣布建立東協－中國自由貿易區。[2] 東協－中國自由貿易區涵蓋 18.5 億人口，為當時簽署 FTA 中涵蓋人口最多的協定。中國自 2009 年起取代日本，成為東協最大貿易夥伴，自此雙邊貿易、

---

2 包括《中國大陸－東協全面經濟合作架構協定服務貿易協定》、《中國大陸－東協全面經濟合作架構協定投資協定》及《中國大陸－東協全面經濟合作架構協定爭端解決機制協定》等協定，並簽署各類議定書等，作為貨品貿易協定及服務貿易協定之補充文件。2010 年 1 月 1 日，中國與東協創始六國已完成「一般產品」（Normal Track）中高達 97% 產品項目之降稅承諾。

投資更加快速成長。

　　中國近年積極洽簽 FTA，2017 年 1 月美國前總統川普（Donald Trump）就任後，提出「美國優先」（America First）倡議，自此陸續對中國實施單邊貿易制裁，雙方衝突快速升高，促使中國大陸決定加速經濟對外開放。中共中央總書記習近平多次指示須加快實施自由貿易區戰略，在中共「十八屆三中全會」提出要以周邊為基礎，加快實施自由貿易區戰略，形成面向全球的高標準自由貿易區網絡。另在中共「十九大」報告中則指出，要「推動形成全面開放新格局」，「拓展對外貿易」與「實行高水平的貿易和投資自由化便利化政策」、「發展更高層次的開放型經濟」。

　　截至 2020 年 12 月，中國已經簽署與生效的 FTA（含升級版談判）共計 21 項，除與港、澳的《關於建立更緊密經貿關係的安排》（CEPA）外，對象國涵蓋東北亞、東南亞、南亞、中西亞、太平洋國家、中南美洲、歐洲，其中與部分國家更陸續完成 FTA 升級版的談判，以深化經濟合作程度與範圍。另已簽署但尚未生效的協定有三項，包括《海峽兩岸服務貿易協定》與《區域全面經濟夥伴協定》（Regional Comprehensive Economic Partnership, RCEP）（參表 1）。

　　目前，中國大陸最重視 RCEP 談判，雖然 RCEP 談判係以東協國家為主，強調「東協中心性」（ASEAN Centrality），然近年中國大陸對 RCEP 態度更趨積極，在 RCEP 談判中扮演的角色也日趨重要。中國大陸推動 RCEP 的背景之一是希望將其與中國「一帶一路」倡議結合，整合亞洲供應鏈與擴大中國出口，而在美中經貿摩擦快速升高後，則更希望藉由 RCEP 能部分抵銷美國對中國貿易報復之負面衝擊，同時鞏固與東協國家合作關係，避免受到美國的分化與影響（徐遵慈，2020）。

表 1：中國大陸參與之貿易協定現況

狀態	國家或經濟體
已生效	香港、澳門、東協、巴基斯坦、智利、紐西蘭、新加坡、秘魯、哥斯大黎加、海峽兩岸經濟合作架構協議（ECFA）、瑞士、冰島、韓國、澳洲、東協升級協定書、喬治亞、馬爾地夫、新加坡升級談判、智利升級談判、巴基斯坦第二階段協定、模里西斯
已簽署，尚未生效	海峽兩岸服務貿易協議、柬埔寨、區域全面經濟夥伴協定（RCEP）
談判中	海灣合作理事會（CCC）、挪威、中日韓 FTA、斯里蘭卡、以色列、摩爾多瓦、巴拿馬、韓國第二階段談判、巴勒斯坦、秘魯升級談判
研議中	哥倫比亞、斐濟、尼泊爾、巴布亞紐幾內亞、孟加拉、蒙古、瑞士升級研究、加拿大

資料來源：經濟部國際貿易局，「全球區域經濟整合現況－國家一覽表」，更新至 2020 年 12 月 31 日，https://www.trade.gov.tw/Pages/Detail.aspx?nodeID= 767&pid=339851&dl_DateRange=all&txt_SD=&txt_ED=&txt_ Keyword=&Pageid=0。

二、中國在「一國兩制」下對香港、澳門參與區域經濟整合之立場

　　1979 年大陸開始改革開放，自 1980 年代中期起，香港即以「前店後廠」模式，與珠三角洲以工業合作方式開啟珠三角經濟發展模式。香港、澳門分別在 1997、1999 年回歸中國大陸後，合作更形深化。2001 年 11 月，中國大陸加入 WTO，2003 年 6 月、10 月間，分別與港、澳特區政府簽署《內地與香港關於建立更緊密經貿關係的安排》（CEPA）、《內地與澳門關於建立更緊密經貿關係的安排》，使得陸港澳三地得以在「一國兩制」基礎下，展開經濟整合，為三地制度性合作翻開新頁。其中，香港因擁有自由港及轉運、金融中心之地位，與提供資金、國際化經驗、中國大

陸對外門戶等功能，在三地經濟整合中扮演不可或缺的關鍵角色（周運源2011）。

　　然自 CEPA 協定實施以來，雖然陸港澳三地間貿易、投資、人員移動等交流逐漸深化，但亦多有挑戰。例如在金融合作、稅務制度、司法制度等仍然甚多扞格，有待進一步制度面之整合。香港近年經濟發展因製造業外移而空洞化，再加上土地價格飛漲，擠壓中小企業的發展空間。澳門則受限於土地、人口等限制，多年來僅能發展博弈與旅遊產業，以致經濟備受景氣及其他人為因素之影響。

　　在此期間，2013 年習近平提出「一帶一路」倡議，中共中央在 2016 年「十三五」規劃中提出「攜手港澳共同打造粵港澳大灣區，建設世界級城市群」，擬將粵、港、澳結合後作為「一帶一路」下最重要的對外門戶樞紐。[3]粵港澳大灣區旨在連結中國內地與港澳經濟，使之成為「一帶一路」的對外樞紐與中國大陸全球化戰略中的一環，進而強化粵港澳大灣區參與區域整合，融入亞太區域經濟（國世平，2018）。中共在「十九大」報告中提出，將以「一國兩制」為方針，希望藉由大陸與港澳地區的交流及合作，保持香港、澳門繁榮穩定。在經濟意義上，大灣區經濟區分屬三個關稅領域（Customs Territory），適用不同的關稅與經貿制度，將從貿易為主的經濟合作擴大為建立貿易、市場、投資整合的自由貿易區。

參、香港作為中國對外經濟中介角色的演變與挑戰

　　1997 年香港回歸中國，在中國大陸於 2001 年加入 WTO 前，一直扮

3　2017 年 3 月，中共國務院總理李克強在第十二屆全國人大五次會議中，宣布將建立粵港澳大灣區經濟，將「研究制定粵港澳大灣區城市群發展規劃」列入《政府工作報告》。參「關於開展編製《粵港澳大灣區城市群發展規劃》建言獻策活動的公告」（2017 年 3 月 17 日），《中華人民共和國國家發展和改革委員會》，http://www.ndrc.gov.cn/yjzx/yjzx_add.jsp?SiteId=128。

演大陸經濟的重要中介角色，肩負全中國大陸對外的經濟聯繫，是大陸對外貿易的主要中轉地，也是外資進入大陸的重要管道，持續扮演重要的中介者角色（徐遵慈，2020）。2019 年香港貨物出口金額 5,692 億美元（含轉口貿易）中，約 55% 係進入中國；進口金額 6,275 億美元中，約 45% 係來自中國。至 2020 年時，對中國出口占比（含轉口貿易）更升高至 59.3%，共計約 2 兆 3,245 億港幣。

　　有關香港參與對外經濟事務的地位問題，尤其是香港參與經濟整合所涉之獨立對外洽簽經貿協定之法律事宜，中國與英國早在香港回歸前即已發表共同公報，同意香港維持以個別關稅領域之地位，獨立處置其對外經貿關係。依據《中華人民共和國香港特別行政區基本法》下之「一國兩制」原則，香港將維持國際貿易與金融中心地位，及得以經濟體（economy）、個別關稅領域（separate customs territory）、或獨立司法管轄體（jurisdiction）等不同身分，參與各類經貿組織，在各國際組織如 WTO、亞太經濟合作會議（APEC）下，與中國以不同會員身分，展開會務及對外貿易談判。例如，香港與中國在 WTO 下分屬不同會員，因此一直以來與其他 WTO 會員間係適用不同之關稅與其他市場開放待遇或貿易規範。

　　相較之下，澳門則受限於人口與經濟規模及形態，雖在「一國兩制」原則下亦享有來自中國的支持，但待遇明顯遜於香港。最具體的實例便是 1991 年中國、香港、台灣同時加入 APEC，然而迄今澳門仍非 APEC 成員，中共中央亦未責成或要求澳門對外洽簽 FTA，其主因為澳門產業結構主要為觀光與博弈事業，並非出口貿易導向經濟體，因此未有洽簽 FTA 的需求。

　　根據中共「十三五」規劃綱要，中國主要支持澳門建設世界旅遊休閒中心、與葡語國家商貿合作服務平台，積極發展會展商貿等產業，促進經濟適度多元可持續發展。不過，近來港澳間之差別待遇與不同發展方向，

亦引起澳門輿論與學界之關切，主張澳門亦應該師法香港，積極參與國際事務，如加入 APEC 及與東協簽署 FTA 等，以提升澳門國際化及降低對於內地與香港經濟之倚賴。[4]

一、香港與中國大陸經濟合作關係與 FTA 政策

在中國加入 WTO 前與過程中，香港因具有 WTO 前身《關稅暨貿易協定》（General Agreement on Tariffs and Trade, GATT）締約方的身分及與英國政府的關係，曾經在美國給予中國大陸永久性最惠國待遇（亦稱為「正常貿易關係」）及爭取加入 GATT/WTO 時，擔任過為中國遊說的角色。[5]

有關香港參與經濟整合所涉之獨立對外洽簽經貿協定之法律事宜，中國大陸與英國確認香港維持以個別關稅領域之地位，獨立處置其對外經貿關係。依據《香港基本法》第 116 條，香港特別行政區得以「中國香港」之名義參加 GATT，以及其他國際貿易協定，明定香港對外以個別關稅領域地位，獨立洽簽經貿協定。[6] 2000 年中期後，因 WTO 杜哈回合談判停擺，香港在中國同意下開始與貿易夥伴洽談貿易協定。

香港為自由港，對貨品進出口不課徵關稅，亦盡力削減非關稅之障礙，因此對外洽簽 FTA 並無市場開放疑慮與保護主義者的阻力，主要仍取決於中國大陸之立場與 FTA 對象國之意願。香港與中國大陸簽署 CEPA

4　如澳門《立報》在 2017 年 11 月 13 日的社論中指出，無論是 APEC 或東協、CPTPP 或 RCEP，澳門都有必要更積極地參與區域整合。參 https://www.exmoo.com/article/44556.html。

5　香港在 1986 年 4 月 23 日成為 WTO 前身關稅暨貿易協定（GATT）締約方，1995 年 WTO 成立時成為創始會員。香港因 GATT 締約方身分及與英國政府關係，曾經在美國給予中國大陸永久性最惠國待遇（亦稱為「正常貿易關係」），及中國爭取加入 GATT/WTO 時，擔任過遊說者的角色。根據美國《1974 年美國貿易法》中的《傑克遜－瓦尼克修正案》規定，2000 年美國國會就是否給予非市場經濟體中國永久性最惠國待遇（PNTR，也被稱為「正常貿易關係」）進行辯論，最後參眾兩院都以多數票通過。

6　1997 年香港回歸後，在 WTO 之會員名稱改為「中國香港」（Hong Kong, China），亦以「中國香港」參加國際組織或簽署對外協定。參 China's Accession to the WTO and its Relationship to the Chinese Taipei Accession and to Hong Kong and Macau, China, March 2001, http://www.wto.org/english/thewto_e/acc_e/chinabknot_feb01.doc。

後，陸續與紐西蘭、歐洲自由貿易聯盟（European Free Trade Association, EFTA）、智利、澳門特別行政區、東協、喬治亞共和國、澳洲等國家或經濟體展開談判，共計已簽署八項 FTA，協定適用範圍涵蓋香港特別行政區所轄的香港、九龍、新界以及其領水。其中，東協—中國香港 FTA 與東協—中國香港投資協定已分別在 2019 年 6 月 11 日與 6 月 17 日生效實施，至 2021 年 2 月 12 日，11 個締約方均已批准生效。2019 年 3 月 26 日與澳洲簽署 FTA 與投資協定，亦於 2020 年 1 月 17 日生效（參見表 2）。

表 2：香港簽署與談判 FTA 一覽表

FTA 夥伴	時間	雙方代表	內容
中國大陸	簽署：2003.6.29 生效：2003.6.29	香港：財政司司長 中國大陸：商務部副部長	《內地與香港關於建立更緊密經貿關係的安排》主體協議與附件（2003.6.29 與 9.29 簽署）、第一至第十批補充協議（2004.10.27 至 2013.8.29 簽署）、投資協議（2017.6.28 簽署）、經濟技術合作協議（2017.6.28 簽署）、貨物貿易協議（2018.12.14 簽署）、關於修訂《〈安排〉服務貿易協議》的協議（2020.6.1 生效）、
紐西蘭	簽署：2010.3.29 生效：2011.1.1	香港：商務及經濟發展局局長 紐西蘭：貿易部長	《中國香港與新西蘭緊密經貿合作協定》
歐洲自由貿易聯盟	簽署：2011.6.21 生效：2012.10.1/11.1	香港：商務及經濟發展局局長 EFTA 國家：各國外長、貿易與工業部長或經濟首長	《自貿協定》生效成員：香港與冰島、列支敦士登、瑞士（2012.10.1）、香港與挪威（2012.11.1）

FTA 夥伴	時間	雙方代表	內容
智利	簽署：2012.9.7 生效：2014.10.9	香港：商務及經濟發展局局長 智利：經濟商務部長	《自貿協定》
澳門	簽署：2017.10.27 生效：2017.10.27	香港：商務及經濟發展局局長 澳門；工業貿易署署長	《香港特別行政區與澳門特別行政區關於建立更緊密經貿關係的安排》（港澳CEPA）
東協	簽署：2017.11.12 生效：2019.1.1	香港：商務及經濟發展局局長 東協國家各國經濟商務部長	《自貿協定》已生效成員：香港、寮國、緬甸、新加坡、泰國、越南（2019.6.11）、馬來西亞（2019.10.13）、菲律賓（2020.5.12）、印尼（2020.7.4）、汶萊（2020.10.20）、柬埔寨（2021.2.12） 《投資協定》已生效成員：香港、寮國、緬甸、新加坡、泰國、越南（2019.6.17）、馬來西亞（2019.10.13）、菲律賓（2020.5.12）、印尼（2020.7.4）、汶萊（2020.10.20）、柬埔寨（2021.2.12）
澳洲	簽署：2019.3.16 生效：2019.1.17	香港：商務及經濟發展局局長 紐西蘭：貿易、旅遊和投資部長	《自貿協定》、《投資協定》（取代1993年簽署之協定）

資料來源：本研究整理自香港工業貿易署網站，https://www.tid.gov.hk/tc_chi/ita/fta/index.html。

　　值得注意的是，香港不僅均以其名義獨立簽署 FTA，且其 FTA 多半屬於全面性（comprehensive）且高標準之 FTA，與中國大陸簽署 FTA 的立

場並不盡相同，充分顯示「一國兩制」下香港對外經貿擁有獨立於中國的特性。香港高度開放和國際化的經濟與享有「一國兩制」的雙重優勢，長期為中國大陸引進資金、投資、國際經驗的窗口與對外經濟聯繫之門戶，實源自《香港基本法》中明文保障香港特別行政區得以對外以個別關稅領域地位，獨立洽簽經貿協定的法律地位，對於香港近年積極參與經濟整合發揮重要功用。儘管如此，在實務上香港洽簽貿易協定的對象全部為已與中國簽署 FTA 之國家，此種「中國先，香港後」的先後順序，顯示香港在實質上並無選擇 FTA 對象的政策空間。[7]

　　值得注意者，雖然港澳之間相互貿易與投資金額不高，但香港與澳門特別行政區政府自 2015 年 11 月展開《香港特別行政區與澳門特別行政區關於建立更緊密經貿關係的安排》（簡稱港澳 CEPA）的談判，於 2017 年 10 月簽署協定。[8] 相較於香港簽署的其他 FTA，港澳 CEPA 的涵蓋範圍卻十分簡要，僅有 12 章，顯示該協定之政治意涵高於經濟意涵，宣示性意義較大，主要目的在形式上連結內地與「一國兩制」下兩個行政區經濟整合，形成「一個中國」三地之間三個 CEPA 協定之跨境整合經濟體或中華經濟圈。

二、東協－香港 FTA 與「一帶一路」倡議

　　在香港簽署的 FTA 中，以與東協簽署的協定最為重要。2019 年東協排名香港第二大貨品貿易夥伴，雙邊貨品貿易金額約 10,180 億港元。截至 2018 年底，東協為香港第四大對外直接投資目的地，累計投資金額達 4,800

---

7 唯一例外為香港在 2011 年 6 月與 EFTA 四國（冰島、列支敦士登、瑞士、挪威）簽署 FTA，中國則僅與瑞士、挪威簽署個別雙邊 FTA，且簽署時間均晚於香港。參香港工業貿易署網站，https://www.tid.gov.hk/tc_chi/ita/fta/index.html。

8 港澳 CEPA 下貨品貿易降稅和服務貿易自由化的承諾自 2018 年 1 月 1 日起生效實施。參香港工業貿易署官網，https://www.tid.gov.hk/tc_chi/ita/fta/hkmacao/index.html。

億港元，同時東協也是香港第六大外資來源地，累計在香港投資金額達5,330億港元。[9]

香港在中共中央的許可與支持下，自2014年7月起與東協展開FTA談判，於2017年9月9日在第二屆中國香港－東協經貿部長會議中宣布完成談判，隨後在11月12日假東協於菲律賓召開東協系列高峰會議期間，由香港商務及經濟發展局局長邱騰華與東協成員國各經濟部長正式簽署東協－中國香港FTA（Free Trade Agreement between Hong Kong, China and the Association of Southeast Asian Nations，東協－香港FTA），及東協－中國香港特別行政區投資協定（Agreement on Investment Among the Governments of the Hong Kong Special Administrative Region of the People's Republic of China and the Member States of the Association of Southeast Asian Nations，東協－香港投資協定）兩項協定，已在2019年6月分別生效實施。[10]

東協－香港FTA內容涵蓋貨品貿易、服務貿易、投資、經濟與技術合作（ECOTECH）、智慧財產權、爭端解決機制等相關領域，共計14章。兩項協定將為香港與東協兩地廠商貿易和投資活動提供法律保障、更優惠的市場進入（market access）條件，以及公正和公平的待遇。香港政府也承諾未來將優先就五大領域提供東協國家能力建構及技術協助，包括：海關合作、專業服務、中小企業合作、貿易便捷化、物流以及電子商務合作等。

對中國大陸而言，香港為東協國家參加「一帶一路」計畫的重要中介者，FTA生效後將可有效貢獻、協助東協企業爭取「一帶一路」市場商機。

---

9 參香港工業貿易署官網，https://www.tid.gov.hk/tc_chi/ita/fta/hkasean/index.html。

10 依據兩項協定最終條款（Final Provisions）之規定，在2019年1月1日前，如香港及至少四個東協國家完成國內批准程序，協定將自2019年1月1日起對其生效，已在2019年6月分別達到生效門檻。

從制度調和的角度來說，未來東協－中國 FTA、東協－香港 FTA、中國－香港 CEPA、中國－澳門 CEPA、港澳 CEPA 共計五個貿易協定將可有效整合成為一個貿易、投資平台。另一方面，幫助中國大陸整合與東協、香港、澳門間經貿關係與資源；另一方面，亦將建立陸港澳三地與東協間完整的自由貿易與經濟整合機制，有助重新強化香港的中繼站地位。[11]

　　值得注意的是，香港與東協簽署 FTA 的考慮因素之一，為未來可以東協 FTA 夥伴的身分，參與 RCEP 談判。根據《RCEP 談判指導原則與目標》第 6 點規定，RCEP 將在東協國家與其 FTA 夥伴完成 RCEP 談判後，在 RCEP 參與國（participating countries）共識決同意之條件下，開放給其他未參與談判的「東協 FTA 夥伴」（FTA Partners）及「其他外部經濟夥伴」（external economic partners）參加，此即一般所謂的「開放性條款」。香港與東協 FTA 生效後，香港將可以此資格爭取參加 RCEP（徐遵慈，2018）。[12] 然在 RCEP 最終協定文本中，將未來開放新會員之資格修改為任何「國家」（state）或「個別關稅領域」（separate customs territory）。此一文字修改雖使得 RCEP 開放新會員的範圍更廣，但也意味著香港與其他任何經濟體的處境相同，不具有加入 RCEP 的優勢。

　　香港商務及經濟發展局局長邱騰華在 2019 年 2 月 27 日對香港立法會質詢的書面答覆中指出，「香港計劃尋求在 RCEP 談判完成之後加入 RCEP，RCEP 的 16 個成員國都是香港的重要貿易夥伴，2018 年香港與 RCEP 經濟體的總貿易額為 8,369 億美元，占香港貿易總額比重高達 74%，加入 RCEP 將使香港進入泛亞地區最大的 FTA，幫助香港作為區域

---

11 Globalization Monitor. Aug 1, 2018. "What is the ASEAN-Hong Kong Free Trade Agreement and Why Should We Be Concerned?" http://www.globalmon.org.hk/content/what-asean-hong-kong-free-trade-agreement-and-why-should-we-be-concerned.

12 "Guiding Principles and Objectives for Negotiating the Regional Comprehensive Economic Partnership" http://web.wtocenter.org.tw/Page.aspx?pid=7919&nid=74.

貿易與投資中心的角色。」[13] 在印度於 2019 年 11 月宣布退出 RCEP 談判後，其餘 15 國已在 2020 年 11 月 15 日以視訊會議方式簽署協定，將爭取在 2021 年底或 2022 年初生效實施。[14]2021 年 1 月間，香港行政長官林鄭月娥表示，中國大陸商務部支持香港爭取加入 RCEP，中港雙方可望開始討論香港加入 RCEP 的技術問題。[15]

肆、美國反制《港區國安法》對香港之影響與挑戰

2014 年 9 月至 12 月間，香港因民眾爭取「真普選」，要求實施對香港行政長官選舉的公民提名權，爆發大規模抗爭運動，香港社會反中情緒升高，引發國際關注，也導致中共決定加強對香港的管治，及研擬有效防範、制止和懲治手段。2019 年爆發「反送中」運動，香港與中共關係惡化，更重創中共宣示「一國兩制、港人治港」的承諾。

2020 年反送中運動越演越烈，5 月 28 日中共第十三屆「全國人大」會第三次會議通過《關於建立健全香港特別行政區維護國家安全的法律制度和執行機制的決定》（簡稱《決定》），將推動《中華人民共和國香港特別行政區維護國家安全法（草案）》（通稱為港版《國安法》），隨後中國「全國人大」常務委員會在 6 月 30 日通過該法案草案，港府當晚即刻宣布生效。[16]

---

13 https://www.info.gov.hk/gia/general/201902/27/P2019022700317.htm.

14 根據 RCEP 第 20 章第 6 條規定，RCEP 將在至少六個東協國家與三個非東協國家（中、日、韓、紐、澳）締約方完成國內程序並向存放機構交存相關文件後，於 60 日後生效。依此，RCEP 可能在 2021 年內或 2022 年初時至少對九個成員國生效。

15〈香港爭取加入 RCEP 林鄭月娥：北京已表支持〉，中央社，2021 年 1 月 20 日，https://www.cna.com.tw/news/acn/202101200116.aspx。

16《港區國安法》共有六章 66 條條文，其中對於各界關切的國家安全相關規定方面，明確規定香港特區建立健全維護國家安全的相關機構及其職責，規定四類危害國家安全的罪行和處罰及案件管轄、法律適用和程序。依據港府說明，本法立法目的是「要切實防範、制止和懲治任何分裂國家、顛覆國家政權、恐怖活動、勾結外國或者境外勢力危害國家安全的犯罪行為」，駐港國安公署將就《港區國安法》

　　香港為國際推崇的自由、開放經濟體典範和國際貿易與金融中心，也是全球吸引外資與對外投資最活躍的經濟體，然因受到 2018 年下半年起美中互相貿易報復與「反送中」運動下長達數月社會抗爭等影響，2019 年經濟成長率降至 -1.2%。另根據聯合國貿易發展委員會（UNCTAD）6 月公布的 2020 年世界投資報告（World Investment Report），2019 年香港外人直接投資（Foreign Direct Investment, FDI）流入金額較 2018 年大幅衰退 34.4%，降至 684 億美元；FDI 流出金額為 593 億美元，較 2018 年減少 27.9%。2020 年以來，新型冠狀病毒肺炎（COVID-19，新冠病毒）疫情重創全球經濟，香港經濟成長降至 -6.1%，創下六十年最差表現。

　　另外，美國傳統基金會（The Heritage Foundation）在 2020 年 3 月發布的 2020 年「全球經濟自由度指標」（Index of Economic Freedom），進一步反映「反送中」運動等對香港國際地位之影響。該報告在連續二十五年（1995 至 2019 年）發布香港為全球經濟自由度之冠後，在最新報告中調降香港排名至第二位，改由新加坡奪冠。[17]

　　2021 年 3 月 4 日，傳統基金會公布 2021 年「全球經濟自由度指標」報告中，更進一步直接排除對香港和澳門的評比，亦即將其列入中國評比，中國年度排名為第 107 位。據媒體報導，傳統基金會指出，2021 年僅限於對擁有經濟主權的獨立經濟體計算其經濟自由度。香港財政司長陳茂波則指摘傳統基金會的作法沒有理由和根據。[18]

　　另，由國際管理學院（Institute for Management Development, IMD）最

規定的犯罪案件行使管轄權。除在極少數特別情形下依法辦理危害國家安全犯罪案件外，駐港國安公署將負起監督、指導、協調、支持香港特區履行維護國家安全的職責，包括分析形勢、分享信息等。

17 2020 年香港因投資自由度（Investment Freedom）、經商自由度（Business Freedom）等得分下降，致整體降至第二名。參 Index of Economic Freedom 2020, the Heritage Foundation, https://www.heritage.org/index/country/hongkong。

18 〈經濟自由度排名　香港被剔除〉，《經濟日報》，2021 年 3 月 5 日，https://money.udn.com/money/story/5603/ 5295714。

新發布的 2020 年世界競爭力評比報告（World Competitiveness Ranking），香港亦由 2019 年的第二名下降至第五名。

2019 年以來外資進入香港遽減、國際排名下滑等，均反映國際社會、跨國企業與香港企業對於中港關係劇變後香港自治與獨立地位的憂慮。雖然《港區國安法》僅規範危及國家安全之犯罪與管轄等問題，並未觸及經濟商務等問題，未來仍將依香港《基本法》之規定運行，然因其已引發多國譴責中國違背「一國兩制」之承諾，包括美國已通過相關對應法律，英、加、歐盟等亦研擬跟進措施，對香港的影響不容小覷。

美國國會在 1992 年通過《美國－香港政策法》（United States-Hong Kong Policy Act），使美國得在香港回歸中國後持續給予香港特殊待遇。該法規定美國將香港視為有別於中華人民共和國的充分自治區，及尊重香港為個別關稅領域（Separate Customs Territory）及 GATT 締約方身分，賦予香港貨品最惠國待遇（Most Favored Nation Treatment, MFN）；應繼續直接與香港協商以決定雙邊相關經濟協定；應繼續准許美元與港幣自由匯兌等。過去以來，美國依據該法，在貿易、簽證、投資及出口管制上給予香港有別於中國的差別待遇。

自美中關係因貿易、科技出口管制、美國新冠病毒肺炎疫情嚴重、維吾爾人權等問題陷入空前緊張，在川普指示制裁香港問題後，美國聯邦參議院在 2020 年 6 月 25 日以「一致同意」（unanimous consent）方式通過《香港自治法》（Hong Kong Autonomy Act），將授權與要求美國政府部門以金融等制裁手段懲罰有侵蝕、損害香港自治的中港官員和實體，以反制中國強推《港區國安法》。[19] 美國前國務卿蓬佩奧（Mike Pompeo）指出，基

---

19 該法案於 7 月 1 日經眾議院表決通過，已由川普簽署後正式生效實施。根據美國立法程序，川普應在十天內簽署或反對法案，或在十天後自動生效。法案明訂，上述人士遭點名後，美國總統得以（may）施行凍結資產、拒發簽證或拒絕入境等制裁措施，但最晚一年內應（shall）實施制裁。由於名單可依情況隨時更動，代表該人士若一年內沒有被除名，就會面臨遭強制制裁命運。法案也要求總統在一年內，對遭點名外國金融機構實施法案中所列九項制裁的至少五項，並最晚在兩年內採取全項制裁。可動用

於香港已無法高度自治，美國將立即停止出口美國製防衛設備至香港，未來也將針對美國防衛與軍民雙重用途技術，採取步驟對香港施行與中國相同的出口限制。

同時，針對香港與中國出口產品一直以來係分別標示不同的產地來源（Origins）。2020 年 9 月，美國要求香港標示其出口產品需更改產地來源為中國（即 Made in China），香港立即抗議其違反 WTO 規定，並旋即於 10 月 30 日向 WTO 爭端解決機構（Dispute Settlement Body, DSB）提出諮詢請求，因雙方未達成協議，已於 2021 年 2 月 22 日成立爭端小組（Panel），進入爭端解決程序。[20]

針對美國政府陸續對香港提出反制措施，美中貿易全國委員會（The US-China Business Council, USCBC）已表示，不樂見美國政府對香港實施嚴厲的制裁措施，希望各方減少衝突，維持香港「一國兩制」模式。目前，香港約有 1,300 家美國企業及合計約 8 萬 5,000 名美籍人士，其中約 300 家美國企業在港設立亞太區域總部，未來美商企業在香港的動向值得關注。

值得重視的是，川普政府試圖打破「一國兩制」原則而將香港與大陸一視同仁，衝擊美中與美港關係，香港亦立即向 WTO 提出指控。美國白宮在 2021 年 1 月易主後，新任總統拜登（Joe Biden）已數次就香港問題發表關切立場，並在 WTO 會議中繼續支持川普政府以國家安全為由，將香港產品標示中國製造產品的措施，可預見拜登政府將對香港問題維持強硬立場，導致短期內香港問題與美港關係將不易獲得解決。

制裁包含禁止美國銀行放款及提供信用額度、禁止美國公民大量投資或購買該機構股票或債券，及拒絕該機構管理人員或擁有控股權益股東入境等。

20 參 US-Origin Marking Requirement, WT/DS597/5, January 15, 2021, https://docs.wto.org/dol2fe/Pages/SS/directdoc.aspx?filename=q:/WT/DS/597-5.pdf&Open=True。

伍、結語

　　香港自 1997 年以來在「一國兩制」下以個別關稅領域身分與各國建立經貿往來，長久以來世界各國亦尊重香港自治與經貿活動的獨立性，使得香港得以維持國際貿易、運輸、金融中心之地位於不墜，中國大陸亦因此獲取重大商業利益。然隨著中國強推《港區國安法》，以及美中對抗升高下，川普政府帶頭對香港實施制裁，短期內雖不致造成跨國企業與大量資金撤出香港，但中長期勢必將影響香港國際地位。

　　香港長久位居中國大陸經濟對外聯繫與開放的門戶，近年因中共中央的首肯與支持，陸續簽署 FTA 或 CEPA，尤其與東協的 FTA 已經生效實施，未來更可望在中國支持下加入 RCEP，對香港參與區域整合及延續中國經濟中介的角色，將更增添助力。與此同時，香港亦是「一帶一路」倡議的對外金融中心，透過香港推動其他國家參與「一帶一路」市場。

　　然而隨著中美對抗局勢全面升高，以及中港關係驟變，以及《港區國安法》實施後美歐國家陸續取消或調整過去在「一國兩制」下承認香港獨立地位之政策，未來在美國拜登政府執政下，可望維持對香港強硬措施，將進一步影響及削弱香港作為中國經濟中介者的角色。雖然中共為避免外資企業與資金大批撤出香港，可望陸續提出有利措施，以穩定香港經濟與商業活動，雖有助香港獲得中國或其他亞洲國家資金之挹注，但香港長久享譽之全球金融與轉運中心地位將難免受到波及， 未來經濟形態恐將趨向「中國化」與「亞洲化」。

　　對我國而言，香港一直是我與大陸貿易、人員往來與間接投資的中介站，也是台灣企業對大陸市場的運籌與資金調度中心。雖然兩岸已開放直航與直接貿易，亦在 2010 年簽署《兩岸經濟合作架構協議》（ECFA），但香港仍扮演重要的兩岸貨物轉運中介者，尤其作為企業前進大陸的財

務、資金、運籌等中心的地位並未衰退。

　　舉例來說，由於香港國際金融中心及大陸市場門戶的地位，是台資銀行在亞洲設立據點數量的第二位，設立據點超過 70 處（含子銀行及其設立之分行與支行、分行及其設立之支行與行銷處、代表人辦事處、其他分支機構），僅次於中國大陸（85 處），遠高於各新南向國家，也是海外據點重要獲利來源。

　　面對香港地位將逐漸改變，我國除須持續關注拜登政府就任後美中關係之變化外，亦須注意拜登政府對香港情勢之立場與經濟制裁措施之後續發展，以正確掌握香港情勢發展、台港關係及在港台商動向之可能變化。

參考文獻

一、中文文獻

周運源，2011，《粵港澳經濟非均衡發展趨向一體化研究》，北京：中國社會科學出版社。

徐遵慈，2018，〈第 30 屆東協峰會後之東協對外關係與經濟整合展望〉，《展望與探索》，15（6）。

徐遵慈，2020，〈香港施行《港區國安法》的經濟意涵與影響評估〉，《戰略安全研析》，163：XXX。

國世平，2018，《粵港澳大灣區規劃和全球定位》，廣東：廣東人民出版社。

二、網路資訊

CONGRESS.GOV. 2020. "S.945 - Holding Foreign Companies Accountable Act." https://www.congress.gov/bill/116th-congress/senate-bill/945/text (October 23, 2020).

The Heritage Foundation. 2020. "Index of Economic Freedom 2020." https://www.heritage.org/index/country/hongkong (September 5, 2020).

White House. 2020. "United States Strategic Approach to the People's Republic of China." https://www.whitehouse.gov/articles/united-states-strategic-approach-to-the-peoples-republic-of-china/ (October 23, 2020).

FUKUNAGA, Yoshifumi, and ISONO, Ikumo. 2013. "Taking ASEAN+1 FTAs towards the RCEP: A Mapping Study." Economic Research Institution for ASEAN and East Asia (ERIA) Discussion Paper Series. https://www.eria.org/ERIA-DP-2013-02.pdf (January 4, 2020).

中國－東盟中心，2012，〈落實中國—東盟面向和平與繁榮的戰略夥伴關係聯合宣言的行動計畫（2011-2015）〉，http://www.asean-china-center.org/2012-02/27/c_131433868_6.htm，查閱時間：2020/10/18。

中華人民共和國國家發展改革委、外交部、商務部聯合發布。2015 年。〈推動共建絲綢之路經濟帶和 21 世紀海上絲綢之路的願景與行動〉，http://cpc.people.com.cn/BIG5/n/2015/0328/c64387-26764810.html。

中華人民共和國國家發展和改革委員會，2017，〈關於開展編製《粵港澳大灣區城市群發展規劃》建言獻策活動的公告〉，http://www.ndrc.gov.cn/yjzx/yjzx_add.jsp?SiteId=128，查閱時間：2019/05/24。

立法會工商事務委員會、經濟發展事務委員會、財經事務委員會，立法會 CB(1)1268/17-18(01) 號文件，2018，〈中美貿易衝突對香港經濟的影響〉，https://www.tid.gov.hk/english/aboutus/whatsnew/files/Joint_Panel_Paper_c.pdf，查閱時間：2020/10/18。

香港立法會秘書處資料研究組，2018，〈粵港澳大灣區概況〉，https://www.legco.gov.hk/research-publications/chinese/1718fs03-overview-of-guangdong-hong-kong-macao-bay-area-20180223-c.pdf，查閱時間：2020/10/11。

政經發展與趨勢演變

粵港澳大灣區發展：機遇與挑戰

林瑞華

（廣州中山大學粵港澳發展研究院副研究員）

摘要

2019 年 2 月 18 日，中共中央正式印發《粵港澳大灣區發展規劃綱要》，將廣東省廣州、深圳等九市，以及香港、澳門劃歸為「粵港澳大灣區」。中國推動灣區建設有兩個目的，一是經濟目的，藉由整合珠三角和香港、澳門優勢，將此區打造成繼舊金山、紐約、東京灣區之後的世界第四個經濟灣區；二是政治目的，藉整合粵港澳三地，強化對港澳的「一國兩制」。

中國以「國家力量」介入粵港澳地區的發展，為此區的發展提供一些新的機遇，如有利於廣東與香港、澳門間的制度整合、推動當地高科技產業的發展，以及深化港澳的「一國兩制」。但當前的規劃也面臨一些挑戰，首先是《綱要》僅規劃粗略的發展方向，並未提出具體作法，導致地方政府盲目推進；第二是相關政策「重垂直、輕水平」運作的結果，將導致各地爭奪資源、重複投資。最後，港澳民眾對粵港澳大灣區規劃的內容與目的有所疑慮，擔憂模糊「一國兩制」界線，走向「一國一制」。

關鍵詞：粵港澳大灣區、世界四大灣區、一國兩制、身分認同

壹、前言

　　2019 年 2 月 18 日，中共中央正式印發《粵港澳大灣區發展規劃綱要》（以下簡稱《綱要》），將廣東省廣州、深圳、珠海、佛山、惠州、東莞、中山、江門、肇慶九市，以及香港、澳門兩個特別行政區，劃歸為「粵港澳大灣區」。依照《綱要》的規劃，粵港澳大灣區最終希望發展成與紐約灣區、舊金山灣區、東京灣區並駕齊驅的世界第四大灣區。

　　這個在珠三角城市群基礎上，加上港、澳兩地共同組成的區塊，不論就市場發展或政治考量來看，都是中國當前最重要的區域。從發展的角度來看，粵港澳大灣區原本就是中國市場經濟發展最蓬勃的區域，也是現今各種新創公司和業態的領頭羊，以此區域作為與世界接軌的規劃，有其功能性。再從政治考量來看，中國對香港與澳門實行「一國兩制」多年，但香港人的中國認同逐年遞減，「粵港澳大灣區」的規劃即希望加強粵港澳在經濟、人員、生活各方面的交流，拉近中國與港澳地區的關係。

　　本文認為，從經濟的角度來看，以國家力量介入市場機制，固然擴大國家對當地的資源挹注，有利於各個項目的推進，但國家的介入也打亂了市場運作，使當地未來的發展充滿挑戰。從政治的角度來看，近年來港人反中情緒高漲，特別是香港政府在 2019 年 2 月提出修改《逃犯及刑事事宜相互法律協助條例》以來，港人的抗爭超乎中共中央的預期，最終促使中國通過了《中華人民共和國香港特別行政區維護國家安全法》，全面控制香港，這也使得「粵港澳大灣區」的未來發展充滿不確定性。

　　本文將首先介紹中共中央對粵港澳大灣區的發展規劃，其次解讀粵港澳大灣區內城市群的機遇，最後則分析其未來可能面臨的困境。

貳、規劃目的

一、粵港澳大灣區的規劃目的

　　中國推動粵港澳大灣區主要有兩個目的：一是經濟目的，藉由整合珠三角和香港、澳門各自的優勢，將粵港澳大灣區推上國際舞台，成為繼紐約、舊金山、東京之後，世界上的第四個大灣區；二是政治目的，藉由推動廣東與香港、澳門在產業、人員方面的交流，並探索有哪些制度能夠進行創新性對接，以深化對港澳的「一國兩制」。

　　就經濟目的而言，珠三角從 1990 年代起就是大陸市場經濟發展最好的地區，加上香港與澳門在國際金融與旅遊上的優勢，中國政府希望將此區作為中國的招牌，推向國際。根據統計，2014 年到 2019 年間，粵港澳大灣區城市群的 GDP 年增長率為 8.2%，高於全國的 7.7%。僅 2019 年，粵港澳大灣區的 GDP 總量就達到 13.7 萬億元人民幣，相當於中國經濟總量的 13%。中國國際經濟交流中心的預測，大灣區到 2030 年的經濟總量將趕上東京灣區，預計達到 4.6 萬億美元，超過東京灣區（3.2 萬億美元）和紐約灣區（2.2 萬億美元），成為世界經濟總量首屈一指的灣區（香港貿發局，2020）。當前世界四大灣區基礎數據的比較請見表 1。

表 1：世界四大灣區比較（2019 年）

	粵港澳 大灣區	東京 灣區	紐約 大都會區	舊金山 灣區
面積（平方公里）	56,094	36,900	21,500	17,900
人口（百萬）	71.12	44	20.2	7.7
地區生產總值（億美元）	16,418	17,742	16,575	7,812
人均生產總值（美元）	23,300	40,360	82,050	102,230

資料來源：粵港澳大灣區官網，2019 年 2 月，https://www.bayarea.gov.hk/tc/symposium/index.html。

　　當前粵港澳大灣區內部存在的問題，就是城市間的產業結構差異和制度差異。就產業結構而言，港澳以服務業為主，其中香港在金融業和航運占有優勢，澳門則以旅遊業為代表；深圳、廣州以高新技術產業為主，中國知名企業如華為、富士康、騰訊、大疆等均位於深圳；其他城市則仍以傳產製造業代工為主，如玩具加工、服裝鞋帽等（見圖1）。再就制度差異來看，廣東與港澳分屬三個不同的關稅區，稅制管理差距相當大，加上三地之間不論在經濟模式、法律體系、社會制度均不相同。粵港澳大灣區規劃的提出，也希望能藉此整合灣區內九市二區的產業發展方向與各項制度，以利在全球經濟體中找到自身的定位。

圖1：粵港澳大灣區各地產業結構

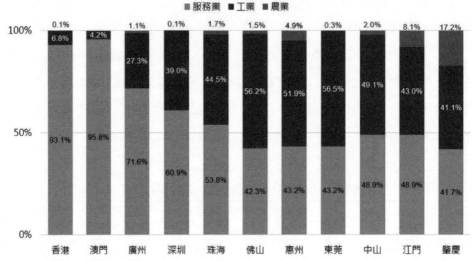

註釋：香港及澳門的產業結構數據為2018年數據
資料來源：各城市統計局、羅兵咸永道分析

資料來源：香港貿發局，2020年9月21日，https://research.hktdc.com/tc/article/NTM5MzY3MDA4。

　　再從政治目的來看，過去中國對港澳實行「一國兩制」的效果不彰，不論是各級政府對港澳的重視程度，或是港澳對中國的認同程度（尤其是香港），均相當有限，中共中央希望藉由粵港澳大灣區的發展，深化「一國兩制」。

　　過去中國各級政府對港澳的重視程度不如對台。近年來中國對台灣出台了幾項重要政策，其中最大的利多就是給予台灣民眾「準國民」待遇，吸引台灣人赴大陸創業、就業、實習、就學。最具代表性的就是 2018 年 2 月頒布的「關於促進兩岸經濟文化交流合作的若干措施」（「31 條」），以及 2019 年 11 月出台的「關於進一步促進兩岸經濟文化交流合作的若干措施」（「26 條」）。而各省市更在「31 條」和「26 條」的基礎上加碼，積極吸引台灣同胞，如福建出台「福建 66 條」、上海頒布「上海 55 條」、廈門有「廈門 60 條」、溫州推出「溫州 24 條」等等。相對於此，中國的港澳政策則主要在廣東一省施行，其他省份並未跟進，且中央「惠港」的程度也不如「惠台」。由此可見，中國對港澳雖然實行「一國兩制」，但是從上到下對這兩地的重視度均不如對台。

　　再從港澳民眾對中國的態度來看，香港人民對「中國人」的身分認同逐年下降。從香港民意研究所（2020）做的「港人身分認同」調查可以看出，香港民眾自認是「香港人」的比例，在各種身分認同中排首位；相對於此，港人自認是「中國人」的比例逐年下降，且在 2020 年創下歷史新低（見圖 2）。加上香港自 2014 年爆發「雨傘運動」以來，民眾反中抗爭接二連三，2019 年由《逃犯及刑事事宜相互法律協助法例》引發的「反送中」運動，更是將香港的反中氛圍推到高點。中國在香港實行「一國兩制」的成效，因此遭受質疑。

圖 2：香港市民「身分認同指數」

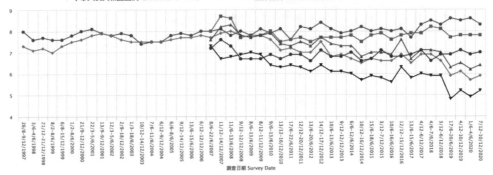

請你用0-10分表示你對XXX身分既認同感。10分代表絕對認同，0分代表絕不認同，5分代表一半半。你俾幾多分自己？(半年結)
Please use a scale of 0-10 to rate your strength of identity as XXX, with 10 indicating extremely strong, 0 indicating extremely weak, and 5 indicating half-half. How would you rate yourself?(Half-yearly average)
(8/1997 - 12/2020)

資料來源：香港民意研究所，2020 年 12 月，https://www.pori.hk/pop-poll/ethnic-identity/q-strength-combined.html。

　　粵港澳大灣區規劃的政治目的，就是希望能補強對港澳的「一國兩制」。對此，《綱要》內容特別強調：建設粵港澳大灣區，是推動「一國兩制」事業發展的新實踐。為全面貫徹中共「十九大」精神，貫徹「一國兩制」方針……支持香港、澳門融入中國發展大局，增進香港、澳門同胞福祉，保持香港、澳門長期繁榮穩定，讓港澳同胞共享中國繁榮富強的榮光。

二、粵港澳大灣區城市群

　　根據《綱要》規劃，粵港澳大灣區包括廣東省廣州、深圳、珠海、佛山、惠州、東莞、中山、江門、肇慶九市，以及香港、澳門兩個特別行政區。其發展目標是在 2022 年達到「綜合實力顯著增強」，到 2035 年形成一個「以創新為主要支撐的經濟體系和發展模式」。

這些城市群中，香港作為國際金融、航運、貿易中心和國際航空樞紐，擁有高度國際化、法治化的營商環境以及遍布全球的商業網絡，是全球最自由經濟體之一。澳門作為世界旅遊休閒中心和中國與葡語國家商貿合作服務平台，是多元文化交流良好平台。珠三角九市是對外開放的重要窗口，在中國開放型經濟體制中占有重要地位。粵港澳大灣區九市二區的基本數據比較請見表2。

表2：粵港澳大灣區內各城市數據比較

	面積 （平方公里）	人口 （萬）	地區生產總值 （GDP，億美元）	人均GDP （萬美元）
香港	1,106	739.1	3,390	4.58
深圳	1,997	1,252.8	3,310.96	2.71
廣州	7,434	1,449.8	3,173.01	2.23
佛山	3,798	765.7	1,409.14	1.86
東莞	2,460	834.3	1,118.8	1.34
惠州	11,346	477.7	565.32	1.18
中山	1,784	326	509.12	1.56
澳門	31	65	499.21	7.69
江門	9,505	456	397.01	0.87
珠海	1,732	176.5	378.5	2.2
肇慶	14,891	411.5	324.76	0.8

資源來源：粵港澳大灣區官網，2019年2月，https://www.bayarea.gov.hk/tc/about/guangzhou.html。

在《綱要》規劃中，香港、澳門、廣州和深圳四個城市為粵港澳大灣區的「中心城市」，中共中央對這四個城市的角色和定位有具體的規劃：

- 香港：鞏固和提升國際金融、航運、貿易中心和國際航空樞紐地位，強化全球離岸人民幣業務樞紐地位。
- 澳門：建設世界旅遊休閒中心、中國與葡語國家商貿合作服務平台。

- 廣州：全面增強國際商貿中心、綜合交通樞紐功能，培育提升科技教育文化中心功能，著力建設國際大都市。
- 深圳：發揮作為經濟特區、全國性經濟中心城市和國家創新型城市的引領作用。

在四個中心城市的帶頭下，加上其他城市發揮各自優勢，如東莞的製造業、佛山的陶瓷業等，粵港澳大灣區將能形成功能互補、具有競爭力的城市群。

參、發展機遇

《粵港澳大灣區發展規劃綱要》為中共中央指引廣東省和香港、澳門未來發展的頂層設計文件，希望藉由「國家力量」的介入，在經濟上推動大灣區的九市二區走向國際舞台、在政治上深化對港澳的「一國兩制」。為了達到這些目的，《綱要》規劃出了七個發展方向，包括建設國際科技創新中心、加快基礎設施互聯互通、建構具有國際競爭力的現代產業體系、推進生態文明建設、建設宜居宜業宜遊的優質生活圈、共同參與「一帶一路」建設、共建粵港澳合作發展平台。這些規劃為大灣區帶來一些新的發展機遇。

一、有利推動跨地區的制度與基礎建設的整合

粵港澳大灣區中的九市二區在社會制度、產業發展和財稅制度上存在差異，需要解決的問題包括如何整合廣東與港澳間的就業、教育、醫療、社保、科研等公共政策和服務體系，如何推動跨區稅收、海關、交通各方面的整合。

　　為了整合跨地區的制度，中央與地方針對個別項目出台了不同法規，如針對所得稅的徵收，頒布了《關於粵港澳大灣區個人所得稅優惠政策的通知》；對港澳人士原本在港澳取得的職業資格從寬認定，為此出台了《關於推進粵港澳大灣區職稱評價和職業資格認可的實施方案》。2020年1月，廣東省政府印發了《關於支持深圳建設中國特色社會主義先行示範區推進深圳人力資源社會保障事業優先發展的若干措施》，以深圳作為試點城市，推動深港澳三地建立勞動保障協作機制。另外，目前粵港澳大灣區內部已建立合作機制與平台，粵港澳三地高層會定期會晤，商討如何進一步推動合作。

　　在基礎建設方面，目前粵港澳大灣區內交通建設日臻完善，港珠澳大橋、廣深港高速鐵路、蓮塘／香園圍口岸，以及新增的珠江跨境口岸正式開通，再加上廣東交通網絡完善，使得大灣區內城市互聯互通非常容易。未來大灣區主要城市之間的交通時間可望縮短至一小時以下。從經貿互動角度來看，這為大灣區內企業與人員之間的互通提供快速、便捷的交通網。

二、有利推動部分產業與地區發展

　　《綱要》提出一系列政府重點支持的行業，包括高科技行業、先進製造業、商業服務行業、教育及醫療服務、物流及休閒產業等。此外，《綱要》為廣東的前海、南沙、橫琴自貿區的進一步改革開放提供具體發展藍圖。以前海為例，《綱要》指出要在高端服務方面跟香港建立更廣泛的連結，促進前海聯合交易中心跟香港交易所的商品交易合作，發展貿易合作及全球化平台，並加強與香港合作處理法律事務。至於南沙則應在創新發展、金融服務及物流上與港澳合作。橫琴則應擴展與澳門之間的合作，並進一步對香港開放。《綱要》還列舉多個香港與深圳、東莞、佛山、江門等城

市的合作例子，支持珠三角九個城市與港澳共建合作區，擴大珠三角城市群間的發展機遇。

　　而對港澳來說，粵港澳大灣區的整合可在《內地與香港關於建立更緊密經貿關係的安排》（簡稱 CEPA）框架、廣東自貿區和多個粵港澳服務行業合作示範區基礎上，為港澳的企業帶來更多優惠。例如《綱要》指出將建設更多有利香港企業的開放窗口、要求珠三角城市根據 CEPA 協定進一步深化和落實港澳服務行業自由化。此外，《綱要》也指出要進一步對港澳企業和市民開放一系列領域，包括投資、貿易、多項金融服務、運輸、教育、醫療衛生、會計、法律服務、仲裁、社會服務、文化創意產業、檢驗檢測認證等，這些措施均可為港澳企業帶來發展機遇。

三、有利中國在港澳進一步推進「一國兩制」

　　《綱要》提出大灣區應進一步推進「一國兩制」方針。過去大陸給予港澳的政策優惠，諸如 CEPA、開放港澳服務行業在中國執業、港澳企業享有全資經營、降低註冊資本等，在開放伊始獲得好評，但隨著時間久了，民眾的好感已日益淡化。其中，香港民眾對中國的認同逐年下降，在 2019 年「修例事件」後更是跌到谷底。

　　粵港澳大灣區整合將有利於大陸貫徹「一國兩制」。為了達到這個政治目的，大陸對港澳進一步開放，並在 2019 年底推出「16 條惠港措施」，內容可分為三類：一是惠及香港居民政策，包括他們可在廣東購屋、享受醫保等、子女可在當地接受義務教育；二是協助香港的專業界別進入大陸發展，包括律師、建築師、保險業等；三是創造香港與內地的科技和創新產業合作機會。這不僅讓港澳企業受惠，也為港澳青年提供更多的選擇機會，提高他們到珠三角就業與就學意願。

　　這是希望藉由給予港澳企業和人士更多的優惠，以及維持香港的市場機制，讓港澳居民多了一項選擇的機會（往內地流動），這些具有國際觀與創新能力的港人進入內地，也將帶進新思維與新技術，有助於大灣區乃至大陸整體發展。而人員與企業頻繁流動的結果，則可能促成區域融合更加緊密，降低港人對大陸的負面觀感，進而鞏固「一國兩制」。

肆、發展挑戰

　　「粵港澳大灣區」之所以受到重視，在於其原本具備的市場優勢。《綱要》以國家力量介入市場，雖然給予當地大量的政策與資金，卻也為這個區域帶來了不確定性，其將面臨的挑戰至少有以下幾項。

一、《綱要》僅規劃方向，未提出具體作法，地方政府難以有效推進

　　《綱要》是中共中央為「粵港澳大灣區」規劃的藍圖，內容包含建設國際科技創新中心、建構具有國際競爭力的現代產業體系、推進生態文明、建設宜居宜業宜遊的生活圈、參與「一帶一路」建設等，涵蓋了產業、生態、生活與國家戰略等方面。

　　對於如此全面的規劃，中共中央只提出粗略的發展方向，並未提出具體作法。舉例來說，《綱要》在「建設國際科創中心」一章中，提到要「充分發揮粵港澳科技和產業優勢，積極吸引和對接全球創新資源；加快國家自主創新示範區與國家雙創示範基地、眾創空間建設，支持其與香港、澳門建立創新創業交流機制，為港澳青年創新創業提供更多機遇和更好條件」。然而對於該怎麼推動創新、怎麼吸引港澳青年，卻未有明確規劃。

　　此外，《綱要》第八章提到要「打造教育和人才高地」，強調要「支持粵港澳高校合作辦學，鼓勵聯合共建優勢學科、實驗室和研究中心；充分發揮粵港澳高校聯盟的作用，鼓勵三地高校探索開展相互承認特定課程學分、實施更靈活的交換生安排、科研成果分享轉化等方面的合作交流；支持大灣區建設國際教育示範區，引進世界知名大學和特色學院，推進世界一流大學和一流學科建設」等等。這些內容都是宏觀的方向，有些甚至需要從中央層面修改政策才能真正推動。例如引進一流大學牽涉到課程安排與教科書選擇，在中國高層對高教體系管制越來越嚴的情況下，這些限制若不能鬆綁，將難以吸引國際學府進駐。

　　在沒有具體實施辦法的情況下，地方政府往往不知如何執行，只能在未經縝密規劃的情況下倉卒推進，過程中造成人員、資源的大量浪費，最後則可能草草收場。

二、「重垂直、輕水平」的結果，將導致各地爭奪資源、重複投資

　　「粵港澳大灣區」內的九市二區原本有其各自擅長的產業，如佛山的陶瓷業、深圳的科技產業、廣州的商貿等。《綱要》出台，中共中央由上而下定調廣東的產業方向，導致當地各級政府都往中央規劃的方向布局，造成各地重複投資，且爭奪相同的資源。

　　以前節提到的「加快建立國家自主創新示範區與國家雙創示範基地，支持與香港、澳門建立創新創業交流機制，為港澳青年創新創業提供更多機遇和更好條件」為例，中國政府為了吸引港澳民心，提出的作法與對台「31 條」和「26 條」類似，就是給予港澳民眾「準國民」待遇，希望藉此吸引他們到廣東工作與生活。廣東省內各市為了達到中央設定的目標，

紛紛成立各種青創園區與眾創空間，對港澳人士提供租金減免、提供輔導與資金為由，吸引港澳青年。

筆者實地造訪了在中國 219 個國家級經濟開發區中排名第一的「廣州經濟開發區」，發現這個始於 1984 年，原本以加工出口、保稅區，後來轉型到新技術產業開發區的特殊政策區，突然在 2019 年中研擬設立港澳青年創業中心，希望吸引港澳人士入駐。在詢問此時成立青創園區有何優勢、與其他青創基地有何不同時，對方回答「這也是我們正在思考的」。換句話說，廣州經濟開發區於此時成立港澳青年創業中心的原因，並非因其具有特殊優勢，而是受中央政策所趨，不得不跟進。目前僅廣州一地就有至少 28 個港澳青年創新創業基地，累計落戶港澳台創新創業團隊 273 個，廣州市政府撥出 10 億元作為港澳青年創業基金，重點投資各類優質港澳青年創業項目（中國網，2019）。

各地重複投資的結果，造成大家必須爭奪有限的企業和人員進駐，特別是港澳企業和人員。其結果是，好的企業會拿到補助，但不好的企業也因為政府給租而拿到資源，破壞原本優勝劣汰的市場機制。

若大灣區計劃不是由「上而下」定調，而是由各城市去談，那麼當執行碰到問題時，地方政府之間尚可互相協調。如今粵港澳大灣區的發展方向已由中央定調，各地只能照章執行，過程中若有窒礙難行之處，也難以違逆中央。事實上，粵港澳大灣區整合過程中最需要中央助力的，並不是由中央規劃的未來產業，而是由中央協助地方之間打破壁壘、進行制度對接。粵港澳目前是兩種制度、三種關稅，過去大陸與香港雖然簽署《內地與香港關於建立更緊密經貿關係的安排》、並開放香港的產品與服務業登陸，但卻是「大門開，小門不開」，也就是中央層面開放，但到了地方層面卻沒有真正開放，原因就在於珠三角各城市皆有自己的制度壁壘，跨市之間難以協調，這應該由中央政府去協調解決。

三、香港民眾對粵港澳大灣區規劃的內容與目的有所憂慮

　　粵港澳大灣區規劃的政治目的是加強「一國兩制」，雖然廣東各地提供諸多經濟機會給港澳民眾，但香港民眾認為港人在大灣區的發展有限，同時也擔憂大陸藉此進一步控制香港。

　　香港中文大學亞太研究所（2019）就粵港澳大灣區規劃對香港市民進行調查，發現雖然近四成（37.3%）受訪者認為這是香港的發展機遇，但超過一半受訪市民（53.8%）表示，香港人在大灣區內發展優勢很少或完全沒有。調查顯示，港人難以在大灣區中取得機會之外，香港的資源反而會被稀釋掉，超過四成二（42.3%）受訪市民同意大灣區規劃會令更多內地人來吸納香港人資源，不同意的比例近三成（29.1%），回答「一半一半」的受訪市民亦有兩成一（21.4%）。

　　港人到大灣區內地城市工作或生活既需要信心還需要意願。調查顯示四成二（41.8%）受訪市民沒有去大灣區內地城市生活或工作的意願，而有意願的受訪市民則有三成八（37.8%）。其中表示沒有意願的受訪市民，提及的原因的第一項是「與內地政治環境有關的因素」（20.4%），例如「對內地法制欠信心／對內地政治印象負面等」，第二是「與內地社會層面有關的因素」（20.4%），例如「不習慣內地生活／對內地社會有負面印象／內地生活質素差等」。而表示有意願的受訪市民，提及的原因的第一項是「與內地經濟層面有關的因素」（39.8%），例如「內地經濟前景較好／工作機會較多／薪酬福利較具吸引力」，第二是「與內地社會層面有關的因素」（36.8%），例如「內地住屋租金低／消費水平低／內地生活質素不差等」。

　　而在政治方面，超過四成五（45.3%）受訪市民同意「大灣區規劃」會模糊「兩制」界限，不同意的比例近三成（28.2%），回答「一半一半」

的有一成四（14.4%），另有一成二（12.1%）受訪者以不知道或很難說作答。換句話說，四成五左右的民眾擔憂「粵港澳大灣區」的規劃，將使香港失去一國「兩制」的空間，朝向一國一制邁進。

根據成報（2019）報導，香港市民普遍認為，《綱要》提及的發展項目均與自己無關，所述的內容「高大空、很遙遠」。《綱要》的出台，意味著香港特區已經「被規劃」、「被融合與內地發展」，當「人才」、「錢財」、「物流」互通，即是代表「一國兩制」已經名存實亡，「香港人」的身分已經沒有了。由此可見香港民眾對粵港澳大灣區規劃的擔憂。

此外，香港政府在 2019 年 2 月提出修改《逃犯及刑事事宜相互法律協助條例》以來，港人的抗爭超乎中共中央的預期，最終促使中國通過了《中華人民共和國香港特別行政區維護國家安全法》，全面控制香港，這也使得「粵港澳大灣區」的未來發展充滿不確定性。

伍、結論

粵港澳大灣區自 1990 年代開始，一直是中國內部市場經濟發展最成功的區域，不論是珠三角、香港或澳門，在經濟上都有亮眼的表現。中國政府為了將粵港澳大灣區打造成繼舊金山、紐約、東京灣區之後的世界第四個經濟灣區，於 2019 年 2 月公布《粵港澳大灣區發展規劃綱要》，為該區的發展劃出了七個發展方向：建設國際科技創新中心、加快基礎設施互聯互通、建構具有國際競爭力的現代產業體系、推進生態文明建設、建設宜居宜業宜遊的優質生活圈、共同參與「一帶一路」建設、共建粵港澳合作發展平台。

除了經濟目的之外，中共中央還希望藉由粵港澳大灣區一體化發展，深化對港澳的「一國兩制」。這是基於過去「一國兩制」在港澳的運作成

果有限，尤其是近年來香港民眾的反中情緒高漲，讓中國政府亟思解決之道。

　　「國家力量」的介入，為粵港澳地區的發展提供一些機遇。首先，中央介入有利於整合粵港澳間的制度差異，主要是促使廣東調整當前制度，與港澳政策接軌；其次，整合粵港澳大灣區九市二區的產業發展，往高科技與新創產業轉型；最後則是推出諸多惠港澳政策，深化港澳的「一國兩制」。

　　當前中央對粵港澳大灣區的規劃也面臨諸多挑戰。首先是中共中央出台的《綱要》僅規劃出粗略的發展方向，並未提出具體作法，導致地方政府盲目推進；第二是相關政策「重垂直、輕水平」的結果，將導致各地爭奪資源、重複投資；最後，港澳民眾對粵港澳大灣區規劃的內容與目的有所疑慮，擔憂這將模糊「一國兩制」的界線，走向「一國一制」。

參考文獻

中國網，2019，〈廣州將設港澳青年創新創業基金建成 28 個港澳台青年雙創基地〉，8 月 29 日，http://big5.china.com.cn/gate/big5/sl.china.com.cn/2019/0829/65867.shtml，查閱時間：2021/02/20。

成報，2019，〈大灣區綱要，意味一國兩制名存實亡〉，http://www.singpao.com.hk/index.php?fi=news2&id=95649，2 月 19 日，查閱時間：2021/02/17。

香港中文大學亞太研究所，2019，〈近四成市民視大灣區規劃為港發展機遇，過半數認為港人在大灣區內發展欠優勢〉，4 月 8 日，http://www.hkiaps.cuhk.edu.hk/wd/ni/20190408-154821_1.pdf，查閱時間：2021/02/20。

香港民意研究所，2020，〈香港市民身分認同〉，https://www.pori.hk/pop-poll/ethnic-identity/q-strength-combined.html，12 月，查閱時間：2021/03/01。

香港貿發局，2020，〈粵港澳大灣區的最新發展及香港的角色〉，https://
research.hktdc.com/tc/article/NTM5MzY3MDA4，9 月 21 日， 查 閱 時 間：
2021/02/28。

粵港澳大灣區官網，2019，〈粵港澳大灣區發展規劃綱要宣講會〉，https://
www.bayarea.gov.hk/tc/symposium/index.html，2 月，查閱時間：2021/02/19。

粤港澳灣區產業結構變遷與轉型趨勢

許加政

（資訊工業策進會產業情報研究所資深產業分析師）

摘要

　　粤港澳大灣區是由香港、澳門、廣州、深圳、珠海、佛山、中山、東莞、肇慶、惠州和江門所組成的城市群，被中國大陸視為世界第四大灣區。廣東省、香港和澳門具有分工合作與優勢互補機會，因此粤港澳大灣區產業或可基於各區現有資源特色，發揮已有製造業優勢，圍繞新興產業打造產業生態圈。

　　廣東省公布「廣東省智慧製造發展規劃（2015 至 2025 年）」，選擇智慧裝備和關鍵零組件研發製造、智慧製造系統整合應用服務產業較為集中的區域，打造十個左右在中國大陸具有較大影響力的智慧製造示範基地，發展機器人產業與智慧化基礎製造與成套裝備。粤港澳大灣區產業協作是要改變過去的傳統合作模式，發揮粤港澳三地在產業上的互補優勢，合作發展的創新型產業體系，促進三地產業鏈全面融合創新，成為推動粤港澳大灣區產業轉型與升級。

關鍵詞：結構變遷、創新、人工智慧、智慧製造、獨角獸

壹、前言

　　粵港澳大灣區是由香港、澳門、廣州、深圳、珠海、佛山、中山、東莞、肇慶、惠州和江門組成的城市群，被中國大陸視為是繼美國紐約都會區、美國舊金山灣區和日本東京都市圈之後的世界第四大灣區。

　　粵港澳大灣區面積約5萬6000平方公里，2019年區內常住人口達7,267萬人，其GDP占中國大陸總2019年GDP的12%。而粵港澳大灣區的11個城市，就經濟規模來看大致可分為GDP超過3,000億美元的香港、深圳、廣州；在1,500億美元左右的佛山和東莞，其餘六個城市各自的GDP處於320億美元至600億美元之間。

圖1：2019年粵港澳大灣區各城市的GDP

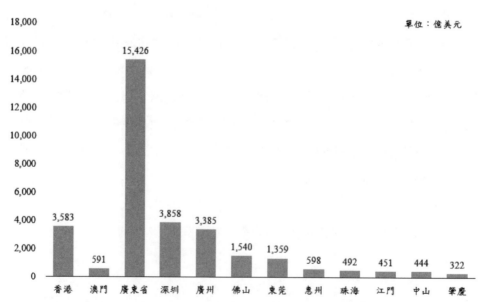

資料來源：香港統計處、澳門統計、廣東省統計處，MIC整理。

貳、粵港澳大灣區基礎環境與條件

2003 年 CEPA 正式啟動，而隨著這些年來的經貿、人員往來，粵港澳大灣區內的聯通越來越緊密，尤其是廣州、深圳、香港、澳門四個大灣區核心城市，以深港跨境往來為例，2019 年香港和中國大陸之間共有 1.6 億人次跨境往來。依據中國大陸目前所規劃的粵港澳大灣區發展方向顯示，其未來建設包括推進區內基礎設施互聯互通；推進區內投資、貿易、人員等往來更加便捷；加強區內開展創業育成：科技金融、國際科研成果移轉等業務領域深化合作；建立區內具有國際競爭力現代化產業發展體系等四個核心。目前大灣區配套基礎設施正在加速建設，港珠澳大橋、廣深港高鐵、深中通道等重大項目部分已完工，亦有部分正在進行，粵港澳大灣區也將可望建成「一小時城軌交通圈」。

一、重點政策

2015 年粵港澳大灣區首次寫入中國大陸政策文件，發布「推動共建絲綢之路經濟帶和 21 世紀海上絲綢之路的願景與行動」，正式在一帶一路建設中「打造粵港澳大灣區」。2017 年兩會期間，中國大陸總理李克強在「政府工作報告」中首度提到粵港澳大灣區，提出「研究制定粵港澳大灣區城市群發展規劃」。2019 年中國大陸國務院進一步發布《粵港澳大灣區發展規劃綱要》，提出了大灣區的基本原則、戰略定位、發展目標和空間布局，深化中國大陸與港澳的合作，進一步提升粵港澳大灣區在經濟發展和對外開放中的角色。

圖2：粵港澳大灣區的規劃歷程

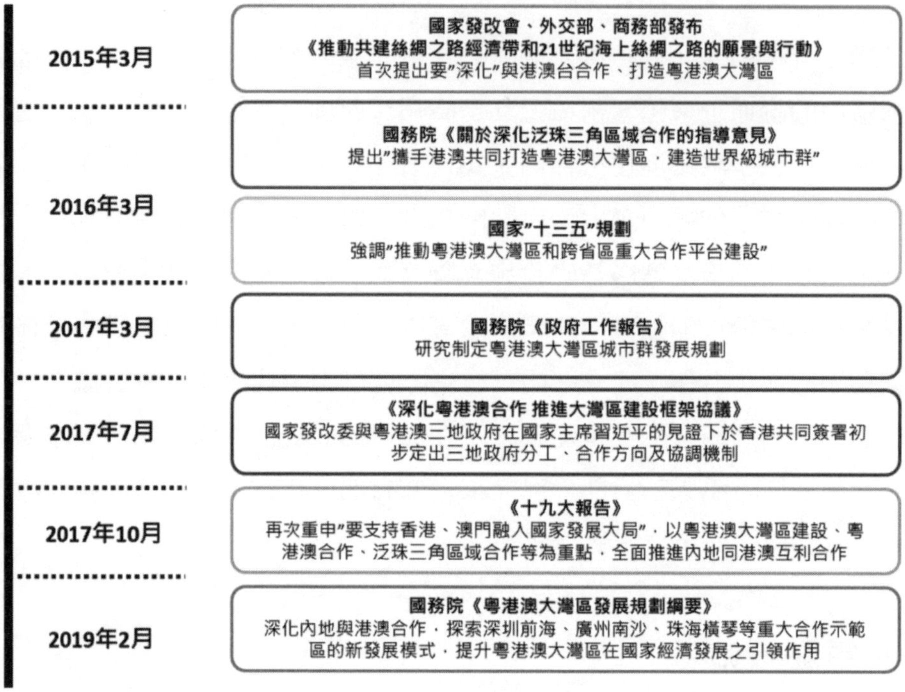

2015年3月
國家發改會、外交部、商務部發布
《推動共建絲綢之路經濟帶和21世紀海上絲綢之路的願景與行動》
首次提出要"深化"與港澳台合作、打造粵港澳大灣區

2016年3月
國務院《關於深化泛珠三角區域合作的指導意見》
提出"攜手港澳共同打造粵港澳大灣區，建造世界級城市群"

國家"十三五"規劃
強調"推動粵港澳大灣區和跨省區重大合作平台建設"

2017年3月
國務院《政府工作報告》
研究制定粵港澳大灣區城市群發展規劃

2017年7月
《深化粵港澳合作 推進大灣區建設框架協議》
國家發改委與粵港澳三地政府在國家主席習近平的見證下於香港共同簽署初
步定出三地政府分工、合作方向及協調機制

2017年10月
《十九大報告》
再次重申"要支持香港、澳門融入國家發展大局"，以粵港澳大灣區建設、粵
港澳合作、泛珠三角區域合作等為重點，全面推進內地同港澳互利合作

2019年2月
國務院《粵港澳大灣區發展規劃綱要》
深化內地與港澳合作，探索深圳前海、廣州南沙、珠海橫琴等重大合作示範
區的新發展模式，提升粵港澳大灣區在國家經濟發展之引領作用

資料來源：MIC 整理。

二、交通基礎建設

粵港澳大灣區集中大珠三角地區主要的機場群和港口群，區內主要有香港國際機場、澳門國際機場、廣州白雲國際機場、深圳寶安國際機場和珠海金灣國際機場五個國際機場，另有惠州和佛山兩個地區機場。

2019 年粵港澳大灣區九個城市的旅客吞吐量突破 1.42 億人次，雖低於長三角機場群的 2.65 億人次和京津冀機場群的 1.46 億人次，但成長率位居三大城市群第一，具體以 7.4% 的年成長率打敗長三角的 7.0% 和京津冀的 1.1%，而廣州白雲國際機場在其中貢獻一半以上的成長量，其旅客量

與香港國際機場位居中國大陸第三及第四位。

　　而粵港澳大灣區的主要港口有深圳、香港、廣州等樞紐港口，以及珠海、虎門、惠州等地方港口。按港口貨櫃輸送量計算，在 2019 年全球十大港口中，大灣區占其中三席，分別是深圳排名第四，廣州第五，以及香港第八位。

　　此外，粵港澳大灣區共有七個億噸大港，其中六個位於廣東省，包括廣州、深圳、珠海、東莞、中山、惠州，再加上香港，港口航運為大灣區經濟及社會發展提供了有力的支持。

圖 3：粵港澳大灣區三大橋梁

資料來源：MIC 整理，2021 年。

　　經濟圈的發展交通來往是重要條件，因此中國大陸為加速粵港澳大灣區內部的交通，新建多項的交通設備，以達到最快一個小時能夠互相往來。

就粵港澳大灣區城市群的結構來看，將以港深為核心、以沿海為帶、以珠江為軸的「T」字型空間結構，建設相互協調、共同發展的幾個城市圈。

三、創新中心與人才資源

廣東省圍繞新一代電子資訊、新材料、智慧製造、高階裝備製造、新能源汽車、生物醫藥等戰略性新興產業發展。因此為兼顧廣東省製造業轉型升級需求創建創新中心。廣東省已設立七個創新中心，積極地朝智慧製造、高階裝備製造邁進。同時也朝多個面向，包括網際網路、綠色能源發展。另一部分，粵港澳大灣區亦擁有不錯的高校人才資源，其中廣東省有四所 211 工程高校中山大學、華南理工大學、暨南大學和華南師範大學；而香港更是有全球知名大學，包括香港大學、香港科技大學、香港中文大學、香港城市大學、香港理工大學和香港浸會大學，將有助粵港澳大灣區的創新發展。廣東省教育廳和香港教育局亦簽署「關於加強粵港高等教育交流合作備忘錄」，近年香港高校亦紛紛在珠三角地區陸續開辦分校與研究機構，都有助於粵港澳大灣區的科研發展。

參、粵港澳地區產業結構

從產業結構來看，港澳的服務業比重均超過 90%，珠三角的九個城市中，廣州的服務業比重最高，達 71.6%，其次是深圳（60.9%）和珠海（53.8%），餘下六個城市的產業則是服務業比重皆不超過五成。此外，除了東莞的服務業比重下滑至低於五成之外，其餘城市的服務業比重皆逐年增加。

圖 4：2019 年粵港澳大灣區各式產業占地區生產總值比重

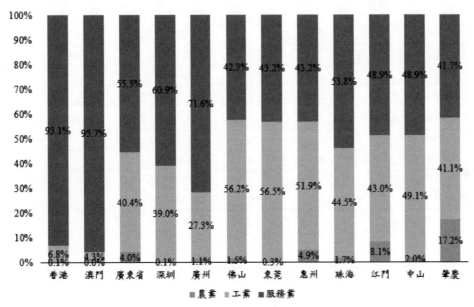

資料來源：政府統計處、澳門統計暨普查局、廣東省統計處，MIC 整理。

　　從細部行業來看，廣東省製造業增加值 2019 年達 3.36 兆人民幣，其中電腦、通訊和其他電子設備製造業增加值以 9,227 億人民幣，處於絕對的龍頭地位；電器機械和器材製造業以產值 3,316 億人民幣位居第二；汽車製造業以產值 1,768 億人民幣位居第三。

　　廣東省除廣州、深圳和珠海外，其他地區皆是以第二級產業為主，可與第三級產業為主的香港和澳門具有在分工合作與優勢互補機會。因此粵港澳大灣區產業或可基於各區現有資源特色，發揮已有製造業優勢，圍繞新興產業打造產業生態圈。2019 年「廣東創新 TOP100 榜」中占比超過七成的優勢創新企業屬於「製造業」，廣東省製造業企業的創新能力顯著，488 家優勢創新企業涵蓋 26 個類別，顯示出多業態創新助力製造業轉型升

表 1：2019 年廣東省前八大規模製造業

製造業別	工業增加值 （單位：萬人民幣）	占製造業比重
電腦、通信和其他電子設備製造業	92,270,780	30.15%
電器機械和器材製造業	33,158,946	10.84%
汽車製造業	17,683,548	5.78%
金屬製品業	14,919,363	4.88%
非金屬礦物製品業	14,044,157	4.59%
橡膠和塑料製品業	12,095,564	3.95%
化學原料和化學製品製造業	11,802,233	3.86%
通用設備製造業	11,754,135	3.84%
製造業	306,002,294	100%

資料來源：廣東省統計局，MIC 整理，2021 年 2 月。

級。加上過去所提出的「中國製造 2025」以及現在的「工業互聯網」，都是意在打造製造強國。同時在新興技術，如人工智慧、大數據、雲端運算等高新科技，正在向製造業快速滲透，將促使製造向「智造」蛻變，為製造業的轉型升級提供充足的驅動力。

肆、廣東省智慧製造推動現況

一、中國大陸製造業政策

（一）中國製造 2025

「中國製造 2025」包括實行五大工程，包括製造業創新中心建設的工程、強化基礎的工程、智慧製造工程、綠色製造工程和高階裝備創新工程。涵蓋十個領域，包括新一代資訊技術產業、高檔數控機床和機器人、航空航太裝備、海洋工程裝備及高技術船舶、先進軌道交通裝備、節能與新能

源汽車、電力裝備、農機裝備、新材料、生物醫藥及高性能醫療器械等。

其中在智慧製造部分，期望在智慧工廠流程、離散製造、以客製化及電子商務為代表的智慧製造新模式、智慧裝備及產品、智慧化管理進行調整，並透過試點示範，提升關鍵智慧零組件、裝備與系統自主性，提高產品、生產過程、管理服務的水準，以初步形塑智慧製造體系與公共服務平台。預期目標，使營運成本降低 20%、產品研發周期縮短 20%、生產效率提高 20%、產品不良率降低 10%、能源利用率提高 4%。

（二）工業互聯網

近年來中國大陸積極推動互聯網與實體經濟的深度融合，期望在「中國製造 2025」的基礎上，擘劃出「互聯網＋」行動，同時深化製造業與互聯網融合發展之路徑，「中國製造 2025」一詞因此被「工業互聯網」取而代之。其概念即是透過系統建構「網路、平台、安全」三大功能體系，打造「人、機、物」全面互聯的新型工業網路基礎設施，形成工業智慧化發展的新興業態和應用模式，並透過「工業互聯網」的應用，期望大幅度地提升生產效率，準確地滿足不同種類的需求。

根據 2017 年中國大陸國務院發布的《深化「互聯網＋先進製造業」發展工業互聯網的指導意見》，其中長期的發展目標為，第一階段到 2025 年，將基本建成覆蓋各地區、各行業的「工業互聯網」網路基礎設施；第二階段到 2035 年，建成國際領先的「工業互聯網」基礎設施和平台；到 2050 年，「工業互聯網」創新發展能力、技術產業體系以及融合應用等全面達到國際先進水準。

在最新發布的《工業互聯網創新發展行動計劃（2021 至 2023 年）》中指出，下一階段的目標為至 2023 年，包括基本建成中央級工業互聯網大數據中心體系、建設 20 個區域級分中心和十個行業級分中心，以及建

設高質量的工業微服務和工業 app 資源池，工業 app 數量達到 50 萬個等內容。

二、廣東省製造業政策

（一）廣東省製造 2025

　　廣東省為要落實「中國製造 2025」，主要任務是建設中國大陸智慧製造發展示範引領區，要打造智慧製造示範基地；促使資訊化與工業化深度融合，推動「互聯網＋製造」；推動製造業向高階化、智慧化、綠色化的方向發展。完善中小微型企業的公共服務平台和科技企業孵化器，實施新一輪技術改造；實施工業強基工程，支援優勢企業開展政治產學研用結合，突破關鍵基礎材料、核心基礎零組件、先進基礎工藝、產業技術基礎的工程化、產業化瓶頸；全面推進綠色製造，推動一批省級以上工業園區開展循環化改造。

　　而在細化智慧製造部分，廣東省公布「廣東省智慧製造發展規劃（2015至 2025 年）」確保各階段目標如期實現。選擇智慧裝備和關鍵零組件研發製造、智慧製造系統整合應用服務產業較為集中的區域，打造 10 個左右在中國大陸具有較大影響力的智慧製造示範基地，發展機器人產業與智慧化基礎製造與成套裝備。其中 2017 年智慧裝備產業增加值達 3000 億人民幣，機器人及相關配套產業產值達 600 億人民幣；預估到 2020 年，智慧裝備產業增加值達 4,000 億人民幣，機器人及相關配套產業產值達 1,000 億人民幣；期望到 2025 年，製造業智慧化深度滲透，規模以上製造企業資訊技術整合應用達到領先水準，基本建成中國大陸智慧製造發展示範引領區，和具有國際競爭力的智慧製造產業集聚區。

　　就智慧製造試點名單來看，可以發現粵港澳大灣區中，智慧製造以廣

州、佛山、深圳為主，有較多的試點企業在該市著手進行智慧製造的項目，反觀東莞、惠州、江門、肇慶並不是第一波主要發展的地級市。但依然可以觀察到各市試點企業中，皆能看到有資通訊、網際網路、汽車產業以及自動化工業的項目，然後再依照各市的特殊性，如居家家電業、食品加工業、陶製產業等特色，發展出各式獨特的智慧製造工業。另就「互聯網＋」發展趨勢，以新一代資訊技術與製造業深度融合為切入點，以智慧製造為核心和主攻方向，利用先進裝備製造業為突破口並且鼓勵創新發展，延攬高技術人才，強化工業基礎，注重系統整合應用，有利創造製造業發展新優勢與產業結構向中高階邁進。

（二）廣東省工業互聯網

在中國大陸密集推出的政策與市場需求拉動下，各地方的「工業互聯網」平台已邁入快速發展期，其中以廣東省發展最為迅速且積極。廣東省同時也是自 2017 年 11 月《「互聯網＋先進製造業」發展工業互聯網的實施方案》發布後，「首個」專門發布「工業互聯網」支持政策的省份。2018 年 3 月，廣東省接連發布《廣東省深化「互聯網＋先進製造業」發展工業互聯網的實施方案》和《廣東省支持企業「上雲上平台」加快發展工業互聯網的若干扶持政策（2018 至 2020 年）》，明確規劃到 2020 年，廣東省要建成完善的工業互聯網網路基礎設施和產業體系，培育形成「20 家中國大陸領先的工業互聯網平台」、「200 家互聯網服務商」，並且推動「一萬家工業企業完成數位化、網路化、智慧化升級」。

2020 年 5 月，廣東省工信廳發布《廣東省「5G+ 工業互聯網」應用示範園區試點方案（2020 至 2022 年）》公布首批八個「5G+ 工業互聯網」應用示範園區，分布在廣州、深圳、珠海、佛山、惠州以及湛江六個城市。同時，第二批廣東省「5G+ 工業互聯網」應用示範園區建設也已啟動。

三、新興產業

　　觀察全球產業的發展脈絡，可以發現數位浪潮下已然帶動國際間新經濟的發展，從電腦、網際網路、行動、雲端、物聯網的世代演進，最後再到融合雲端、大數據、網際網路、物聯網的「互聯網＋」的世代來臨。2018 年中國大陸政府工作報告內亦呼應提到推動網際網路、大數據、人工智慧和實體經濟深度融合的產業脈動。並將「互聯網＋」技術導入產業，創造產業創新力、新市場與新需求，發展新興產業生態模式，推動產業轉型升級。

　　從創新動力來看，獨角獸更是企業創新的代表，2019 年中國大陸獨角獸企業數量達到 218 家，總估值也已達到 7,964 億美元。目前中國大陸獨角獸前 20 大企業，共有九家企業分布於北京，而其餘企業分布的地區則為上海（四家）、深圳（三家）、杭州（三家）、貴陽（一家）。而就產業類別而言，以醫療健康、文化娛樂、智慧物流為大宗，其餘則有涉及金融科技、人工智慧、通勤服務等項目。以下將就深圳 3 家獨角獸進行探討。

表 2：中國大陸獨角獸前 20 大企業

排名	企業名稱	估值（單位：億美元）	產業	地區
1	螞蟻集團	1500	金融科技	杭州
2	字節跳動	750	文化娛樂	北京
3	滴滴出行	580	通勤服務	北京
4	菜鳥網絡	300	智慧物流	深圳
5	快手	286	文化娛樂	北京
6	京東數科	200	企業服務	北京
7	京東物流	134	智慧物流	北京
8	微眾銀行	92.3	金融科技	深圳
9	瓜子二手車	90	汽車服務	北京

排名	企業名稱	估值 （單位：億美元）	產業	地區
10	貝殼找房	90	數位房產	北京
11	平安醫保科技	88	醫療健康	上海
12	京東健康	76	醫療健康	北京
13	華人文化	61.5	文化娛樂	上海
14	商湯科技	60	人工智慧	北京
15	威馬汽車	60	新能源汽車	上海
16	滿幫	60	智慧物流	貴陽
17	微醫集團	55	醫療健康	杭州
18	萬向一二三	51	新能源	杭州
19	聯影醫療	50	醫療健康	上海
20	優必選	50	人工智慧	深圳

資料來源：2019 年中國獨角獸企業研究報告，MIC 整理，2021 年 2 月。

（一）菜鳥網絡

菜鳥網絡成立於 2013 年，由阿里巴巴集團、銀泰集團聯合復星集團、富春集團、順豐集團、三通一達（申通、圓通、中通、韻達），以及相關金融機構共同組建而成。利用先進的網際網路技術，建立開放共享的數據應用平台，為電子商務企業、物流公司、倉儲企業、第三方物流服務商、供應鏈服務商等各類企業提供服務，打造遍布全中國大陸的開放式物流基礎設施。

2016 年菜鳥網絡成立「菜鳥聯盟」品牌，與超過 170 萬家物流業者結盟，「今日下單、次日送達」的服務範圍擴及 700 個縣城，這個聯盟每天處理 4200 萬個包裹，是全中國大陸包裹量的七成三。另外，菜鳥網絡也積極建立起各式各樣的標準與基礎設施，例如建立了全中國大陸地址庫編碼化（類似較精細的郵遞區號），目前精細程度可以定位全中國大陸七成

以上的小社區，也統一了物流業者形式不同的電子簽單。

而有了龐大的數據流，菜鳥網絡更在 2016 年末宣布將跨足金融，打造菜鳥供應鏈金融平台。這個平台係由菜鳥網絡、螞蟻金服網商銀行和阿里雲共同搭建，提供全鏈路的「採購融資＋存貨融資＋訂單融資」模式，幫助中小企業解決融資難問題，最高額度為人民幣 3,000 萬元。近年來，菜鳥供應鏈金融平台也逐步增加融資方案，2020 年更與滙豐銀行開發新的數碼貿易融資方案，只須通過菜鳥網絡供應鏈金融團隊所整合的資訊，包括商戶業務背景、主營品牌、菜鳥網絡評級、實時物流資訊，以及店鋪營運情況等，即可進行信用評估，簡化貸款流程。

（二）微眾銀行

騰訊旗下深圳前海微眾銀行，與阿里巴巴投資的浙江網商銀行都是中國大陸首批試點民營銀行，且主打不設網點與櫃台的「純網路銀行」，並先後在 2015 年開業。微眾表示金融科技是核心競爭力，結合人工智慧、雲計算等新科技的 ABCD 服務——人工智慧（AI）、區塊鏈（Blockchain）、雲計算（Cloud Computing）、大數據（Big Data）已經逐漸落實在日常經營上面。

在 AI 方面應用部分，微眾除與中國大陸公安部聯網外合作，也與騰訊的臉識別及活體檢測技術結合。另外，也使用智慧機器人和雲計算，平均一個機器人能取代八個人工客服，智慧雲客服也能完成超過九成的客服。雲計算方面，微眾表示，將穩步推進雲計算技術應用布局，特別是金融雲，該行業雲解決方案是工作重點，中小企業是主要的服務對象。

在區塊鏈應用的部分，微眾也有針對不同領域的成熟應用，例如與澳門政府合作用區塊鏈驅動建構智慧城市，打通各個政府單位之間的數據孤島，同時做好隱私保護。在金融本業方面，則成立了基於區塊鏈的供應鏈

金融服務平台，通過區塊鏈技術將核心企業、供應商的關鍵交易與應付帳款等等上鏈。

（三）優必選

深圳優必選科技有限公司成立於 2012 年，是一家集人工智慧和人形機器人研發、平台軟體發展運用及產品銷售為一體的企業。優必選科技歷時五年才做出第一代 Alpha 機器人。雖然在 2014 年優必選科技的年收入僅為 190 萬人民幣，但到 2016 年，優必選的收入達到 3 億人民幣。在這個過程中，優必選的融資和估值也水漲船高，2016 年，優必選獲得 1 億美元 B 輪融資，估值超過 10 億美元，正式邁入獨角獸的行列。

優必選以「硬體＋軟體＋服務＋內容」的模式，打造智慧機器人生態圈。以優必選 Alpha2 機器人為例，其安裝操作系統，開發者可以開發不同程序，放在優必選的 app 商店供下載、使用。成功建構智慧機器人生態系統，從而帶動智慧機器人行業步入新的發展階段，視覺也是優必選在人工智慧領域的最大布局，其次是語音，再來為傳感技術。

為了開拓工業物流場景，優必選在智慧倉儲、智慧物流、工業協作機器人等多方面與智能裝備製造企業展開合作，希望利用人工智慧技術實現產業智能化升級，拓展大型電商、大型物流公司等客戶的無人配送業務、AI＋機器人的應用服務業務，並向客戶提供人工智慧物流解決方案等。

另外，優必選除了在智慧物流有所部署外，針對近兩年來新冠病毒對醫療機構感染控制及公共衛生防疫措施造成的壓力和挑戰，顯現出智能機器人在這樣的抗疫持久戰中的連續作業優勢，且智慧機器人的無接觸特點，也能為防疫帶來更為安全可靠的服務。

伍、粵港澳灣區產業結構改變與影響

粵港澳大灣區內有 170 多所高等院校，香港更是國際一流大學集聚，多所大學排名世界前百，故而此區的人才與技術可以為科技創新產業的發展提供重要的支撐。基礎交通建設的互聯互通使人流、物流、金流、資訊流在珠江西岸、廣州、香港、澳門等重要地區加速流動，資本、技術、人力等生產要素以及消費族群、消費資料等要素都可匯集到區域內，有利於大灣區的協同創新發展，為發展完善的產業提供優勢。

粵港澳大灣區從合作領域來看，從最初的經濟合作到現在涉及教育、醫療、文化、生態等全方位深入合作；完善的交通基礎建設也使得合作更加便利。目前廣東省產業未來的轉型方向是朝價值鏈的兩端延伸，前端是技術研發，後端是市場拓展。香港當前主要產業只有兩頭，一頭是金融業，屬於高增值、低就業型的行業，另一頭是低增值、高就業的產業，如物流、旅遊、商貿等，較少科技、研發、製造等產業。澳門產業結構則較為單一，以博彩業獨大，也面臨著產業缺乏多元化的問題。粵港澳大灣區產業協作是要改變過去的傳統合作模式，發揮粵港澳三地的互補優勢，促進三地產業鏈融合創新，推動粵港澳大灣區產業轉型與升級。

一、廣東省

廣東省九城市形成深莞惠經濟圈、廣佛肇經濟圈、珠中江經濟圈，打造完善的工業鏈條。在便利的廣港深鐵路、港珠澳大橋的鏈結下，分工會更加清楚，並融合成一大經濟圈，由具有創新科技優勢的深圳研發，再由東莞、廣州、佛山等地區製造。廣州與佛山的地鐵通車後，人流與金流更為快速，傳統製造業結合人工智慧科技發展智慧製造，在新能源汽車等第

二級產業與物流、金融等第三級產業加強發展，使整個區域發展為國際型都市。配合香港與澳門國際化的趨勢結合會展業，最新的技術或是智慧製造的產品，將可推廣到國際舞台。

二、香港

　　香港和深圳在落馬洲河套地區計劃合作發展的「深港創新及科技園」，同時能吸引國內外頂尖企業、科研機構進駐。香港本身是國際性的金融中心，有助於吸引資金，為獨角獸孕育地深圳帶來資金支持；又因其熟悉國際科技發展趨勢、國際標準、市場網絡等優勢，可以成為連接全球的橋梁。廣深澳大橋、廣深港鐵路的設施使交通時間縮短，也使資金、訊息流動更加快速。相近的東莞等城市可受惠於外溢效應，以其製造業的背景優勢發展智慧製造，發展完整的生態圈，吸引凝聚人才。

三、澳門

　　澳門主要收入來自博弈和旅遊業，港珠澳大橋和輕軌的對接使澳門旅遊更便利，外地旅客也能透過澳門的地理位置，前進廣東省，拉動當地的觀光產業，同時也可以帶動澳門經濟。未來在大灣區中，江門等地著重發展旅遊相關業，結合澳門旅遊業優勢，在珠海西岸可打造一個新興旅遊圈。結合人工智慧趨勢的高科技服務業也可透過交通串聯珠海等地，鄰近的中山與東莞有橋梁互通，有望打造為專業化的製造基地，促進整體產業的發展。

　　最後，從珠三角整體來看，對於廣州、深圳來說，其經濟發展和工業化的程度最高，可以作為中心城市帶動周圍城市的發展；珠海、佛山、東莞、中山的工業化程度要低於廣州和深圳，可以作為各小集群的次級城市，

享受兩城市所帶來的外溢效果，在製造業方面結合主要城市的智慧製造升級，創新方面享有主要城市匯集的技術、人才、資金的外溢。但在制度面上仍需改進協調機制，主要在於粵港澳大灣區內三地的經濟體系和制度不同，需要強化內部制度的建立，以及相應的法律制度明文化，以順應當前一體化的趨勢。

參考文獻

一、中文文獻

香港政府統計處，2020，《香港統計年刊》。

馬化藤、王曉冰，2018，《粵港澳大灣區：數字化革命開啟中國灣區時代》，北京：中信出版社。

國世平，2019，《粵港澳大灣區規劃和全球定位》，台北：昌明文化公司。

普華永道，2017，《粵港澳大灣區發展建設新機遇》。

廣東省人民政府，2015，〈廣東省智慧製造發展規劃（2015 至 2025 年）〉。

廣東省人民政府，2017，〈廣東省創新型試點企業、廣東省創新型企業名單的通知〉。

廣東省統計局，2020，《廣東統計年鑑》。

德勤，2018，《從世界工廠到世界級灣區粵港澳大灣區發展建議》。

澳門統計暨普查局，2020，《澳門統計年鑑》。

二、網路資訊

HKDC 經貿研究，2018，〈粵港澳大灣區發展前瞻及香港的功能〉，https://hkmb.hktdc.com/tc/1X0AAXMN/%E7%B6%93%E8%B2%BF%E7%A0%94%E7%A9%B6/%E7%B2%B5%E6%B8%AF%E6%BE%B3%E5%A4%A7%E7%81

%A3%E5%8D%80%E7%99%BC%E5%B1%95%E5%89%8D%E7%9E%BB%E5%8F%8A%E9%A6%99%E6%B8%AF%E7%9A%84%E5%8A%9F%E8%83%BD，查閱日期：2021/03/15。

HKDC 經貿研究，2020，〈香港經貿概況〉，https://research.hktdc.com/tc/article/MzIwNjkzNTY5，查閱日期：2021/03/15。

國世平、方媛，2018，〈粵港澳灣區各城市的功能定位〉，http://www.jdonline.com.hk/index.php?m=content&c=index&a=show&catid=21&id=38219，查閱日期：2021/03/15。

鄭宇隆，2017，〈粵港澳大灣區：起點、痛點與奇點〉，http://bangqu.com/g9I5N1.html，查閱日期：2021/03/15。

深圳經濟與產業轉型亮點之探討

劉孟俊
（中華經濟研究院第一研究所研究員兼所長）
謝念億
（中華經濟研究院第一研究所分析師）
鄭至涵
（中華經濟研究院第一研究所輔佐研究員）

摘要

　　四十年來，深圳跨越式經濟發展路徑已成中國大陸的轉型亮點。表現出經濟起飛、創新優勢、科學發展、全面創新等不同階段的發展特徵。本文認為，深圳的轉型亮點有其獨特的優勢：首先為獨有的經濟轉型優勢條件，包括區域位置、政府政策支持等發展利基與政策積累等。其次以企業為主體的研發創新模式，強化產學合作突破企業技術創新難題，並透過設立產業引導基金促進創投發展。其三便捷創新要素跨境流動，以及以高交會為成果交易的平台等方式，打造以深圳為核心的區域創新體系。

　　中國大陸其他地方的產業與資源優勢與深圳有別，可能難以借鏡深圳模式。另由於深圳肩負中共中央賦予建設「中國特色社會主義先行示範區」及「社會主義現代化強國」、推動粵港澳大灣區、豐富「一國兩制」發展等重大責任。此外，在美中科技和產業脫鉤風險上升的背景下，深圳能否持續推動全方位國際科技創新和國際合作的創新環境，將是觀察重點。

關鍵詞：深圳、科技創新、創新型城市、區域創新、發展模式

壹、前言

　　深圳早期由於加工出口優勢，在中國大陸享有「世界工廠」美名，隨著經濟條件改變與全球市場趨勢變化，深圳在衝擊與矛盾中逐漸調節自我。時至今日，深圳更肩負中共中央賦予的建設「中國特色社會主義先行示範區」及「社會主義現代化強國」的城市範例、推動粵港澳大灣區建設、豐富「一國兩制」事業發展新實踐的重大責任。[1]深圳國內生產毛額（GDP）規模於 2020 年在中國大陸各城市排名第三。

　　近年深圳除規模有突出的表現外，其科技產業創新能力飛速發展。不僅孕育出華為、中興、比亞迪、騰訊、邁瑞與同洲等一批具有強大國際競爭力的創新型中資企業，更因此興起大批富有成長性的中小科技型企業。中國大陸製造業中心深圳正在進行大轉型，除了製造產品，深圳許多獨角獸企業也開始開發軟體。碳雲智慧憑藉基於人工智慧的個人基因組分析服務發展迅速。「辣媽幫」開發一個受歡迎的社交媒體平台，專注於育兒。服務業和軟體在深圳經濟中所占的比重越來越大，在該市 GDP 中的比重過去十年上升近 10 個百分點，達到 60% 左右，顯示深圳正在從製造業向新的產業轉型。[2]

　　本文旨在研析深圳經濟發展模式，尤其凸顯其產業創新轉型的亮點。行文結構共分六節，除前言外，第二節以經濟數據呈現深圳經濟發展背景，第三節整理深圳的四階段經濟與產業轉型，第四節分析深圳產業創新轉型亮點，第五節強調政策驅動以深圳為核心的區域創新體系，最後第六節為本文結語總結研究發現。

1　「深圳已超越特區定位，習近平講話意在『一國兩制』」，香港 01，2020 年 10 月 14 日，https://www.hk01.com/ 中國觀察 /535596/ 觀察 - 深圳已超越特區定位 - 習近平講話意在一國兩制。

2　日本「日經亞洲評論」於 2020 年 8 月 9 日發布文章指出。

貳、深圳經濟發展背景

　　圖 1 顯示近年來深圳國內生產毛額（GDP）變化，1980 年深圳 GDP 為 2.7 億元（人民幣，下同），1990 年已提升至 171.6 億元，接下來每年 GDP 穩定上升。深圳 2020 年 GDP 達 2.8 兆元，在全中國大陸各城市排名中位居第三；顯見經過長年的產業發展，深圳經濟著實有著快速與驚人的進步。

圖 1：深圳歷年 GDP 總值（1980 至 2020）

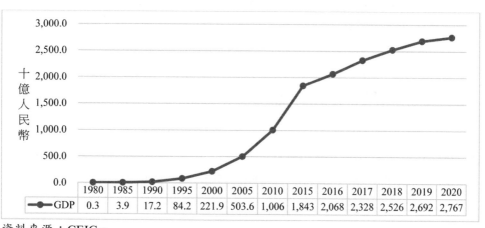

	1980	1985	1990	1995	2000	2005	2010	2015	2016	2017	2018	2019	2020
GDP	0.3	3.9	17.2	84.2	221.9	503.6	1,006	1,843	2,068	2,328	2,526	2,692	2,767

資料來源：CEIC。

　　由深圳各級產業的變化來大致掌握深圳發展歷程，圖 2 為深圳歷年產業結構圖。深圳一級產業自 1980 年後便開始逐漸萎縮，1980 年第一級產業占深圳總產值的 28.9%，不過到 1985 年僅剩下 6.7%，並呈現逐年減少的趨勢；而第二級產業逐漸強勢，開始成為與第三級產業互相帶領深圳發展的雙標竿，兩者占比約在 50% 上下浮動，不過近幾年已呈現不同的趨勢，第二級產業占比逐漸下滑，與第三級產業差距逐漸擴大，第三級產業對深圳的重要性逐漸被凸顯出來。

圖 2：深圳三類產業產值占 GDP 結構變化（1980 至 2020）

	1980	1985	1990	1995	2000	2005	2010	2015	2016	2017	2018	2019	2020
第一產業	28.9	6.7	4.1	1.5	0.7	0.2	0.1	0.0	0.0	0.1	0.1	0.1	0.1
第二產業	26.0	41.9	44.8	50.1	50.0	53.8	47.0	41.7	40.2	40.1	39.6	39.0	37.8
第三產業	45.1	51.4	51.1	48.4	49.3	46.0	53.0	58.3	59.7	59.8	60.3	60.9	62.1

資料來源：CEIC。

接著由輕、重工業的變化來看深圳工業結構的轉變，圖 3 為深圳歷年輕重工業總產值變化趨勢。1980 年，重工業產值僅 1,367 萬元，隨著時間的推移，重工業以相當快的速度追上輕工業，2005 年重工業產值迅速增加至 2000 年的 4.4 倍，大幅超越輕工業產值增幅。其後，重工業成長速度開始與輕工業拉開差距，深圳市工業開始由重工業主導發展。

參、深圳經濟階段性轉型

根據羅斯托起飛模型，經濟發展由傳統經濟進入現代化經濟的高速成長階段須具備三個互相聯繫缺一不可的條件：（一）生產性投資率提高，資本累積占國民所得的 10% 以上；（二）建立和發展一種或多種重要的製造業部門；（三）進行制度變革，迅速出現一種推動現代部門擴張的政治、社會和制度結構（徐現祥、王賢彬、高元驊，2011）。

呂煒（2004）研究轉軌國家經濟面臨體制轉軌與成長轉型形成雙重基

圖 3：深圳輕重工業產值（1980 至 2020）

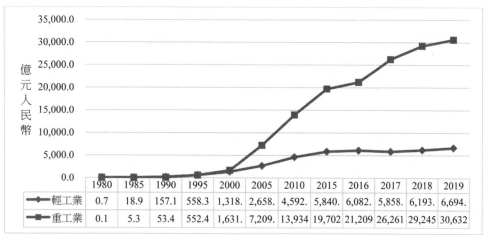

億元人民幣	1980	1985	1990	1995	2000	2005	2010	2015	2016	2017	2018	2019
輕工業	0.7	18.9	157.1	558.3	1,318.	2,658.	4,592.	5,840.	6,082.	5,858.	6,193.	6,694.
重工業	0.1	5.3	53.4	552.4	1,631.	7,209.	13,934	19,702	21,209	26,261	29,245	30,632

資料來源：《深圳市統計年鑒 2020》。

本約束，主要源於轉軌國家渴求成長但又受成長不確定的挑戰。一方面，急需透過適宜的制度安排，推動生產可能性曲線外移，以突破舊體制長期短缺限制；另一方面，也急需透過適宜的發展戰略，尋求改變增長現狀的機會，以改善二元結構、國際環境等方面長期存在的不利發展地位。轉軌的動因是希望通過適宜的制度安排，即制度變遷促成技術進步，接著達成經濟成長與成長轉型的過程。

　　由於深圳的經濟發展有其作為「城市」的局限性，在資源有限的情況下需有所聚焦定位。深圳以制度與技術革新作為轉型動力的方式，有其經濟轉軌的內涵與羅斯托起飛模型發展階段的論述。中國大陸改革開放後，深圳以發展「三來一補」[3] 起家。然四十年來其經濟發展模式持續演進，配合不斷切換經濟成長動力，形成「深圳加工—深圳製造—深圳創造—深圳創新」的跨越式經濟發展路徑，並表現出「經濟起飛—增創新優勢—科學

3　「三來一補」是中國大陸改革開放初期嘗試性創立的一種企業合作貿易形式。「三來」是指來料加工、來樣加工、來件裝配，「一補」是指補償貿易。

發展—全面創新」等不同階段的發展特徵（袁義才，2020）。

一、「深圳加工」階段：利用「加工貿易」帶動經濟起飛

　　由深圳發展的起始點來看，早期係以傳統小漁村為主要生活形態。中國大陸改革開放後，於 1980 年 8 月設立深圳經濟特區，成為重要的對外鏈結窗口。此期間，恰逢香港勞動密集型製造業大量向外轉移，深圳憑藉比鄰香港的區位優勢、經濟特區的政策與稅收優惠及廉價勞動力成本優勢，承接香港的加工裝配訂單，積極引進「三來一補」企業，大力發展服裝、製鞋、紡織、玩具等勞力密集型加工出口貿易產業，快速形成產業集聚，與香港形成「前店後廠」的合作模式，開創深圳工業化的格局，進入全球產業鏈體系。

　　深圳於 1980 至 1992 年期間，累積大量初創資金，實現經濟的高速成長，其 GDP 年均成長率達 37.4%。同時，深圳也利用特區優勢進行經濟體制改革，包括價格、工資、土地和住房、基礎設施建設、勞動用工等制度，為深圳後續發展奠定基礎。

二、「深圳製造」階段：探索科技產業推動「第二次創業」

　　1992 年鄧小平南方談話和中共黨的十四大召開後，中國大陸全面推動對外開放；同時，深圳產業發展漸趨繁榮，生活機能亦逐漸完備，隨著城市發展步調越發成熟，過去深圳低廉勞動力的優勢也逐漸消失，土地空間亦越來越擁擠，深圳經濟特區制度和政策紅利優勢逐漸淡化。深圳本階段（1993 至 2002）的發展策略方向，為重構經濟優勢，從簡單加工轉向技術改造，推動「深圳製造」轉型升級，例如鼓勵「三來一補」企業轉型為直接代工，實行「貼牌生產」（Original Equipment Manufacturer, OEM）。

　　騰訊旗下產品 QQ、TM 與團隊語音等分別模仿 ICQ、MSN、UCTalk 等軟體而崛起；比亞迪透過分解創新的方式來壯大自身的汽車製造產業。被稱為中國大陸「電子第一街」的華強北，透過模仿學習使深圳電子資訊產業急速成長。[4] 深圳當地企業學習外資企業的特色與技術，深化當地產業的創新潛力，大量以「模仿」為特色產業竄出，奠定日後的創新關鍵基礎。

　　此期間，深圳聚焦發展以電子通訊設備製造業為主導的科技產業，逐漸形成電腦及周邊產品製造、通訊設備製造、平板顯示、數位電視、生物製藥等產業集群，勞動密集型工業結構逐漸被技術密集、知識密集的工業結構所取代。1991 年深圳高新技術產品產值為 22.9 億元，2002 年已達 1,709.9 億元，占工業總產值的比重從 7.3% 增加至 43.5%。1993 至 2002 年間深圳 GDP 成長率保持年均 20% 以上。當時，深圳加速發展現代物流業和現代金融業，並與科技產業成為當地三大支柱產業。

　　深圳科技產業雖蓬勃發展，但當地企業仍未具備完善的技術資源，中小企業並無豐富資源可進行技術創新。此時期，深圳大多數軟硬體資源設備與高階技術知識集中在外資企業手中，中外合資、中外合作、外資獨資等三資企業成為深圳產業發展的主要動力，貼牌生產與模仿抄襲為當地的主要發展模式。

三、「深圳創造」階段：戰略性新興產業發展

　　配合中國大陸中央政策方針，深圳進入貫徹落實科學發展觀、建構「和諧深圳」和「效益深圳」的新時期。2008 年全球金融風暴過後，全球重要市場如美國出現內需不振與對外需求減少的情形，以對外貿易為發展核心

4　胡彩梅、郭萬達（2015），〈深圳轉型升級和創新驅動：分析與借鑒〉，《開放導報》，第 5 期，頁 23-28。

的深圳因此面臨嚴重考驗，山寨產業大量凋零。且 2008 年開始，生產性服務業等現代服務業亦開始有較成熟的發展。加以，加工製造業高速發展雖夯實深圳工業基礎，加速經濟成長，然過程中也產生諸多難題，包括土地有限、人口擁擠、能源短缺、環境負載過重等，[5]影響深圳落實現代化城市目標，促使再一次調整和改革經濟成長模式，高附加價值或創新產業逐漸成為此時期深圳產業發展重點。

深圳於本階段（2004 至 2012 年）由從「速度深圳」向「效益深圳」轉變的重大戰略決策，著力推動經濟建設由數量型、資源消耗型的粗放經營方式，轉向品質型、效益型、集約化經營方式，促使「深圳製造」再進一步轉型升級為「深圳創造」。為推動整體經濟發展模式轉變，深圳確定城市發展的主導戰略為「自主創新」，從全球產業鏈的中低端向中高端轉型、從要素驅動向創新驅動轉變，推動經濟高品質發展。

產業方面，聚焦發展科技產業和戰略性新興產業，率先全中國大陸發布生物、新能源、互聯網等三大新興產業的振興發展規劃和政策，形成數位電視、通訊設備製造、平板顯示、生物醫藥、醫療器械、軟體產業等六個發育形態較為成熟的科技產業群，逐漸邁入新型工業化道路。

值得注意的是，此期間深圳建立以「企業」為主體的技術創新體系，培養出華為、中興通訊、比亞迪等中國大陸高新龍頭企業。截至 2012 年，深圳的民營科技高新技術企業累計達 2,583 家，占全市高新技術企業總數的 70% 以上；2012 年研究與開發投入占 GDP 比重達 3.8%，約為全中國大陸平均水準的兩倍，也高於美國的 2.8%、日本的 3.3% 和韓國的 3.7%。

同時，深圳也透過加大對外開放力道，深化體制改革，為企業自主創新提供體制機制保障，包括成立國有資產監督管理委員會（2003 年），實

---

5 〈深圳建設創新型城市的模式選擇〉，新浪財經，2006 年 9 月 25 日，http://finance.sina.com.cn/review/20060925/17372944645.shtml。

現國企產權多元化；成立行業協會服務署，推動政府職能轉變（2004 年）；建立集中有效的行政審批機制（2005 年）。促進區域經濟合作，簽訂深港「1+8」合作協定（2004 年）、「深港創新圈」合作協定（2007 年）等。

　　這一時期深圳逐步形成以高新技術為主的製造業，及以金融、物流、文化為代表的現代服務業共同發展的多元產業體系。2012 年，深圳 GDP 首破兆元，約為 1.3 兆元，單位 GDP 的能耗為全中國大陸最低，初步實現「效益深圳」的目標。

四、「深圳創新」階段：實現創新驅動發展

　　中共黨的十八大以來，中國大陸經濟進入中高速成長的新常態，深圳本階段（2013 年至今）也邁入全面創新、全面發展新階段，更加堅定地實施創新驅動戰略，注重以「深圳創新」打造「深圳品質」。

　　近年來，隨著全球市場競合結構改變，深圳傳統代工廠商受到嚴重衝擊，缺少創新思維的傳統廠商開始被市場所淘汰，自 2014 年以來，深圳的傳統代工製造業廠商開始面臨一連串的倒閉潮。體現了深圳產業結構已成為創新競爭、百家爭鳴的生存模式，得以生存下來的企業也面臨重新思考改革過去傳統經營方式的時刻，學習新技術、拓展新商機成為當務之急，在合作的前提之下，企業、國家的競合在市場、科技與人才面開啟新的演化模式。

　　「十三五」規劃期間（2016 至 2020 年），深圳的創新政策內涵，從培育企業自主創新能力、建構技術創新體系，轉向建設創新生態系統、創新型城市，積極推動「創新、創業、創投、創客」四創連動。

　　藉由創新經濟政策和生態環境新優勢，打造完善的實驗場域與配套措施，提高創新成果的適用性，藉以吸引全球資金、人才、技術等高端創新

要素向深圳聚集。再進一步激發創新要素、創業主體在創新經濟領域融合運作，從而實現更大規模和更高層次的創新經濟發展。

重點政策方向為，制定支援企業提升競爭力、促進科技創新、人才優先發展、完善人才住房制度、高等教育發展、醫療衛生發展等一系列政策文件；持續堅持企業主體、高端引領的創新方向；推進重大科技基礎設施建設（國家超級計算深圳中心、大亞灣中微子實驗室、國家基因庫等）以匯聚國內外高端創新資源，促進成果孵化和產業培育；建設「雙一流」[6]大學和學科，聚集具全球影響力的科研機構；促進金融科技創新發展，提供創新型中小企業提供資本市場服務平台。

在創新風氣的影響下，深圳擁有一批原生的全球化企業，近年來的新創企業如大疆、光啟等企業在創立初期就以打進國際市場為目標，成為深圳邁向國際性創新大城市的有力支持。高新技術領域的新創企業和先進的生產性服務業在深圳蓬勃發展。

同時，深圳也被中共中央賦予作為中國大陸率先建成國家創新型城市的目標與定位。中共中央、國務院 2019 年 8 月發布《關於支持深圳建設中國特色社會主義先行示範區的意見》，[7]提出「高品質發展高地」、「法治城市示範」、「城市文明典範」、「民生幸福標竿」、「可持續發展先鋒」等五大戰略定位。

要求深圳「加快實施創新驅動發展戰略」，將支援深圳強化產學研深度融合的創新優勢，建設以深圳為主要陣地的綜合型國家科學中心，並要作為粵港澳大灣區之國際科技創新中心。總體目標是 2035 年成為全國典範，經濟競爭力領先全球，成為創新力、影響力卓越的全球標竿城市。深

---

6 雙一流是指世界一流大學和一流學科建設。

7 「中共中央國務院關於支持深圳建設中國特色社會主義先行示範區的意見」，中國政府網，2019 年 8 月 18 日，http://www.gov.cn/zhengce/2019-08/18/content_5422183.htm。

圳正式成為「特區＋自貿區＋大灣區＋先行示範區」四區疊加的經濟特區，承擔著推動中國大陸制度創新的先行角色。

2020 年 10 月，中共中央、國務院發布《深圳建設中國特色社會主義先行示範區綜合改革試點實施方案（2020 至 2025）》，以「清單批量授權方式」賦予深圳在重點領域和關鍵環節改革更多的自主權；同月，中國大陸發改委發布《深圳建設中國特色社會主義先行示範區綜合改革試點首批授權事項清單》，具體陳列 40 條深圳綜改試點項目。這兩份政策文件具強烈的創新性、突破性企圖心，體現中共中央授權深圳改革的力道和深度，賦予其更多改革自主權，以提升深圳作為科技和金融中心的地位，並為中國大陸整體產業與制度創新提供可行方案。當前深圳初步形成「基礎研究＋技術創新＋產業轉化＋金融支援」的全鏈條創新體系，未來發展目標是建設成為更具國際競爭力的創新之都和全球標竿城市。

肆、深圳產業創新轉型作為

深圳的轉型亮點在於形成以企業為主體、市場為導向、產學研緊密結合的區域創新體系。地區研發、生產、銷售一體化產業鏈的形成得益於上下游企業間相互支援；科技成果主要來自於引進國內外院校，以合作開發為基本途徑，配合本地的二次開發。地方生產系統的連結及在全球生產網絡中的地位，對地方產業聚落的創新能力積累與轉型升級具有重要影響。由此帶動以企業為主體的研發創新模式，更促進了創投業的蓬勃發展。

一、以企業為研發主導的創客生態圈

深圳是中國大陸最早布局製造業的基地，擁有硬體生產實力和完整產

業供應鏈。而就科技體制的改革來說，最重要的問題是要解決科學研究與
生產這兩個無法扣結的環節。原本在中國大陸，科技人才的培養主要是學
院的工作，然而，學院的訓練以教學研究為主，沒有與產業的脈動連結，
並無法真正培養出對企業具有產業競爭力的人才。人才的欠缺對於非常需
要科技人才的高科技產業而言，將影響其科技創新的能力，因此，要解決
科技人才欠缺的問題，就必須仰賴科技體制的改革。

其中，深圳所嘗試過的最重要變革是將研發的主體設置在企業內部，
例如工程研發中心曾經給比亞迪 300 萬元科研經費，促進產業本身的研發
創新能力，使企業本身成為研發的主體，帶動產業的創新與發展（何欣茹，
2010）。此外，根據德勤（Deloitte）研究機構（2019）發布的《2019 深
圳高科技高成長 20 強報告》引用深圳市政府統計，凸顯出企業在深圳科
技創新當中的絕對主體地位，亦明顯與北京、上海以政策引導市場化的形
態有所不同。深圳有 90% 的研發機構設在企業，90% 的研究人員集中在
企業，90% 以上的研發資金來源於企業，90% 的專利亦由企業申請。

與此同時，深圳還是最大移民城市之一，擁有敢於冒險的創業家精
神，部分企業在金融危機、新科技發展條件不成熟的情況下，毅然投入創
新研發，加快轉型的腳步，成為催生技術密集型獨角獸企業茁壯的來源，
例如騰訊雲、優必選科技等，在人工智慧、先進製造、精密機器人等科技
研發形成優勢。清華大學啟迪創新研究院、深圳清華大學研究院培訓中心
（2017）研究指出，深圳在上述產業環境氛圍影響下，擁有一批原生的全
球化企業，是深圳邁向國際性創新大城市的直接證據。全球化企業在物、
資、人的流動快速加劇，而其企業經營架構不再是上對下的管理關係，主
要改為以網絡式的全球經營模式為主。

深圳新創企業近年在高新技術領域大量浮出，大批的新創企業被深圳
累積幾十年的產業實力吸引，而紛紛選擇在當地生根，深圳當地完整的產

業供應鏈與國際化背景，也成為新創公司創新創業最有力的後盾，同時先進的生產性服務業也幫助當地企業成長發展。值得一提的是，不同於美國在開放競爭環境所積累的創業文化，中國大陸將創業視為追趕經濟實力的一劑良方，自 2015 年開始推動「大眾創業、萬眾創新」（簡稱「雙創」政策），實施天使投資人賦稅優惠、成立國家創投資金、布建國家雙創示範基地、廣設新創園區等措施。此後，各地方政府紛紛投入「雙創」建設，促使獨角獸企業快速崛起。

　　當中比較活躍的創客空間位於北京、上海、深圳、南京、成都等地，這些創客空間擁有自己固定的活動場所，也有較為穩定的社區成員定期舉辦分享活動。然深圳創客空間的特色是以創客活動與地方生產系統的緊密連結，得益於深圳完善的供應鏈，並且與國內外創新網絡的緊密連結（見圖 4）。謝瑩等人（2015）指出，深圳創客圈在全球創客運動中處於獨特地位的原因為，深圳為全球創客硬體採購的樞紐，聯繫世界各地的創客社區與珠三角龐大的出口加工基地，提供各種規模新產品的訂製加工服務，成為國際創業活動的熱點地區。

　　觀察除了深圳地區的中小製造企業開始轉向與創客合作以外，大型製造企業集團亦逐步正視與創客創業團體的合作。其中尤以深圳灣創業廣場的創業資源最為密集，擁有埃森哲、騰訊等近一千家知名科技企業，引進約 50 家國內外知名創投機構，並入駐矽谷創業者學院等約 50 家知名孵化器及服務機構，驅動強大的創業能量。

　　深圳灣創業廣場為深圳市投資控股有限公司於 2015 年打造的創業街區，憑藉鄰近軟體產業基地、科技生態園及科技企業總部的地理優勢，借助大型企業與孵化機構「合作孵化、聯合投資」模式，先後引入深圳灣超級天使基金、深圳市天使投資引導基金，匯集早期辦公、商業模式建構、團隊融合、媒體資訊、創業培訓，並提供創業者從創業投資、債權融

圖 4：深圳創客圈的全球與本地網絡

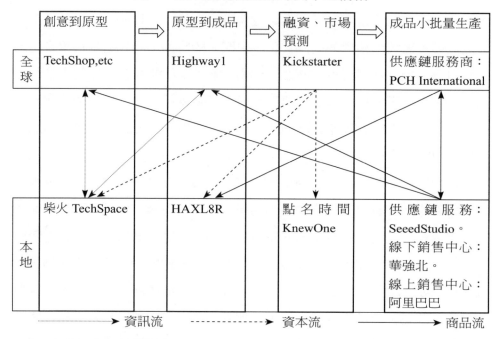

資料來源：謝瑩等人（2015）。

資、證券保險、銀行貸款，到上市輔導等「一站式」多元融資服務，加上與當地中小企業緊密的產業合作，因而營造出完整的創育體系（林彤安，2020）。

大體而言，深圳是在硬體製造的基礎上長期積累，加上政府支持創新研發，逐步整合為上下游產業鏈完整的創客生態圈。珠三角產業升級有賴於創客模式與現有的地方生產系統實現有效連結，深圳創客空間發展進程顯示，透過全球化的知識分享與創業輔導，激發更多的技術創新熱情與企業家精神，成為地方產業升級轉型中最寶貴的人力資本。也因為深厚的硬底子而獲得不少國際合作機會，例如英特爾在深圳投資建置智慧設備創新中心，芬蘭赫爾辛基與深圳合作設立中芬設計園，未來成長潛力看好。

二、實施「三三制」產學合作，突破企業技術創新難題

　　深圳市本身技術力量不強，但當地企業透過與知名學校的研究機構和創業支持機構合作，拓展全球資源。查振祥（2020）研究深圳科技創新產業發展軌跡發現，當地科技企業把技術分為三階段：創新技術、核心技術和尾端技術。深圳科技企業實施「三三制」戰略，針對這三個不同階段的技術，凝聚三大類科技資源，包括國內外合作學校的科研力量、企業自身的研發團隊和周邊合作企業的研發力量。藉由實施這個「三三制」成功解決技術創新管道難題，分述如下：

　　首先，創新技術透過與國內外學校合作解決。通常又可以分為兩種模式：一是建立國際化的全球同步研發體系，以華為的作法最具代表性。華為已在德國、瑞典、美國、印度、俄羅斯、日本、加拿大、土耳其以及中國大陸的深圳、上海、北京、南京、西安、成都、杭州、重慶、武漢等地設立 20 多個研究所或研發中心，36 個聯合創新中心。這些研究所、研發中心或創新中心採用國際化的全球同步研發體系，聚集全球的技術、經驗和人才，進行高科技產品研究開發，使華為公司研發的產品一上市，技術上就與全球同步。

　　華為與國內外學校、研究機構合作方式主要有二：一是創新理論研究，資助有創新研究領域的教授進行基礎研究，透過對研究成果的共享，把握最新創新的資訊，確定華為研發的方向；二是創新應用研究，委託學校師生團隊來研究，成果專利雙方共享，授權華為使用。

　　第二種模式是與國內外學校科研資源互補、共同研究、共享收益。校企合作並非都是單純出錢委託，例如華大基因集團與英國伯明罕大學簽署合作協定，在伯明罕大學校園內建立一個科研與教育中心。該中心藉由華大基因集團在基因組學、代謝組學和生物資訊學等領域內先進的生物科學

技術，進行環境與人類健康等方面的研究，推動生命科學發展。[8]

　　其次，應用性核心技術主要透過打造企業自身技術研發力量解決。應用性核心技術是產業化階段的技術，是生產產品進入市場的技術環節，關係到科技企業的核心競爭力。為了擁有核心技術，且有很強的保密性，深圳企業研發應用性核心技術普遍透過建立企業自身的研發團隊來進行，例如華為全球員工總數 19.4 萬，近一半是研發人員；比亞迪 2019 年年報中披露的總研發人數為 35,788 人。也因為企業將核心技術掌握在自己手裡，因此深圳產生華為、華大基因、騰訊、比亞迪等世界級大企業。

　　最後，周邊技術透過與社會專業技術研發機構合作解決。深圳的科技企業也不可能所有技術問題都由企業自身解決，除了核心技術和重要周邊技術環節外，一般周邊技術如日常產品設計，通常委託社會上專業設計公司解決，特別是產品外觀設計方面。所以深圳市集聚大批工業設計企業，成為設計之都。根據深圳設計聯合會統計，截至 2020 年有七家國家級、57 家省級、83 家市級工業設計中心，各類工業設計機構六千餘家（含製造業企業的設計部門）。[9]

　　以華為為例，位於南山區設計產業園內的深圳浪尖設計集團有限公司每年承接很多華為的設計業務。雖然委託專業設計公司單項設計成本相對較高，但專業設計公司對市場有全面瞭解，能快速找到合適的供應商，提供供應商資源。

8　〈華大基因與英國伯明罕大學宣布建立合作科研與教育中心〉，華大基因，2012 年 8 月 1 日，華大基因與英國伯明罕大學宣布建立合作科研與教育中心——生物通（ebiotrade.com）。

9　〈深圳工業設計四十年〉，藝術與設計，2020 年 12 月 8 日，藝術與設計——深圳工業設計四十年（artdesign.org.cn）。

三、深圳設立產業引導基金，促進創業投資發展

　　「產業引導基金」是中國大陸中央和地方政府為引導民間資金投入高新技術產業發展而創設的產業內融資平台，通常由地市級以上政府主導，聯合金融機構發起成立，大都以股權方式運作，少部分以債權方式投資。[10]

　　一般而言，政府引導基金有三種不同的運作模式：（一）「補償基金＋股權投資」主要用在創業投資發展處於初期階段的地區，可讓社會資本快速投入創業投資領域；（二）「引導基金＋擔保機構」主要用在創業投資發展處於成長階段的地區，可擴大融資規模，加速創業投資發展；（三）透過引導基金作為母基金來吸引社會投資，主要用在創業投資發展處於相對成熟的地區，可發揮引導基金最大作用，促進相關發展。

　　2015 年深圳市政府出資設立深圳市引導基金投資有限公司，2016 年 10 月由深圳市創新投資集團有限公司負責管理，是按市場化方式運作的政策性基金，其宗旨是要發揮市場資源配置和財政資金引導放大等作用，使社會資本投向創新創業、新興產業發展、城市基礎設施建設、民生事業發展等領域。深圳引導基金目標規模為 1,000 億元，重點投資符合國家、廣東省及深圳市產業規劃的戰略性新興產業，包括新一代資訊技術、生物醫療、智慧裝備、節能環保等行業，展現深圳政府引導母基金的產業導向作用。

　　深圳市政府的產業引導基金藉以促進創業投資發展，透過單獨出資、參股或合夥方式，以與其他資本合作發起或單獨發起的形式，並設立或增資各類投資基金，成為「引導基金」的子基金。截至 2019 年 6 月底，深圳市引導基金承諾出資 159 支子基金，其中已簽約 116 支子基金，簽約子基金規模 3,250.11 億元，引導基金承諾出資 1,373.45 億元，實際已出資

10〈政府產業基金操盤實務〉，知乎，2020 年 9 月 17 日，https://zhuanlan.zhihu.com/p/250167595。

505.31 億元，財政資金引導帶動社會資本實現放大 2.37 倍。

　　另方面，2018 年 3 月深圳市人民政府投資發起設立天使投資引導基金（天使母基金），委託深圳市天使投資引導基金管理有限公司 [11] 按市場化方式營運，為戰略性與政策性基金，目標是創建深圳的天使投資生態圈，形成以天使母基金為核心的天使投資基金群。係按「政府引導、市場運作、槓桿放大、促進創新」原則，全力服務深圳「基礎研究＋科技攻關＋成果產業化＋科技金融」的全過程創新生態鏈，為深圳打造國際金融中心、國際風投創投中心和國際科技、產業創新中心提供有力支撐，是深圳市對標國際、補足創業投資資金，支持種子期、初創期企業發展的重大政策舉措。

　　截至 2020 年 6 月，天使母基金已主動接洽創投機構 450 家，實際決策子基金 40 多支，完成實際出資約 20 億元，子基金規模累計近 120 億元，引導約 70 億元社會資本參與早期投資。[12]

伍、打造以深圳為核心的區域創新體系

　　改革開放以來，由於深圳與香港相鄰的區位，使香港成為深圳加工產業的對外出口中繼站，而香港製造業的外移亦形成深圳發展初期的產業架構體系，其後逐漸演變為深港的垂直分工合作現象。

　　尤其在 CEPA 開始分段逐步生效、泛珠三角區域合作協議的推展以及泛珠三角經濟區的出現，以及深港「1+8」、「1+6」合作協議的簽署等政策助推下，深圳與香港在經濟、文化、人才流動有更深入的往來，由基礎設施建設以及城市功能發展等面向來做進一步的合作；而香港的資金與企

---

11 2017 年 11 月由深圳市投資控股有限公司與深圳市創新投資集團有限公司聯合設立。
12 〈深圳天使母基金助推創新創業〉，人民網，2020 年 6 月 15 日，http://sz.people.com.cn/BIG5/n2/2020/0615/c202846-34088079.html。

業亦順勢進入深圳，由最初的輕工業到重工業，甚至是生產性服務業的發展，在深圳的產業發展過程中，皆能見到香港的影子，而香港也成為深圳產業創新的重要支柱之一。

一、扶持深圳角色超越香港

　　值得注意的是，歷經 2019 年香港反送中情勢後，中國大陸公布支持深圳建設中國特色社會主義先行示範區，時機敏感引起外界猜想。此意味著，深圳的發展轉型超越以往的「沿海開放城市」、「保稅區」與「自貿試驗區」等經濟和貿易制度變革功能，其所建設的「先行示範區」對應的是「中國特色社會主義」政治或制度架構，顯然是比經濟特區更高階的政策扶持。

　　而在此時點升格深圳的政治地位，反映出中國大陸政府在長期政策規劃中做出重大調整。結合《粵港澳大灣區發展規劃綱要》來看，在這份文件中，將香港定位為國際金融、航運、貿易中心和國際航空樞紐，並需大力發展創新及科技事業，培育新興產業；而深圳的目標則是成為具世界影響力的創新創意之都，顯見香港和深圳的分工清晰，強調互補。不僅如此，這份文件中提及香港 102 次，澳門 90 次，廣州 41 次，深圳 39 次，反映出中國大陸中央政府規劃大灣區發展時，可謂相當倚賴香港的作用。

　　另，再細看中共中央、國務院 2019 年 8 月所發布《關於支持深圳建設中國特色社會主義先行示範區的意見》，中國大陸政府準備擴大深圳的金融開放度，具體呈現在：（一）支援在深圳進行數位貨幣研究與移動支付等創新應用；（二）促進與港澳金融市場互聯互通和金融產品（基金）互認；（三）推進人民幣國際化先行先試，支持深圳試點深化外匯管理改革；（四）推動更多國際組織和機構落戶深圳。上述措施探索除香港以外的人

民幣國際化金融中心和新制度，特別是要提升深圳與香港金融領域的競爭程度，或展露出中共中央有以深圳替代香港重要經濟功能的意圖。[13]

而從粵港澳大灣區的發展角度來看，《意見》在指導思想中提出深圳「抓住粵港澳大灣區建設重要機遇，增強核心引擎功能」，而不是廣州或香港。這將有利於深圳契合《粵港澳大灣區發展規劃綱要》提出建設「具有全球影響力的國際科技創新中心」，形成由深圳為主導的創新基地。

二、便捷創新要素跨境流動

具體而言，深圳在粵港澳大灣區的作用，一方面對外要不斷提升對港澳開放水準，加快深港科技創新合作區建設，促進人員、資金、技術和資訊等要素高效便捷流動；另一方面對內要推進深莞惠聯動發展，促進珠江口東西兩岸融合互動，探索推廣深汕特別合作區管理體制機制。此外，深圳要加快建設智慧城市，建設成為粵港澳大灣區大數據中心。

粵港澳大灣區成功的關鍵，在於能否打破行政阻隔，使人員、資本、貨物、數據等創新要素達到跨區、跨境便捷流動。這就需要創新體制機制，推動中國大陸與港澳在規則、制度、法律等方面的對接。從《意見》來看，目前在人員流動方面較有進展，係為配合創新驅動發展戰略，《意見》在人才上，支持深圳實施更加開放便利的境外人才引進和出入境管理制度，允許取得永久居留資格的國際人才在深圳創辦科技型企業、擔任科研機構法人代表。此外，港澳居民也能享有「市民待遇」，這其實是鼓勵在大灣區內部，為港澳人才與深圳戶籍同等待遇，單方面向港澳人才開放。

13〈中共中央提深圳新定位　準備取代香港〉，《香港經濟日報》，2019 年 8 月 19 日，http://economics.dwnews.com/big5/news/2019-08-18/60145720.html。

三、以高交會為成果交易的平台

自 1999 年開始，深圳即每年舉辦「中國國際高新技術成果交易會」（簡稱高交會），展示每年的科技成果。高交會為深圳眾多創新型企業提供成長的沃土，其將技術成果、科技產品展示與交易結合，促使科技成果可以透過這樣的交易會，快速地進入生產環節。這樣的制度設計，是讓技術成果交易與風險投資結合，使投資商可以在高交會當中直接參與投資，這對高科技產業的發展具有非常重要的貢獻。高交會是深圳高科技產業發展的重要平台，促成技術的創新與企業的投資。

陸、結語

整體而言，深圳乃至全中國大陸的創新發展來自於本土與跨國企業的互相融合影響以及根植性的作用；同時，技術的進步亦使得深圳在全球生產鏈的地位以及區域資源配置上發生改變。自從山寨產業逐漸沒落後，創新創業成為深圳新一波的發展浪潮，「雙創」已成為深圳在中國大陸「新常態」經濟模式下的新方向。本文主要探討深圳產業經濟的階段轉型軌跡，認為有其獨有的相關優勢條件，並總結深圳經濟轉型三方面的亮點：

首先，深圳經濟為階段式轉型，從加工、製造、創造到創新，而其所具備獨有的經濟轉型優勢條件，部分是既有的利基，亦有政策成功累積的。一方面，憑藉先天條件，即地緣關係，深圳比鄰香港，儘管國際化不如香港，但受益於內地相對寬鬆的監管和鼓勵科技創新，吸引外資及引進技術。另一方面，深圳政府藉由制度安排，引導並加速各階段的產業創新發展。例如，深圳在 1992 年首創在國際市場直接融資，其後率先嘗試市場化併購，並開通深交所，不僅活絡資本市場，亦強化企業經營體質提升競爭力。

　　其次，在深圳產業創新轉型作為方面，深圳的轉型亮點在於以企業為主體的研發創新模式。多家關鍵企業（anchor companies）包括華為、騰訊、富士康、中國招商銀行的總部均設在深圳，聚焦市場需求，提前布局新興產業，更促進了創投業的蓬勃發展。此外，實施「三三制」產學合作，強化地方生產系統與全球生產網絡的連結，並設立產業引導基金，促進創業投資發展等，對地方產業聚落的創新能力積累與轉型升級具有重要影響。

　　最後，藉由扶持深圳角色超越香港、便捷創新要素跨境流動，以及以高交會為成果交易的平台等方式，打造以深圳為核心的區域創新體系。反映出中國大陸將總結深圳的成功模式，繼而複製和擴散出去，尤其擴及其他周邊城市，如粵港澳大灣區城市。然而難以預期所有中國其他城市都能複製深圳模式，主要其他地方的產業與資源優勢有別，可借鏡之處也有所不同。

　　綜上所述，深圳發展科技創新城市的成就，主要取決於其創新生態系統建設。因此，觀察近年來深圳面向全球引進優勢科教資源、吸引全球高端人才；同時，超常規布局建設新型研發機構、創新載體和孵化載體，培育本土創新型企業，逐步形成創新、創業、創投、創客「四創聯動」的發展趨勢。尤其是新型研發機構和兩類載體的建設，有效加快各類創新資源的集聚和融通，這也使它們成為深圳創新生態系統的重要組成部分。

　　值得注意的是，雖然深圳科創政策內容涵蓋廣泛，但未來創新鏈能否再突破？加上在美中科技和產業脫鉤風險上升的背景下，深圳要如何能夠打造同美國、日本及世界各國創新體系緊緊掛鉤，推動全方位國際科技創新和國際合作的創新環境，均影響中國大陸自主創新未來的發展。

參考文獻

一、中文文獻

何欣茹，2010，〈深圳高科技產業的回顧與前瞻〉，《大陸台商簡訊》，216。

呂煒，2004，〈轉軌時期的經濟增長原理——基於轉軌實踐、中國的樣本和經濟史的研究〉，《經濟社會體制比較》，3：1-21。

林彤安，2020，〈投資風口 解析中國創業城市之創育體系〉，《亞洲政經瞭望》，43（7）：95-101。

查振祥，2020，〈深圳科技創新產業發展道路研究〉，《特區實踐與理論》，3：78-87。

胡彩梅、郭萬達，2015，〈深圳轉型升級和創新驅動：分析與借鑒〉，《開放導報》，5：23-28。

徐現祥、王賢彬、高元驊，2011，〈中國區域發展的政治經濟學〉，《世界經濟文匯》，1（3）：26-58。

袁義才，2020，〈深圳經濟特區四十年發展的階段性特徵與經驗〉，《特區實踐與理論》，6：33-42。

深圳市統計局，2020，《深圳統計年鑒 2020》，北京：中國統計出版社。

清華大學啟迪創新研究院、深圳清華大學研究院培訓中心，2017，《深圳城市創新發展經驗、問題與對策研究》，下載自：http://stic.sz.gov.cn/kjfw/rkx/rkxcgsjk/201711/P020171101390022126826.pdf。

德勤研究機構，2019，《2019 深圳高科技高成長 20 強報告》，下載自：https://www2.deloitte.com/cn/zh/pages/about-deloitte/articles/pr-tech-fast-20-shenzhen-2019-results.html。

謝瑩、童昕、蔡一帆，2015，〈製造業創新與轉型：深圳創客空間調查〉，《科技進步與對策》，32（2）：59-65。

二、英文文獻

Yang, Chun. 2014. "State-led Technological Innovation of Domestic Firms in Shenzhen, China: Evidence from Liquid Crystal Display (LCD) Industry." *Cities*, 38: 1-10.

跨界治理與發展挑戰

跨界治理策略、機遇與挑戰：
粵港澳大灣區發展案例[*]

陳德昇

（政治大學國際關係研究中心研究員）

摘要

　　隨著全球化和灣區經濟發展盛行，灣區發展模式造就美、日成功發展案例。舊金山灣區以科技著稱，紐約灣區金融為強項；東京灣區則以製造和金融聞名。中國大陸「粵港澳大灣區」，期兼具科技創新、製造與金融目標，績效仍待評估。

　　粵港澳大灣區發展是一典型跨界治理案例。首先，運作涉及「一個國家、兩種制度、三個獨立關稅區」，具有垂直領導功能性，有助執行效率提升，但亦衍生制度摩擦和法治矛盾；第二，廣東省與港澳特區政府行政層級，以及地方政府水平協調功能具局限性；第三，大灣區區域經濟整合「外溢效果」成效不彰。

　　粵港澳大灣區跨界治理成效與政治體制具顯著相關性。區域經濟整合與綜效提升雖是核心目標，但是體制、法制、功能、認知與融合協作，則面臨實質挑戰。跨界治理須強化法治落實、柔性治理、信任建構、社會對話與協作能力提升，但現階段中共強化對港國安管控與鎮壓，顯不利跨界治理運作。

關鍵詞：粵港澳大灣區、跨界治理、一國兩制、區域經濟整合

---

* 本文為科技部研究計畫跨界治理策略、機遇與挑戰：粵港澳大灣區發展案例（108-2410-H-004-173-MY2）之研究成果。感謝多位匿名審查與編輯委員提供寶貴修改意見。

壹、前言

2017 年 3 月中共召開十二屆「全國人大」五次會議，國務院總理李克強提出：要推動中國內地與香港、澳門特區的深化合作，研究和制定粵港澳大灣區發展規劃，以香港和澳門的獨特優勢，提升中國的經濟發展（中華人民共和國國務院新聞辦公室，2017）。2017 年 7 月 1 日，在訪港的習近平總書記見證下，國家發展和改革委員會與粵港澳三地政府簽署《深化粵港澳合作推進大灣區建設框架協議》（新華網，2017）。及至 2018 年 8 月 15 日，國務院副總理韓正召開「粵港澳大灣區建設領導小組」會議，由韓正任組長，廣東省委書記與香港、澳門特首為小組成員（中華人民共和國中央人民政府網站，2018）。顯示中共已次第開展粵港澳大灣區建設進程。

由於粵港澳大灣區發展，被視為繼美國紐約灣區、舊金山灣區與日本東京灣區後第四大灣區規劃和建設，備受矚目。儘管中國大陸經濟維持強勁成長，粵港澳大灣區經濟整合亦展現企圖心，但粵港澳三地區涉及體制差異磨合，以及跨界治理運作機制之建構與實踐，將攸關此一地區發展成效，值得關注。

本文採「跨界治理」（cross border governance）觀點，針對粵港澳大灣區建設與運作，探討其策略與面臨之機遇和挑戰。

貳、治理、跨界治理與三大面向

就治理的概念而言，它是相對於傳統政府科層式（hierarchy）的統治和市場（market）競爭式的管理模式。治理的探討著重政府制定和執行政策的能力，亦即政府領控（steer）社會的能力（謝宗學、劉坤億、陳衍宏譯，

2002：2）。尤其是當地方主義（localism）興起，非營利組織、社群團體的發展及全球化浪潮下，無論是公部門、私部門或第三部門，都是治理網絡的參與者（李長晏，2012：51）。在此系統中，沒有一個參與者具有主導或絕對權威，彼此皆涉及權力如何行使，誰具有影響力，誰具有決策權，以及決策者如何負責的過程。因此，治理發生在不同的管理層次。更重要的是，在治理過程中，由於問題和領域的不同，牽涉多個主體，國家、私人部門與公民社會，皆是關注之議題。在治理框架中，治理主體、關係、機制、手段和技術，以及治理能力等要素，皆有助分析和理解地方政府之運作（楊雪冬，2018：4-5）。

在地方行政區域內，通常僅有單一自治團體主管機關掌理本地區與社會經濟諸多事務，但伴隨社會多元與變遷，地方部門逐漸面臨許多跨區域、跨領域及跨部門的橫跨性議題（cross-cutting issues）。這些議題影響的範圍超越原有區域疆界，進而使得原有行政管理模式與形塑重組。此一趨勢亦導致地方區域內必須打破本位主義，掌控地盤的思想藩籬，跨界同心協力解決問題（謝宗學、劉坤億、陳衍宏譯，2002：46）。因此，跨界治理運作的能力和技巧便有其必要性和重要性。

跨界治理可透過政策網絡（policy network）、新管理體制（new managerial regime）和協力關係（collaboration）三種理論分析。

政策網絡理論是以政策社群（policy community）和議題網絡（issue network）兩主軸作為論述基礎，進而指出政府機關與各種不同的政策社群，對於某些特定的政策議題，形成不同政策領域（domains）間的互動關係（林水波、李長晏，2005：8-9）。英國學者 R. A. W. Rhodes 認為，網絡存在制式化設定的公部門與私部門參與者的互動關係中，本質是非正式組織。參與者間所同意的規則是建立在信任、溝通、降低不確定性，以及非科層協議的基礎上（Pierre, 2000: 63）。此外，透過不同組織納入跨界

治理互動機制，針對公共議題共同提供一套彼此能接受的遊戲規則，並在政策網絡的場域（arena）中討論各自意見並交換所需資源，形成共同目標（謝宗學、劉坤億、陳衍宏譯，2002：11）。

由於組織的複雜性與分散性，限制了國家機關的權力和控制能力，同時為回應社會變遷和衝突所需，於是形成管理體制理論的系絡。在此系絡中，任何組織均無法在一個廣泛的活動中，展現其強勢的控制作用，反而需與其他行動者，取得一種合作關係，以成就彼此的利益（謝宗學、劉坤億、陳衍宏譯，2002：12）。換言之，新管理體制是指各行動者之間參與協調、合作而展現的權力關係。這種權力關係目的在於社會生產（social production），而非社會控制（social control）（Stone, 1993: 1-28）。事實上，該管理體制乃在賦予參與者更多的活動與能力，爭取合作，以達成政策目標。其有兩面向值得關注。一是體制要呈現行動者之間權力分享（sharing power），建構夥伴（partnerships）關係；二是強調權力被賦予（power to），中央政府應少攬權，多賦予地方政府權能（empower），使其在跨界治理運作，成為具有自我課責的治理體系（謝宗學、劉坤億、陳衍宏譯，2002：13-14）。

在協力關係方面，由於現今公共議題多涉及相當廣泛的層面，棘手複雜而不易處理，須跨越不同部門。加上傳統的科層體制或市場模式的治理機制，因其局限性而發生「政府失靈」或「市場失靈」（market failure），因而「協力」的形式便在此系統中應運而生。事實上，協力關係是解決公共議題並創造公共價值的方式（謝宗學、劉坤億、陳衍宏譯，2002：15）。此外，Sullivan 和 Skelcher（2002: 35-36）對協力形成的原因、形式及影響因素提出看法。他們指出：協力發生的原因，在於政策與組織系絡發展出必需性與驅動力和關鍵行動者的渴望；協力運轉的達成是制度性關係;影響協力能力與執行因素包括:專業的、組織的，以及個別的資源。

而維持與管理協力行動的關係是，經由傳統上統治、管理及監督公共服務的過程組合而成。此外，以共識為導向（consensus-driven）的對話乃是協力關係的驅動基礎（謝宗學、劉坤億、陳衍宏譯，2002：16），期能使多元組織、意見與利益透過對話、協調與整合實現公共政策目標。

　　跨界治理是一種制度安排，也是一種工具選擇。在制度安排上，跨界治理主要受協力治理（collaborative governance）、領域治理（territorial governance），以及參與治理（participatory governance）三種治理趨勢之影響（Sterling, 2005: 141-147）。在此趨勢影響下，經濟關係備受重視因而促成合作制度安排。此外，跨域治理的運作工具則可由：（一）空間（space）夥伴關係，主要是基於相近的空間位置，具有相同機會和威脅，透過跨界治理形成空間夥伴關係；（二）部門（section）協力關係，亦是組織協力關係，協力是一種持久且為成員共同深信的關係，以實現共同任務；（三）功能（function）業務協調，有別於單一政府科層體制劃分，區域間功能需求，依多元、跨界安排與職能需求進行整合、協調。因此，跨界治理可界定為：兩個或兩個以上鄰近的地方政府，基於共同利益或危機，在互惠的原則下，藉由空間夥伴，區內協力或功能協調以達成共同目標，並提升或維持個別競爭優勢的夥伴組織（謝宗學、劉坤億、陳衍宏譯，2002：48）。

　　全球城市跨界治理方面，歐美先進國家已累積相當豐富之經驗，主要包括：（一）因地制宜採取多樣化跨界治理模式和方法；不同區域發展階段和文化差異，其所面臨的問題和解決過程不同；（二）科學合理劃分各級政府內的職能。一般認為，對空氣、水和大氣汙染，垃圾處理歸大城市管理，地方性事務規劃由基層政府來履行；（三）開展務實性跨界區域規劃，是實現區域發展政策目標的重要手段；（四）上級政府適度合理干預，是跨界治理有效性的重要保障；（五）稅收共享與財政公平是跨界

治理有序化的有利工具。在全球城市區域內部推行財政區域主義（fiscal regionalism）（Miller, 2002），期能挹注必要之資源，並實現雙贏、稅基共享與和平共存。

在全球城市跨界治理演變趨勢則有下列類型：（一）集中化，由權力運行過程，實現自上而下，垂直管理的集中化治理，仍然是全球城市跨界治理基本趨勢；（二）離散化，即積極發展郊區，維持多中心政府體系的獨立性；（三）跨界協作。在維持現有體制下，全方位開展跨行政區各類橫向協作，是全球城市跨界治理基本方向和趨勢；（四）公共服務產業化。亦即透過有效的各類制度安排，為解決好全球城市內不同地區之基礎建設、環境治理、醫療衛生等公共服務差距的問題。跨界治理即是根據不同公共服務和進行發展跨界配置、專業化生產、產業化運作的制度創新和支持過程（陶希東，2014：145-167）。

明顯的，跨界治理不僅涉及地區與領域，垂直和水平互動及協作，更關涉不同利益的運作和驅動。在跨界治理運作中，利益衝突或無利可圖固難協調，但建構共同利益，或補償和替換協作，則有操作空間。因此，跨界治理雖具複雜性與挑戰性，但行動主體若能善用工具、技巧和籌碼，則有助發揮區域經濟整合與外溢效果（spillover effect）提升之效應。

參、相關文獻與研究重點

有關「粵港澳大灣區」之研究，目前學術成果尚有限，不過部分政策報告與相關文獻仍有助梳理主題之深入探討。

鄭永年（2017a、2017b）提出「環珠江口灣區」政策報告，「環珠江口灣區」覆蓋範圍即是「粵港澳大灣區」，其要點包括：（一）廣東是灣區的中心，不僅是經濟概念，還要承擔體制創新和區域整合重任；（二）

灣區各城市結構升級應有不同側重，不著重核心城市概念，而應著力於城市間的協調合作。中央扮演頂層設計角色；地方依據市場驅動落實；（三）促成區域內部互惠互利。包括政府及壟斷行業向市場讓渡空間、法治環境供給和改善，以及社會層面的福利和安養措施提供；（四）轉型期的廣東製造業和深化香港服務業合作形成互補關係；（五）看待灣區不僅通過經濟制度安排，而是通過社會層面的制度安排來促進國家整合。其中深度融合就是要社會層面互動，要在社會性福利、就業、住房的利益問題著力；（六）粵港澳灣區概念不僅是一個城市群的規劃，以及互聯互通和經濟整合，更是一個開放的平台。

郭萬達（2017）在〈粵港澳大灣區建設中的深圳定位〉政策報告中提出下列觀點：（一）深圳應踐行開放、協調、創新、綠色、共享的新發展理念定位，主動融入、對接大灣區，促進大灣區其他城市更緊密的融合發展；（二）灣區要在「一國兩制」的架構下探尋包括人流、物流、資金流和生產要素實現自由流動的路徑方法和制度安排；（三）未來深圳將成為深莞惠、珠中江和廣佛肇三大城市群主要連接點，尤其是珠江口兩岸交通基礎設施改變，將使深圳在區域協調發展中發揮更重要作用，並獲得更大市場和腹地；（四）灣區內欲實現協調發展，要摒棄長期以來存在的「龍頭之爭」思維模式；（五）促成區內「利益共同體」，深圳和廣州處理好功能分工關係，共建廣深科技走廊，落實深港澳合作，共建港深都市區；推動深莞惠一體化發展等。

樊綱（2018: 25-28）在〈以「雙轉型」引領粵港澳大灣區發展〉文獻中提出：（一）要實現粵港澳大灣區的發展願景，需要推動「雙轉型」，即單一城市向城市群轉型；金融中心「金融＋科技」中心轉型。因此，「雙轉型」是建設粵港澳大灣區的主導路徑，也是發展的核心動力；（二）在單一城市向城市群轉型過程中，都市群不僅是單一城市的依託，更是國家、

區域和城市競爭力提升的重要平台和手段。因此，都會區交通基礎設施硬體支撐，以及要素資源配置市場化作為發展動力；（三）金融中心向「金融＋科技」中心轉型是城市發展動力轉型。創新科技促成經濟發展和成長，是社會的「穩定器」，大都市則是發展創新科技的沃土。

李曉惠（2018: 3-18）主編之「粵港澳大灣區與香港」文獻中則由「一國兩制」實踐，共建城市群的戰略意義、協同發展，以及比較優勢分析灣區建設。其要點包括：（一）「一國兩制」前提概念下，其思路是粵港澳灣區建設與「一國兩制」緊密相連，因其政策是在「一國兩制」方略下思考和布署大灣區建設；（二）體制差異與合作挑戰，大灣區經濟必須實現「四流」——人流、物流、資金流和資訊流等要素自由流通，但不同制度下，有不同關稅區，有邊境管制，「四流」仍受不同限制，且港澳居民的國民待遇也未得到妥善解決，故灣區運作成也「一國兩制」，敗也「一國兩制」；（三）解決「中心之爭」，亦即廣州、深圳和香港「誰是中心」、「誰做龍頭」之爭，港深（香港、深圳）為中心、廣佛（廣州、佛山）為「副中心」、澳珠（澳門、珠海）為「次副中心」；（四）解決港人「國民待遇」，制度的區隔不僅造成生活不便，也阻塞香港人融入「國家發展大局」的渠道，並且在主觀上影響香港人的本土意識和身分認同；（五）設立中央統籌協調機制，粵港澳灣區內制度差異，以及地方難以協調事務，透過中央權威與協作，落實制度創新。

李建平（2017: 53-59）〈粵港澳大灣區協作治理機制與展望〉中，引用粵港澳三地協作治理，其要點包括：（一）區域治理是其經濟、政治、文化和自然因素相結合在一起，非政府組織及對區域之公共事務協調之治理過程；（二）粵港澳大灣區「跨制度」、「嚴通關」特徵，以及經濟體制、法律與政治差異，粵港澳灣區的定義與協作治理，其協作主體包括中央政府及相關部委，香港、澳門特區政府，以及廣東省政府和九個地級城市；

（三）協作治理以供水保障案例，實現向經濟灣區貿易合作、環境治理等多領域的拓展，搭建頂層設計，以合作聯席會議，專責小組為基礎的協作治理機制，推動三地融合發展；（四）在政策建議加強區域統籌規劃，建構「四方協議＋大灣區發展合作委員會＋聯席會議＋專項合作」協作機制，實現灣區法治框架。

劉雲剛、侯璐璐、許志樺（2018: 7-25）在〈粵港澳大灣區跨境區域協調：現狀、問題與展望〉文章，指陳此區域特色為「一國兩制三區」，不同於長三角和京津冀屬於內陸地區之區域整合，其優勢與跨界挑戰包括：（一）多元體制互補優勢，促進珠三角經濟社會快速發展；（二）由於行政與地理跨界衍生跨境交通協調、人員和訊息交流，以及產業合作等議題，涉及法律、經濟與行政不同面向；（三）跨界內涵包括：港澳和廣東省各區域、各市間、不同條塊間的協調；（四）跨境合作規劃，相關政策建議：設立雙層協調機制，並下放部分中央政府權限；跨境區和基礎設施共建共管；進行服務標準和管理對接；推行跨域行政，推動粵港澳跨境三小時生活圈的形成。

楊允中、柳智毅（2017）〈粵港澳大灣區建設與澳門發展策略〉文獻中指出，粵澳合作的功能與問題，主要體現在下列內涵：（一）粵澳發展取得實質性進展和協議簽署，主要在粵澳兩地實現服務貿易自由化，且在會展、金融、旅遊、文創合作，以及共同參與橫琴島開發，基礎設施和通關便利與社會民生市務合作；（二）粵澳合作也有其運作問題與挑戰，主要問題是：部分粵澳合作共識在落實中變形走樣；CEPA「大門」漸開，「小門」關閉；橫琴島開發與中央初心存在一定落差；澳門企業進入廣東門檻仍然較高，澳門服務業在廣東省發展未如預期。

上述文獻多著力於粵港澳大灣區建設、發展，以及其所面臨之挑戰，部分內容也涉及跨界治理內涵，以及政經互動效果之論述。本文主要引用

治理與跨界治理概念，探討三層次跨界治理策略運作（參見圖1），亦即在（一）中央層級垂直領導之跨界決策運作；（二）廣東省與二特區政府，以及廣東省內地級市互動運作機制；（三）灣區經濟發展衍生之政治、社會外溢效果與運作成效，期能觀察不同體制運作下跨界治理之效應和影響。

圖1：粵港澳大灣區跨界治理關係圖

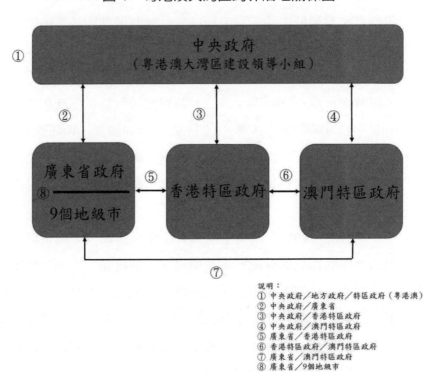

說明：
① 中央政府／地方政府／特區政府（粵港澳）
② 中央政府／廣東省
③ 中央政府／香港特區政府
④ 中央政府／澳門特區政府
⑤ 廣東省／香港特區政府
⑥ 香港特區政府／澳門特區政府
⑦ 廣東省／澳門特區政府
⑧ 廣東省／9個地級市

資料來源：作者自繪。

肆、灣區發展背景、運作和跨界治理三面向

　　位處中國大陸華南之粵港澳大灣區，是由香港、澳門、廣州、深圳、珠海、佛山、中山、東莞、肇慶、惠州和江門組成的城市群（即 2 ＋ 9，參見圖 2）。該地區不同城市存在位階、屬性與特點差異，亦即香港與澳門為兩個特別行政區，以及廣東省轄下經濟發展條件較具優勢與區位較佳的城市。其中廣州是省會城市（副省級），深圳（副省級，計劃單列市）與珠海（地級市）為經濟特區，佛山則是近年崛起，國民生產總值（GDP）位居深圳、廣州之後列第三；東莞則是台商聚居的重點城市。根據統計資料顯示，該地區總面積 5.6 萬平方公里，2017 年末約七千萬人，是中國大陸開發程度較高、經濟活力最強的區域之一（新華社，2019）。

圖 2：粵港澳大灣區位置圖

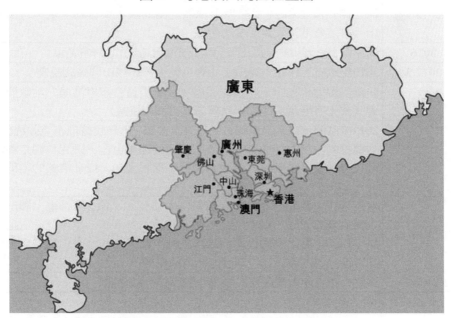

資料來源：引用自香港貿發局經貿研究（2019）〈粵港澳大灣區〉。

　　有關粵港澳大灣區的概念規劃和設想，是漸進實現的。事實上，在
1990 年代即有相關議題討論（參見表 1），另根據國家發改委承辦官員陳
述，粵港澳大灣區發展與命名之背景如下：

表 1：粵港澳大灣區概念由來與規劃大事年表

年別／月	主要發展歷程
1998～2000	吳家瑋：「香港灣區」（也稱「深港灣區」）概念提出。
2007	「港深大都會」。
2008	《珠三角規劃綱要》：「城市群」、「大都市圈」。
2009～2010	2009《大珠三角城鎮群協調發展規劃研究》：「一海三區」； 2010《環珠三角宜居灣區建設重點行動計劃》。
2010～2011	2010《粵港合作框架協議》：「世界級城市群」； 2011《粵港合作框架協議》：「世界級新經濟區域」。
2011	國家「十二五規劃」：「世界級城市群」。
2014	深圳市政府提出：「灣區經濟」。
2015/3	中國大陸國家發展改革委、外交部、商務部聯合發布「推動共建絲綢之路經濟帶和 21 世紀海上絲綢之路的願景與行動」中，首度提出「打造粵港澳大灣區」之想法。
2016	國家「十三五規劃」提出：「粵港澳大灣區」、「跨省區重大平台」。
2017/3	國務院政府工作報告提出：「粵港澳大灣區城市群發展規劃」。
2017/7/1	訪港的習近平見證下，國家發展和改革委員會與粵港澳三地政府簽署《深化粵港澳合作推進大灣區建設框架協議》。
2017/3	2017 年 3 月十二屆「全國人大」五次會議，國務院總理李克強提出：「要推動中國內地與香港、澳門特區的深化合作，研究和制定粵港澳大灣區發展規劃，以香港和澳門的獨特優勢，提升中國的經濟發展。」
2017/10/18	習近平在中共「十九大」政治報告中強調：「要支持香港、澳門融入國家發展大局，以粵港澳大灣區建設、粵港澳合作、泛珠三角區域合作為重點，全面推進內地同香港、澳門互利合作，制定完善便利香港、澳門居民在內地發展的政策措施。」
2018/8/15	召開「粵港澳大灣區建設領導小組」第一次會議。

資料來源：作者研究整理。

當時在我們編制國家第十三個五年規劃綱要時，深圳當時的市長許勤和副市長唐傑先生到國家發改委，在我辦公室針對此問題進行討論，當時許市長提出要在十三五規劃綱要裡推動灣區經濟的發展，要把它作為一個重要的話題。我記得當時許市長提出的還不是這麼一個宏大的粵港澳大灣區的概念，他更關注的是深圳版本灣區經濟的發展。後來我對許市長說：「如果要把灣區經濟作為一個國家戰略提出來，深圳灣太小，我們必須把眼光、格局放得更大一點，從深圳灣拓展到粵港澳大灣區。」所以這個概念的提出實際上是在十三五規劃綱要編製過程中，在上下左右廣泛徵求意見的過程中形成的這麼一個概念，後來經過深入的論證，最後成為了國家的戰略。[1]

現階段指導粵港澳大灣區發展之綱領文件，原擬於 2018 年「全國人大」會議後提出。其後則因中美貿易戰持續升溫，加之過於具企圖心之戰略執行方案可能引發歐美疑慮，並擔心美國對香港金融中心獨立關稅區採取懲罰措施（黃煒軒，2019：88-89），直至中美貿易戰漸緩和，中共於 2019 年 2 月 18 日始公布「粵港澳大灣區發展規劃綱要」，全文共分 11 章 41 節，涉及指導思想、基本原則、戰略定位、發展目標與規劃實施要項（楊允中、柳智毅，2017）。

由跨界治理運作來觀察，透過三大層面檢視粵港澳大灣區發展與運作：

一、跨界治理：垂直領導與協作優勢和挑戰

在中共現階段專政體制與政策「左傾」取向下，相較於香港政治體制雖不具民主內涵，但在長期實踐自由與法治運作下，勢必呈現日益擴大之

---

1 引用廣東肇慶舉辦「粵港澳大灣區研討會」，國家發改委官員發言紀錄。

「體制落差」（institutional gap）。其中中共強化「一國」主權核心利益，雙方在制度、法律規章、法治尊嚴、規範，尤其是法律作為社會公器，而非統治者工具之認知存在實質分野。這便在區域整合中存在調適、磨合、衝突與挑戰。儘管如此垂直領導之機制有利貫徹中共領導人之意志和決心，維護主權和領土完整和最終實現「一國一制」順利過渡則是其終極目標。

中共中央為處理港澳事務於 1978 年 8 月 12 日即成立「中央港澳工作協調小組」，其功能主要針對港澳議題的重大事項由中央領導拍板決策。不過，在中共專制體制下，最高決策始終由具最高權力支配者領導。例如，1980 年代鄧小平雖無港澳實際職位，但涉及港澳議題之高層決策仍由其所掌控。1982 年 9 月鄧小平會見英國首相柴契爾夫人表達主權問題堅定立場（鄧小平，1993：12-15）；1984 年 4 月批評耿飆香港駐軍議題（傅高義著，馮克利譯，2012：671）即是案例。此外，中共處理港澳事務的權責事務單位是國務院「港澳辦公室」，並於港澳地區設有「中聯辦」（「中華人民共和國政府駐香港、澳門特別行政區聯絡辦公室機構」簡稱）。儘管中共垂直領導體現堅定的主權與管控意志，但在實務運作中，港澳形勢訊息傳導卻可能出現「報喜不報憂」、「欺上瞞下」、「弄虛作假」、「隱瞞與掩蓋真相」，以及「依上級領導偏好提供扭曲信息」；政策部門亦缺乏對貧富懸殊社會經濟挑戰與青年議題積極有效應對，終導致決策失誤與應變困局。其中既反映官僚體制的作風，亦是專政體質運作之特質，顯示中共專政領導之決策缺失與流弊。

中共政治專政體制跨層級垂直領導，是其政令貫徹與政治操控的主要策略與方法，也是中共保證「一國兩制」實踐之作為，但是政策執行之偏差、制度落差產生之摩擦、信任基礎脆弱、長期忽視社經失衡，以及年輕世代失望升高之挫折，皆是中共治港政策之重大挑戰。換言之，在威權與

垂直領導的體系運作下，特區政府、特首與「中聯辦」雖能履行一般性之政策任務，但對香港社經結構變遷與矛盾是否如實回報中央決策部門？「一國兩制」固然須體現一國之本質，但是其尚未完成政治整合前，香港法治與人權不斷被侵蝕，且過早的引入「一國」體制負面作為，皆引發信任危機。此外，政策利基偏好企業與菁英階層，造成貧富差距更惡化與政策失望終難挽民心，此皆顯示威權與垂直領導之跨界運作機制決策粗糙，欠缺治理與回應能力，亦對制度銜接衍生議題之敏感性評估不足，終導致政治抗爭運動難以收拾（吳中傑，2019：52-59）。

香港作為世界金融中心，最引以為傲的是它的法治與自由精神，但銅鑼灣書店負責人被失蹤（端傳媒端聞組、香港組，2016）、居住香港富商蕭建華被陸方強制押返赴陸事件（看中國，2019），以及英國駐香港領事館雇員鄭文傑遭關押酷刑認罪（邱立玲，2019），皆引致港人更深重的信任危機，終使「反送中事件」（亦稱「逃犯條例」）惡化為重大政治抗爭挑戰。美國商會即曾表示：

> 香港三名資深法官公開宣布他們對《逃犯條例》「深感不安」（deeply disturbed），政府將如何確保香港的法治不會受到損害？根據媒體報導，中國政府可以要求凍結被認為是中國內地逃犯的人的資產。對此可否提供更多細節，確保香港商業信心不會受到衝擊？香港保安局局長李家超強調，這些修正案不針對言論自由的逃犯，並受到《基本法》和香港法律保障。可否解釋一下他們在技術上如何得到保障？（黃煒軒，2019：90）

2019 年 8 月，英國駐港領事館職員鄭文傑赴深圳返港途中遭中共當局拘留 15 日。鄭被釋放後於臉書發表聲明：

我否認當局對我的任意指控，他們手上所有證據都是透過非法程序獲得的，包括使用酷刑、威脅和強迫。我不會尋求司法救濟，因為我對黑暗的中國司法系統沒有信心和信任，尤其是在如此可怕的經歷之後。我之所以大聲疾呼，是因為此案有助了解中國大陸司法程序的缺陷，符合公共利益，但我也盡力保護個人隱私。

在護送我離開「聯合調查中心」時，我看到一個正在辦理入監手續的年輕女孩（戴著手銬，身穿囚服，進行身體檢查等）。處理我案件的秘密警察清楚地指出：「不瞞你，她是因參加香港反政府抗議活動而被抓的敗類之一」。（鄭文傑，2020）

　　年輕世代與香港居民政治認同，近二十年亦呈現結構變遷趨勢，顯示體制落差、認同弱化與對未來政治前景不確定感，已成為政治挑戰。根據香港大學公布調查資料顯示，香港居民與 1997 後香港出生的一代，對中國認同感疏離呈現歷史新高（香港大學年度調查報告，2017），亦即香港居民與年輕世代認同自己是香港人持續升高，認同自己是中國人則處歷史新低（參見圖 3、圖 4）。

　　大陸憂心香港政經穩定，遂在政治變局後，經濟面加速移入中資，期能強化結構面維穩基礎。此外，中共也加大中、小學愛國教育的力度，使得香港日益大陸化（許子軒譯，Prudence Ho 著，2017）。一位畢業於中國人民大學的校方行政主管即曾表示：

近年香港情勢不穩，北京已透過國有企業逐步移入的作法，一些中上層幹部也移居香港，但是他們來到香港後，壞毛病多，也較不守規矩。另外，年幼小孩參加童子軍活動。過去強調的信念是先愛自己，然後

圖 3：1997 至 2017 年香港青年（18 至 29 歲）身分認同

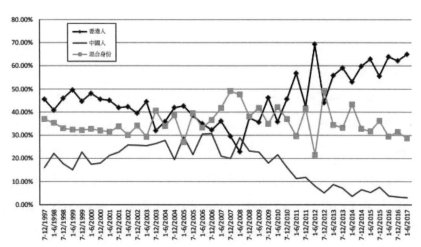

資料來源：引用自香港大學年度調查報告（2017）。

圖 4：1997 至 2019 年香港人身分認同調查

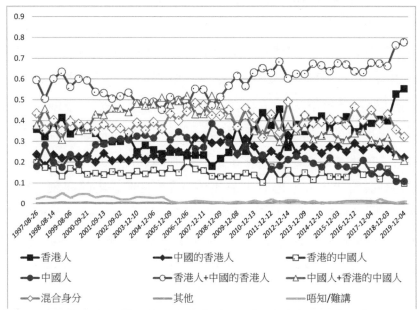

資料來源：引用自香港大學民意研究計畫（2020）的〈香港大學民意研究計畫：市民的身分認同感（半年結算）〉。

才是愛家，愛社會和國家，但是現在放在第一位的是愛黨愛國的教育。[2]

　　這些問題與挑戰，在一定程度上反映了中共當局在跨界治理欠缺前瞻性規劃、專業與細緻的「融合」機制不足，引發香港居民反感。

　　針對粵港澳大灣區運作，中共亦新組建機制。2018 年 8 月 15 日召開「粵港澳大灣區建設領導小組」第一次會議。該小組成員包括：政治局常委韓正領銜、國務院主管部會及粵港澳灣區之首長（參見表 2）參與，顯示中共透過垂直領導之跨界組織運作，期能強化其職能。儘管如此，粵港澳灣區建設仍是由習近平親自參與規劃和部署。韓正即曾在粵港澳大灣區建設領導小組第一次會議指出：「建設粵港澳大灣區，是習近平總書記親自謀劃、親自部署、親自推動的國家戰略。」（新華網，2018）顯示中共實權領袖始終參與處理港澳事務重要決策，但其能否規避決策、市場與跨界治理盲點，仍有待考驗。

　　科技與創新是粵港澳灣區當前發展之重要任務。根據香港特首林鄭月娥參與 2018 年 8 月 16 日「小組」第一次會議說明，當前灣區主要任務與工作包括兩大重點：第一、支持在粵港澳灣區建設國際科技創新中心，加強粵港澳三地在創新和科技方面合作。此外，科技部將會與香港創新及科技局簽訂「內地與香港科技合作」安排，範圍包括科研、人才培育、成果轉化和科普教育等方面。再者，中共當局同意按照香港的建議，在香港成立大灣區院士聯盟，香港有多達 40 多位兩院院士，可說是在粵港澳大灣區內，院士密度最高的地區；第二、有關便利香港及澳門居民在內地發展，陸續出台一些便利港澳居民在大陸讀書、就業及生活的措施，以及在大陸

---

2 2019 年訪談香港理工大學行政主管。

表 2：粵港澳大灣區建設領導小組成員

職稱	姓名	現職
組長	韓正	中共中央政治局常務委員 國務院常務副總理 中央港澳工作協調小組組長 *
副組長	李希	中共中央政治局委員 廣東省省委書記
副組長	何立峰	國務院國家發展改革委員會主任
成員 1	夏寶龍	國務院港澳事務辦公室主任 中央港澳工作協調小組副組長 *
成員 2	張曉明	國務院港澳事務辦公室常務副主任
成員 3	林鄭月娥	香港特別行政區行政長官
成員 4	駱惠寧	香港「中聯辦」主任 中央港澳工作協調小組成員 *
成員 5	賀一誠	澳門特別行政區行政長官
成員 6	傅自應	澳門「中聯辦」主任 中央港澳工作協調小組成員 *

資料來源：作者根據中評網（2018）的文章整理。

說明：1. 王志民於 2020 年 1 月 4 日被免除香港「中聯辦」主任一職，後由「全國人大」財經委副主委駱惠寧接任（繆宗翰、林克倫，2020）；2020 月 2 月 13 日，中共國務院公布任免國家工作人員，國務院港澳事務辦公室主任由夏寶龍取代張曉明，後者轉任國務院港澳事務辦公室分管日常工作副主任（人民網，2020）。

　　　2.* 指同時擔任中共港澳工作協調小組成員。

地區工作的香港人可以申請繳存住房公積金、全面取消港澳人士在大陸就業要申請許可證等（中評網，2018）。

　　明顯的，中共當局在粵港澳灣區整合，已啟動垂直高層領導與協作機制。昔日不易協調之跨界議題，且可能不易合作的跨界事務，都得以溝通和協調。未來對於粵港澳大灣區的工作重點，仍將先著力於科技創新的落實與鞏固，人民生活便捷化，技術面之改善與國民待遇安排，以及促成「灣

區」發展深化與融合功能提升。儘管如此，資源整合、科技人才引用與專長功能性需求，仍存在磨合與現實之挑戰。長期研究香港議題的專家即指出：

> 香港科技人才的引用，涉及經費的支持和應用，但是由於大陸和香港會計與審計制度的差異，導致執行過程中存在報銷的問題，後經更高層次的協調始克服合法性的障礙。另外，高階院士科技人才的引進，其貢獻可能在於靜態研究層次，並非科技市場現實競爭下的功能要求。科技的創新和價值仍須回歸市場考量與連結，才能發揮實質效益。[3]

　　換言之，儘管粵港澳大灣區運作提升垂直領導與協作層次效能，但在市場、現實與功能層面，仍存在制度銜接、產業競爭與市場生存之跨界運作挑戰必須克服與考量。

二、省際與特別行政區跨界治理

　　長期以來，廣東與港澳之互動，多已建立區域發展協作機制，透過定期會議與協議，推動雙邊、多邊合作和協作（參見表3、4）。雖然雙方合作取得一定進展，但是仍涉及利益糾葛和執行挑戰，例如：香港對廣東未能及時通報禽流感訊息，迫使港方必須撲殺生禽。於是，港方向中央部門告狀，粵方則稱沒義務通報港方，形成矛盾。[4] 在空氣汙染方面，香港也抱怨東莞企業製造空氣汙染，導致香港空汙嚴重，[5] 造成雙方嫌隙。此外，澳

---

3 作者訪談，香港評論員，澳門，2019 年 9 月 21 日。2019 澳門研討會訪談。
4 作者訪談，廣東官員，香港，2019 年 9 月 21 日。
5 作者訪談，香港居民，香港，2019 年 9 月 20 日。

門在橫琴島建設澳門大學，但在通行珠海仍不便利。[6] 此皆涉及橫向聯繫、利益取捨、鄰避效應（Not-In-My-Back-Yard），以及跨界治理之機制未能有效運作。

表 3：珠三角區域跨界合作協議

年別	內容
2003	〈內地與港澳關於建立更緊密經貿關係的安排〉（CEPA）
2004	〈泛珠三角省會市暨省主要事務框架協議〉（2004/11/14）
2008	〈珠三角地區改革發展規劃綱要〉（2008 ～ 2020 年）（2008/12）
2009	〈9+2 交通合作框架協議〉（2009/6/11）
2015	〈CEPA 關於內地在香港與澳門基本實現服務貿易自由化的協議〉

資料來源：作者研究整理。

表 4：珠三角地區聯繫會議對話機制

機制	內容
泛珠三角地區整合合作組織	行政首長聯席會議制度
	行政首長聯席會議秘書處
	政省秘書長協調制度
	日常工作辦公室工作制度
粵港合作聯席會議	1998 年 3 月 30 日，下設 15 個專責小組
粵澳合作制度	2003 年 12 月 9 日成立，並於 2011 年 3 月 6 日簽訂「粵澳合作框架協議」

資料來源：維基百科（2019）「粵港合作聯席會議」條目。

　　港澳早於 2003 年簽署 CEPA（「內地與港澳關於建立更緊密經貿關係的安排」）（香港政府新聞網，2003），協議本身目標在於降低商業壁壘及管制措施，以強化兩地經貿合作與關係。然而，實際運作上則呈現「中

---

6 作者訪談，澳門學者，澳門，2019 年 9 月 21 日。2019 年澳門研討會訪談與會議資訊分享。

央開大門、地方開小門、市場穿小鞋」的現象，亦即中央政府雖然有政策美意，但在地方執行層次，便因利益衝突和矛盾而使政策落實面臨挑戰。香港新聞界評論指出：

> CEPA 協議推行六年，惟成效一直不彰，連商務部副部長姜增偉也看不過眼，開腔批評 CEPA 至今仍未發揮全效，沒有體現原意。對此，本港財政司司長曾俊華也不得不承認，CEPA 落實方面仍存在「小門未開」的問題。所謂的「小門未開」，指的是中央政府雖然與港府簽訂 CEPA，協議對港開放林林總總的商貿及服務行業，但這些開放政策並未全面付諸實行，因為內地部分地區及行業存在保護主義，再加上一些行業審批程序複雜、兩地規管制度不一等障礙，導致港人北上發展困阻重重，造成「大門開，小門不開」的窘境。（林芸生，2009）

跨界治理運作過程中，涉及行政體制和權威有效行使，以及利益合理分派。因此，儘管雙方簽署協議，並有協調會報機制，但仍存在實質發展和政策貫徹過程中面臨利益糾葛、阻力和挑戰。事實上，灣區建設之重點工作是推進大灣區建設框架協議，此協議推動基礎設施的互聯互通，強化中國大陸內地與香港、澳門的交通聯繫。其規劃試圖通過香港作為國際航運中心的優勢，以帶動大灣區其他城市，共建世界級港口群和空港群，推展包括港珠澳大橋、廣深港高鐵，期打造區域內交通圈便捷化。不過，政策規劃多與地區利益存在矛盾。港珠澳大橋在設計與規劃過程中，顯然較多遷就香港資本家與區位之利益，而使得原規劃之雙 Y 方案改為單 Y 設計，終導致橋梁功能存在局限性。

在水平跨界治理可以兩個案例說明。一是粵港澳大灣區成立前，有「粵

港合作聯席會議」和「粵澳合作聯席會議」兩個重要定期合作機制（參見表4）。「粵港合作會議」始於 1998 年，由兩地行政首長共同主持，兩地政府高層人員參與，會議目的主要在於改善兩地貿易、經濟、基礎發展、水陸空運輸、道路、海關的協調；「粵澳合作聯席會議」則於 2003 年由粵澳兩地高層人士組成，性質與粵港合作類似，以推動兩地經貿合作與協調為主。另一案例，則是港珠澳大橋建設，大橋實際運作牽涉三地司法管轄權、口岸通關與海洋管理等複雜問題，於是在中央部門統籌下建立三層工作機制：頂層是由國家發展委負責大橋總體規劃；其次是區域層面，成立三地聯合工作委員會，由廣東省領銜，香港和澳門共同參與，負責就有關議題提出處理意見及日常工作。最後則是執行層面，由港珠澳大橋管理局負責統籌（李曉慧，2018：61、171）。換言之，不同議題、階段與項目設計，採垂直與水平跨界運作模式與組合，最終以完成任務為目標。

　　由於港澳獨特的自由港和單獨關稅區地位，要實現粵港澳大灣之間人員、商品、信息、資金等生產要素的順暢流動，應是粵港澳大灣區合作的體制和機制創新的目標，因此大陸持續推動深化改革與開放，以及消除三地互動制度面障礙之積極努力，便有其必要性。根據中山大學粵港澳發展研究院副院長陳廣漢策略思路指出：要實現這種目標，首先，珠三角要進一步深化改革和開放，發揮中央部門賦予廣東與港澳合作先行先試的優勢，推進大灣區營商規則和營商環境的對接，使大灣區成為內地與港澳合作示範區。不斷減少並最終消除港澳居民在珠三角發展和生活的障礙。破解不同單獨關稅區之間的經貿制度約束和體制障礙，促進人流、物流、資金流和信息流的流通，實現資源高效配置。其次，以跨境邊界區和自貿區為突破口，探討粵港澳大灣區合作示範區建設的新模式。在港深交接的河套地區建立港深國際科技創新中心；在澳門和珠海交界的橫琴自貿區按照「一線放寬、二線管住、人貨分離、分類管理」的原則，落實分線管理的

模式，形成跨境合作的新模式（新華網，2020）。換言之，粵港澳在不同
關稅區要素流動之跨界治理運作仍有其複雜性，須通過政策鬆綁、創新思
維，以及跨界垂直與水平協調機制，才有突破之可能。

另根據澳門經濟學會所做研究和訪談，顯示粵港澳灣區跨界治理缺乏
較完善之規劃與協調機制，而影響治理績效：

> 其一，在涉及粵澳合作重大決策，如粵澳合作產業園的園址，缺乏中
> 央領導和國家部委的跟蹤協調，致使部分中央惠澳政策在落地時變
> 形、走樣。其二，廣東省在一些粵澳合作的事項上獲得國家授權有限，
> 如藥物註冊的審批，致使事事驚動中央，令合作進程出現滯後。其三、
> 珠海市乃至橫琴新區對粵澳合作共識的理解有偏差，尤其是澳珠、澳
> 琴在利益存在不一致的時候缺乏高層次、強而有力、具效率的統籌協
> 調，致使許多合作進展拖慢，偏離國家的初心。（楊允中、柳智毅，
> 2017：35）

該「研究報告」也提出警示，並提出跨界協調機制創新的訴求：

> 可以預期，要成功實現粵港澳大灣區建設的初心，能夠恰如其分處理
> 好粵港澳發展基礎和利益多元訴求，單靠目前的協調機制是無法實現
> 的；倘若不對大灣區協調溝通機制做出創新，大灣區合作進程將受拖
> 累，甚至錯失機遇。（楊允中、柳智毅，2017：35）

客觀而言，當前跨界治理協作，其中以廣東地級市、澳門的議題較為
容易且單純。一方面，廣東在中共專政統治下仍有相當的強制力；地方書

記亦會考量其權位而做必要之妥協。此外，澳門本身經濟基礎穩定，且和大陸並無具體之利益衝突。不過，在廣東地級市或中心城市之爭，仍有其協作難題和挑戰。深圳、廣州與香港，始終存在中心城市之爭即為案例。

> 廣州作為廣東省省會，具優勢地位，在珠三角城市群中向來被視為龍頭；深圳發展迅速，創新、高端產業等範疇更具全國領先地位，躋身一線城市之列。香港則擁「一國兩制」之利，且具國際金融中心地位。大灣區擁有三大核心城市，各擅勝場，互相競爭區域龍頭地位，形成「龍頭之爭」。要有效推動大灣區發展，必須先解決「龍頭之爭」，以地區整體去考慮，加強競爭力，避免惡性競爭。（Sullivan and Skelcher, 2002: 35-36）

相對而言，中央、廣東和香港間互動較具複雜性。主因仍在於香港經濟動能近年弱化與行政體系的惰性、貧富差距持續惡化（參見圖 5）與社會矛盾激化下，既有經濟邊緣化的疑慮，也有政治融合的盲點，加之香港當局未能善用資源和籌碼，錯失機遇。例如深圳當局於 2000 年提供香港河套地區之土地管理權，但卻未能有效利用（參見圖 6），喪失解決香港科技與社會矛盾之先機。以河套地區為例，未能作為港深間經濟或科技合作平台，或是開發為社會住宅化解貧富差距之功能。一位香港問題評論員即曾指出：

> 香港貧富懸殊和青年前途問題原本即嚴重。深圳政府提供的河套地區土地荒廢十多年未加利用，原本低價土地現已大幅上漲，加上議員提議方案亦使政府決策執行遲疑不前，皆增加操作與使用的難度，錯失

圖 5：兩岸三地吉尼係數（Gini index）比較

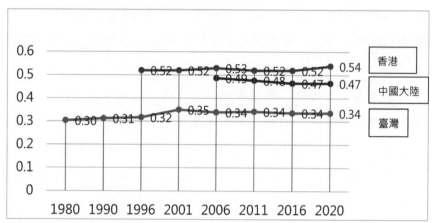

資料來源：CEIC 資料庫（2003 ～ 2018）、行政院主計總處（1980 ～ 2019）、
　　　　　World Population Review（2020）。

圖 6：深圳特區與河套地區區位圖

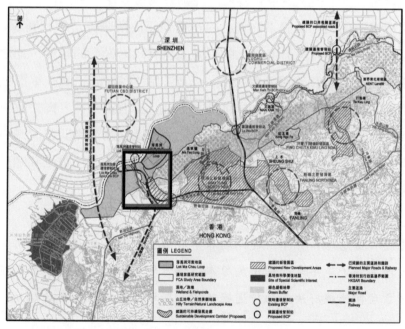

資料來源：香港政府規劃署（2018）。

解決問題的機會。[7]

　　粵港澳大灣區水平之跨界治理不僅涉及制度差異，且存在利益協調和公民、年輕世代必要溝通和對話。當前香港特區政府與市民、年輕世代張力擴大。顯然相關政府部門在跨界治理之運作存在失誤、不足與缺失，終導致信任落差加劇，甚而崩潰的狀態。此外，粵港澳三地政府也存在各自本位主義利益的盤算，尤其是香港特區政府在政策與公民對話不足與局限，雙方信任基礎脆弱，「反送中」抗爭運動中多次對話成效不彰，終導致面對危機挑戰缺乏信任，並陷於衝突和僵局難以化解之惡性循環（弗林，2019）。

三、經濟與政治、社會互動與外溢效果局限性

　　粵港澳大灣區之區域經濟整合，若能持續產生績效，並提升經濟總量與合理分配機制，則其所產生外溢效果，將有利於化解政治與社會矛盾。例如，廣東經濟實力的提升和空間、彈性較大，即可騰出空間和優勢，有助減緩社會衝突，提升認同。反之，則可能產生負面效應。因此，區域經濟發展之整合與績效，是政府與社會外溢效果能否呈現的要素。儘管如此，經濟並非唯一決定性因素，而是與政治和社會面產生互動與連動效應。換言之，經濟總量的提升與增長雖是有利穩定要素，但若漠視現代化過程中的法治規範、社會發展的結構性矛盾，皆可能產生政治衝突與動盪。

　　以香港「反送中」事件為例，作為遣返人犯的法律要件與內容並無問題，但是香港人民對大陸的法治運作高度不信任（陳長文，2019），則引

---

7 作者訪談，香港學者，澳門，2019 年 9 月 21 日。2019 年澳門舉辦粵港澳大灣區研討會訪談與會議資訊分享。

發近一年香港社會騷亂和政治動盪，進而對經濟成長和社會穩定造成負面衝擊案例（參見圖 7）。此外，受中美貿易戰影響，粵港澳灣區最具活力的城市深圳，亦因出口衝擊而使其經濟成長大幅降至 7%（He, 2019）。此皆是政經效應與社會負面互動之案例（馮穎堅，2019：38-40）。

圖 7：香港近十年 GDP 成長率

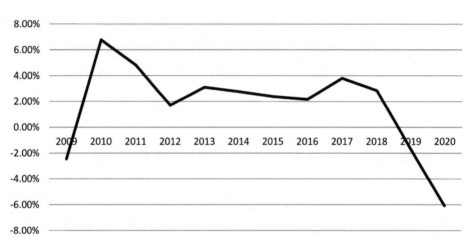

資料來源：World Bank（2021）。

　　香港經濟結構呈現貧富的兩極化和年輕世代生存挑戰，是香港政治不穩定的重要根源之一。尤其是香港政府部門在欠缺民主機制運作過程中，市民對話與民意形成未受到應有的重視，尤其是貧富矛盾與青年前景皆是重大社會挑戰，未能作為施政核心，反而更加依附資本家與利益集團，易使社會矛盾深化與衝擊埋下變數。明顯的，作為北京指定任命的「特首」，優先思考較多的是北京的政治意圖，較少中下層社會的關懷和對話；政策執行較多強調上層社會的回應，而非弱勢族群矛盾的關照。香港政府在跨界治理的認知、回應與操作能力的局限性，也是導致政局不穩與動盪的成

因。

　　國際政經變數亦對灣區發展產生影響。中美貿易戰形成長期對立與制約因素，對大陸經濟增長、技術進步和現代化發展皆將產生不利衝擊。換言之，中美兩國的貿易戰已不局限於貿易糾葛與關稅高低，而是擴及技術移轉、規格戰與智財權訴求。尤其是國際科技人才合作中斷，以及先進科技引進困難，都是制約因素。此外，香港若被美國認定為非獨立關稅區（李翰文，2018；邱立玲，2019），而面臨同等制裁之命運，則香港金融、轉口與科技創新能力勢必受創，將直接影響粵港澳大灣區的發展。因此，在當前中美貿易戰尚無法在短期舒緩的背景下，粵港澳大灣區發展前景仍面臨實質挑戰和風險，其政治與社會外溢效果便難以顯現。

　　現階段粵港澳大灣區政治、經濟與社會外溢正面效果有限，反之負面效應的衝擊相對較大。尤其是香港貧富差距擴大未能有效緩解、年輕世代經濟、社會剝奪感深化，皆是經濟社會議題衝擊政治穩定的負面案例。此外，跨界治理的思路應是有危機預防的思考、政策溝通、公民對話機制，以利積累與建構信任。明顯的，香港特區政府顯較多聽命於北京當局與「中聯辦」之指令，而較少面對公民之政策和社會對話，因而其在「反送中」運動中之溝通和效果十分有限。尤其是粵港澳三地政府與人民「融合」所需的信任基礎、法治保障與利益共享機制，仍未能有效建構，皆是粵港澳大灣區外溢效應難以彰顯的主因。

伍、評估與展望

　　基本而言，跨界治理的有效運作與政治體制特性有顯著的相關性。雖然中共專政結合國家資本主義運作，採行垂直領導有其特定效能，但在水平協調跨界治理則較顯弱勢與不足。換言之，民主體系較具民主、法治與

自由的元素，因而在政策運作與議題協調過程中，能結合多元組織、社會參與，進行對話與協作，將使得執行共識較多、阻力相對較小。客觀而言，粵港澳灣區計畫在執行方案前雖不乏政策協作與經貿整合，但在跨界治理運作中則較多垂直領導與操控內涵；香港與澳門參與協作，在權力的依附性、政策自主性與協調能力則存在弱勢表現。尤其是在公共政策參與多元性、在地化與中下階層之對話和整合顯有不足和缺失，從而難以建立對政府信任和政治認同的傾向。

　　粵港澳大灣區區域整合與綜效（synergy）提升雖是核心目標，但是體制、功能與融合協作則面臨實質挑戰，因而跨界治理的運作便有其局限性。尤其是在「一國兩制」下，原應尊重香港的法治和自由體系，但在實際運作上，中共當局不僅過早以中國大陸「一國」運作的慣性和方法，侵犯香港的法治與人權，導致香港的政治反對運動高漲，對中國的政治認同亦降至新低點。此皆將不利於跨界治理中政策網絡連結，以及新管理機制與協力關係的互動和整合。此外，新冠肺炎（COVID-19）的肆虐將對全球化造成衝擊；「國安法」公布施行將深化國際經貿互動疑慮，粵港澳大灣區作為全球生產網絡分工與香港中轉角色，亦將面臨實質挑戰，其跨界治理的成效將更難以彰顯。

　　由於粵港澳三地制度、體制與社會結構差異，尤其是中共慣性強調垂直跨界控制作為，而非水平跨界協調、對話，因而日益顯示體制摩擦的負面效應。此外，大陸經濟改革與區域經濟市場化發展快速，但政治體制改革滯後與法治不彰，跨界管理與運作機制尚未有效建構，因此跨界治理的矛盾和衝突未能克服和化解（陶希東，2010：1），此皆將遲滯灣區建設和發展。尤其是許多跨界治理的方案與安排，並非體制內官僚所能執行，地方官員訊息蒙蔽、自我保護、扭曲事實，易導致高層決策誤判，勢須多元參與機制與社會面向調和始能奏效。事實上，經濟整合績效的提升與社

會融合可持續發展，攸關政治與社會外溢效果的顯現，其在粵港澳大灣區發展之戰略意義至關重要。

基本而言，中共港澳事務運作有其共同點與差異性。在國防、外交與主權之硬議題，以及硬體建設重大工程展現較為直接、強勢與主導性之角色，反之在軟性議題方面，涉及地方事務之協調、溝通與協作的跨界治理表現，則顯得弱勢，此顯然與中共施政風格、港府和社會互動機制不彰，以及香港中下層社會缺乏政治認同與信任有關，此勢必增加粵港融合之難度。不過澳門的政經背景與條件不盡相同，並未有如香港較強硬的政治反對和疏離運動，加之經濟自主性強、條件較佳，因而在區域整合中展現相對較明顯的扈從角色。可以預期的是，粵港澳大灣區跨界治理，如何體現更具利益導向、協調機制，以及溝通能力的政策思路，並在經濟貧富差距和社會矛盾化解採取積極作為，或將有利於跨界治理綜效之提升。

香港原是作為中共發揮「一國兩制」的「垂範作用」地區，但是在「一國兩制」磨合過程中，中共當局對法治侵犯，以及恣意跨境執法與展現專政手段，皆引發港人對中共政權更深重的信任危機，「反送中」事件與百萬人抗爭則是信任崩潰與危機意識反應，也是跨界治理失敗之案例。可以預期的是，跨界治理要能有效運作必須在「體制落差」縮小與信任建構做積極努力，尤其是法制規範與尊嚴的維護，皆是不可或缺且須有效貫徹之前提要件。明顯的，中共與香港政府部門在灣區區域經濟整合運作中，仍存在制度缺陷和現實矛盾未能有效化解，從而制約跨界治理運作之績效。

客觀而言，由於政治經濟體制差異、法治不同，以及文化和心理層面認知有別，因而粵港澳灣區落實跨界治理存在實質難度。儘管如此，傳統政治體制下中央與廣東關係，已因習近平主導人事改組和意志貫徹，能較落實中央精神。尤其是粵港澳大灣區成立中央層級跨界運作機制，在政治

局常委韓正領銜下，[8]將有助跨部門協調、資源挹注，以及政治運作的調和。現階段即在創新、人才與交通安排做階段性努力。不過，也由於粵港澳內仍有體制信任與法治實質落差，尤其是協議履行面臨執行不力，配合措施和監理機制不足、利益糾葛不清之挑戰，皆是大灣區建設必須克服的難題。

由於現階段中美貿易戰仍未終結，粵港澳大灣區建設處於此一節點，勢必受其影響而趨低調和務實。換言之，中國大陸在全球市場競爭中，較弱勢的科技核心領域創新和突破，以及其基礎的交通和生活、就業互通的便捷化，便成為當前要務。儘管如此，科技創新和技術突破並非一蹴可幾。深圳與香港固然有創新環境和資本強項，但是歐美先進國家長期積累的優勢、智慧財產權更趨嚴格的要求，以及強制性技術轉移更趨困難，皆將局限粵港澳灣區科技領域的提升，尤其是大灣區在軟體建設層面之人才吸引、培養，以及優質高等院校建設方面，仍和紐約、東京和舊金山灣區有較大差距，這是該區域發展面臨較大的挑戰。

中國大陸跨界治理較大的挑戰，主要在於專制體制運作，使得水平的協調機制無法融入更多的非政府組織參與協作。事實上，僅依賴制度性正式管道運作之成效將有其局限性。尤其是非正式路徑與社會網絡連結，在跨域治理的有效運作扮演重要角色。換言之，在中國大陸政治大氣候收緊的現實挑戰下，無論是非政府組織對決策參與和反饋，或是在政治面排除其參與協調，皆將引致社會張力的上升。因此，欲實現跨界治理的完善與突破，在區域經濟整合運作過程中，宜策略性採行更務實的協作與對話治理模式，才有助爭取更全面的社會認同與協力網絡支持。

跨界治理雖較能在民主、法治社會有較大運作空間，但並不意味體制

---

8 作者訪談，香港新聞工作者，香港，2019年9月21日。據表示，韓正長期任職於上海黨政領導幹部，以行政能力強且工作細緻著稱，因此涉及灣區部門協調事務，將可因個別領導人能力與體制因素做出部分成績，但此一運作並非萬靈丹，亦是有其局限性。尤其是體制缺陷與跨界治理的複雜性，則暴露其治理缺失與盲點，因而導致劇烈社經挑戰。

差異不能開展，尤其是落實法治、柔性治理、信任建構、協調機制和危機預防皆有其功能與價值。換言之，強調利益合理分配與縮小貧富差距之努力、訴求民意匯集與反饋的機制、重視社會對話與民怨的化解、爭取民心與市民服務普及，以及由此而積累的信任和互動，皆有助於社會矛盾和危機的預防。事實上，跨越不同層級、階級、行業的協調、溝通與對話，以及信息的匯集與回應能力，皆是跨界治理之要務，其對於政治與社會危機預防的功能與效果較佳。明顯的，現階段中共當局和香港特區政府在跨界協調和對話機制顯有不足，尤其是在「反送中」運動後實施國安法強化控制，因而在相關議題協作和對話效果便有其局限性，將不利其跨界治理運作。

參考文獻

一、中文文獻

吳中傑，2019，〈一萬顆催淚彈下的香港〉，《商業周刊》，1671：52-59。

李長晏，2012，《區域發展與跨域治理理論與實務》，台北：元照出版公司。

李建平，2017，〈粵港澳大灣區協作治理機制的演進與展望〉，《規劃師》，11（33）：53-59。

李曉惠，2018，《粵港澳大灣區與香港》，香港：商務出版社。

林水波、李長晏，2005，《跨域治理》，台北：五南圖書出版公司。

陶希東，2010，《中國跨界區域管理：理論與實踐探索》，上海：上海社會科學院出版社。

陶希東，2014，《全球城市區域跨界治理模式與經驗》，南京：東南大學出版社。

傅高義著，馮克利譯，2012，《鄧小平改變中國》，台北：天下遠見出版公司。

馮穎堅，2019，〈金融視角看運動 David Web 的冷靜與熱誠〉，《大學線月刊》，

144：38-40。

黃煒軒，2019，〈當寫報告也可能被引渡……香港金融中心地位恐不保〉，《今周刊》，1174：88-95。

楊允中、柳智毅，2017，《粵港澳大灣區建設與澳門發展策略》，澳門：澳門經濟學會。

楊雪冬，2018，《地方治理的邏輯》，北京：社會科學文獻出版社。

劉雲剛、侯璐璐、許志樺，2018，〈粵港澳大灣區跨境區域協調：現狀、問題與展望〉，《城市觀察》，1：7-25。

樊綱，2018 年，〈以「雙轉型」引領粵港澳大灣區發展〉，方舟編著，《粵港澳大灣區：合作策略與香港未來》，25-40，香港：城市大學出版社。

鄧小平，1993 年，《鄧小平文選：第三卷》，北京：人民出版社。

謝宗學、劉坤億、陳衍宏譯，Jon Pierre、B. Guy Peters 著，2002，《治理政治與國家》，台北：智勝文化公司。

二、英文文獻

Miller, David Y. 2002. *The Regional Governing of Metropolitan America.* Colorado: Westview Press.

Pierre, Jon (ed). 2000. *Debating Governance: Authority, Steering and Democracy.* NY: Oxford University Press.

Sterling, R. 2005 "Promoting Democratic Governance Through Partnerships?" In J Newman ed., *Remaking Governance: Peoples, Politics and the Public Sphere.* Bristol: The policy press.

Stone, Clarence N. 1993. "Urban Regimes and the Capacity to Govern: A Political Economy Approach." *Journal of Urban Affairs*, 15 (1): 1-28.

Sullivan, Helen, and Chris Skelcher. 2002. *Working Across Boundaries: Collaboration in Public Service*. New York, NY: Palgrave Macmillan.

三、網路資訊

CEIC 資料庫，2003 ～ 2018，〈中國基尼係數〉，https://www.ceicdata.com/zh-hans/china/resident-income-distribution/gini-coefficient，查閱時間：2020/04/ 08。

He, Huifeng. 2019."Shenzhen Growth Rate Falls Sharply in Third Quarter as US Trade War Weighs on Chin's Hi-tech Hub." https://www.scmp.com/economy/china-economy/article/3036597/shenzhen-growth-rate-falls-sharply-third-quarter-us-trade-war，查閱時間：2020/01/20。

World Bank. 2021. "GDP growth (annual %) – Hong Kong SAR, China." https://data.worldbank.org/indicator/NY.GDP.MKTP.KD.ZG?end=2020&locations=HK&start=1988，查閱時間：2021/07/14。

World Population Review. 2020. "Gini Coefficient by Country 2020." https://worldpopulationreview.com/countries/gini-coefficient-by-country，查閱時間：2020/04/08。

人民網，2020，〈國務院任免國家工作人員〉，http://politics.people.com.cn/BIG5/n1/2020/0214/c1001-31586048.html，查閱時間：2020/02/14。

中華人民共和國中央人民政府網站，2018.〈韓正主持召開粵港澳大灣區建設領導小組全體會議〉，http://www.gov.cn/guowuyuan/2018-08/15/content_5314122.htm，查閱時間：2019/09/23。

中華人民共和國國務院新聞辦公室，2017，〈李克強總理在十二屆全國人大五次會議上做的政府工作報告〉，http://www.scio.gov.cn/tt/34849/Document/1545199/1545199.htm，查閱時間：2019/09/22。

中評網，2018，〈粵港澳大灣區會議，港澳特首出席〉，http://hk.crntt.com/doc/1051/5/9/7/105159769.html?coluid=151&kindid=11515&docid=105159769&

mdate=0816000901，查閱時間：2019/09/27。

弗林，2019，〈林鄭月娥閉門會見民間人士參與對話，被提及「五大訴求」〉，法國國際廣播電台，https://www.rfi.fr/tw/ 中國 /20190826- 林鄭閉門會見民間人士參與對話 - 被提及反送中五大訴求，查閱時間：2020/02/14。

行政院主計總處，1980 ～ 2019，〈家庭收支調查報告〉，https://www.dgbas.gov.tw/ct.asp?xItem=19882&CtNode=3241&mp=1，查閱時間：2020/04/08。

李翰文，2018，〈香港失掉獨立關稅區地位的可能性〉，https://www.bbc.com/zhongwen/trad/business-46589730，查閱時間：2020/01/17。

林芸生，2009，〈烽火台：小門為何不開？〉，http://the-sun.on.cc/cnt/news/20090925/00418_006.html，查閱時間：2020/02/06。

邱立玲，2019，〈香港獨立關稅區不保！美國參議院一致通過《香港人權與民主法案》〉，https://www.cmmedia.com.tw/home/articles/18617，查閱時間：2020/01/17。

看中國，2019，〈中國駐港官員間接承認 跨境香港捉拿肖建華〉，https://www.secretchina.com/news/b5/2019/05/29/895207.html，查詢日期：2020/01/23。

香港大學民意研究計畫，2020，〈香港大學民意研究計畫：市民的身分認同感（半年結算）〉，https://www.hkupop.hku.hk/chinese/popexpress/ethnic/overall/halfyr/overall_halfyr_chart.html，查閱時間：2019/10/02。

香港大學年度調查報告，2017，〈港大民研發放最新香港市民身分認同調查結果〉，https://www.hkupop.hku.hk/chinese/release/release1474.html，查閱時間：2019/10/02。

香港政府規劃署，2018，〈落馬洲河套地區未來土地用途〉，https://www.pland.gov.hk/pland_en/lmc_loop/tc/c_lmc_03.htm，查閱時間：2020/04/08。

香港政府新聞網，2003，〈商務部確保《安排》按時順利實施〉，https://www.news.gov.hk/isd/ebulletin/tc/category/businessandfinance/031209/html/

031209tc03001.htm，查閱時間：2020/02/06。

香港貿發局經貿研究，2019，〈粵港澳大灣區〉，http://m.hktdc.com/businessnews/
　　article/%E7%B2%B5%E6%B8%AF%E6%BE%B3%E5%A4%A7%E7%81%A3
　　%E5%8D%80/%E7%B2%B5%E6%B8%AF%E6%BE%B3%E5%A4%A7%E7%
　　81%A3%E5%8D%80/bayarea/tc/1/1X498Z4Z/1X0AE3L6.htm，查閱時間：2019/
　　09/27。

許子軒譯，Prudence Ho 著，2017，〈香港回歸二十年鉅變：中資巨頭正在領跑
　　市場〉，http://hk.bbwc.cn/5do2at.html，查閱時間：2020/02/14。

郭萬達，2017，〈粵港澳大灣區建設中的深圳定位〉，http://opinion.china.com.
　　cn/opinion_94_167494.html，查閱時間：2019/09/25。

陳長文，2019，〈化解送中爭議，關鍵在法治不在兩制〉，https://www.chinatimes.
　　com/opinion/20190620004570-262104?chdtv，查閱時間：2020/01/ 17。

新華社，2019，〈中共中央國務院印發《粵港澳大灣區發展規劃綱要》〉，http://
　　big5.www.gov.cn/gate/big5/www.gov.cn/zhengce/2019-02/18/content_5366593.
　　htm#1，查閱時間：2019/11/05。

新華網，2017，〈習近平出席《深化粵港澳合作，推進大灣區建設框架協議》簽
　　署儀式〉，http://www.xinhuanet.com/politics/2017-07/01/c_1121247167.htm，
　　查閱時間：2019/09/22。

新華網，2018，〈韓正：充分發揮粵港澳綜合優勢，深化內地與香港澳門合作〉，
　　http://www.xinhuanet.com/politics/2018-08/15/c_1123275935.htm，查閱時間：
　　2020/04/05。

新華網，2020，〈陳廣漢：如何破解粵港澳大灣區協調發展的四大難題〉，
　　http://finance.sina.com/bg/experts/macroeconomy/xinhuanet/2019-02-20/doc-
　　iwqmeiks2670971.shtml，查閱時間：2020/04/05。

端傳媒端聞組、香港組，2016，〈銅鑼灣書店店長不顧威脅，失蹤八月後開記

者會曝光拘押全過程〉，https://theinitium.com/article/20160616-dailynews-hkbookseller-lam-wing-kee/，查詢日期：2020/01/23。

維基百科，2019，〈粵港合作聯席會議〉，https://zh.wikipedia.org/zh-tw/%E7%B2%B5%E6%B8%AF%E5%90%88%E4%BD%9C%E8%81%AF%E5%B8%AD%E6%9C%83%E8%AD%B0，查閱時間：2019/10/03。

鄭文傑，2020，〈記錄：國家的敵人〉，https://m.facebook.com/notes/cheng-men-kit/for-the-record-an-enemy-of-the-state/2490959950941845/，查閱日期：2020/03/30。

鄭永年，2017a，〈粵港澳大灣區是一個世界性的開放平台〉，http://www.nfcmag.com/article/7160.html，查閱時間：2019/09/24。

鄭永年，2017b，〈港服務業成熟在大灣區擔當重要角色〉，《思考HK》，http://www.thinkhk.com/article/2017-04/29/21201.html，查閱時間：2019/09/ 24。

繆宗翰、林克倫，2020，〈香港中聯辦主任王志民下台，駱惠寧接任〉，《中央社》，https://www.cna.com.tw/news/firstnews/202001045005.aspx，查閱時間：2020/01/30。

粵港澳大灣區的治理與挑戰：跨界合作案例

王玉清

（自由撰稿人）

摘要

　　粵港澳大灣區從學術界的討論到地方政策的考量，再到國家戰略的提出，歷時二十餘年。藉由雄厚的經濟基礎、港澳的特別地位和粵港澳多年的合作歷史，以及國家和區域的重視，粵港澳大灣區成為中國區域經濟新發展中的重中之重。但是，不得不承認，隨著粵港澳之間的合作，從加工貿易發展為普通貿易，又從商品貿易深入到服務貿易，儘管有 CEPA 每年便利陸港之間的經貿合作，但需要兩地商家和政府面對的問題卻日增。在雙邊經濟發展差距縮小，各自行政壓力增大的複雜背景下，隨著跨境合作的深入，雙方面臨的挑戰也日益尖銳。此外，因為合作意願的降低，更導致問題解決不暢，相互諒解不足，又加深合作意願下降，加上社會輿論的推波助瀾，面臨深度合作需求的大灣區治理合作，勢必須面對更多複雜的專業管理挑戰。

關鍵詞：粵港澳大灣區、跨境合作、醫療合作、科教界合作

壹、區域經濟新發展重要內容

2018 年 5 月 22 日在深圳主持召開擴大開放工作座談會上，中共中央政治局常委、國務院副總理韓正表示：「粵港澳大灣區建設是習近平總書記親自謀劃、親自部署、親自推動的國家戰略。要立足三地優勢，加強三地聯動，高質量高起點做好大灣區規劃建設，打造國際一流灣區和世界級城市群。」（新華網，2018）藉由雄厚的經濟基礎、港澳的特別地位和粵港澳多年的合作歷史，以及國家區域發展戰略的重視，粵港澳大灣區成為中國區域經濟新發展中的重中之重。

「粵港澳大灣區」從學術界的討論到地方政策的考量，再到國家戰略的提出，歷時二十餘年。

- 1994 年，時任香港科技大學校長吳家瑋提出：對標舊金山，建設深港灣區。21 世紀初，廣州率先提出依託南沙港，對標東京灣區。2009 年 10 月 28 日，粵港澳三地政府有關部門在澳門聯合發布《大珠江三角洲城鎮群協調發展規劃研究》，提出建構珠江口灣區，粵港澳共建世界級城鎮群。

- 2014 年，深圳市政府工作報告提出「打造灣區經濟」。2016 年 3 月，《中華人民共和國國民經濟和社會發展第十三個五年規劃綱要》正式發布，明確提出「支持港澳在泛珠三角區域合作中發揮重要作用，推動粵港澳大灣區和跨省區重大合作平台建設」；同月，國務院印發《關於深化泛珠三角區域合作的指導意見》，明確要求廣州、深圳攜手港澳，共同打造粵港澳大灣區，建設世界級城市群。

- 2017 年大灣區開始緊鑼密鼓規劃。7 月 1 日，《深化粵港澳合作 推進大灣區建設框架協議》在香港簽署，國家主席習近平出席簽署儀式。在習近平見證下，香港特別行政區行政長官林鄭月娥、澳門特別行政區行政

長官崔世安、國家發展和改革委員會主任何立峰、廣東省省長馬興瑞共同簽署《深化粵港澳合作 推進大灣區建設框架協議》。

- 10月18日，習近平在中共「十九大」報告，明確提出「要支持香港、澳門融入國家發展大局，以粵港澳大灣區建設、粵港澳合作、泛珠三角區域合作等為重點，全面推進內地同香港、澳門互利合作，制定完善便利香港、澳門居民在內地發展的政策措施」。12月18日，習近平總書記在中央經濟工作會議上再次指出：粵港澳大灣區建設要科學規劃，加快建立協調機制。

- 2018年5月10日和5月31日，習近平總書記先後主持召開中央政治局常委會會議和中央政治局會議，對《粵港澳大灣區發展規劃綱要》進行審議。8月15日，中共中央政治局常委、國務院副總理、粵港澳大灣區建設領導小組組長韓正在北京人民大會堂主持召開粵港澳大灣區建設領導小組全體會議。11月提出《關於建立更加有效的區域協調發展新機制的意見》明確指出，以香港、澳門、廣州、深圳為中心引領粵港澳大灣區建設，帶動珠江－西江經濟帶創新綠色發展。但因各種原因，正式的規劃綱要並未推出。

　　進入2019年，中美之間的貿易爭端難見緩和，甚至幾乎升級為全面貿易戰，大灣區的合作事實卻已經在地方逐步展開。要求科學規劃、規劃先行的社會聲音不絕於耳，2019年1月11日，國務院港澳事務辦公室主任張曉明表示，中央對粵港澳大灣區的戰略定位有五個：一是充滿活力的世界級城市群，二是具有全球影響力的國際科技創新中心，三是「一帶一路」建設的重要支撐，四是內地與港澳深度合作示範區，五是宜居宜業宜遊的優質生活圈。至2019年2月18日，中共中央、國務院印發《粵港澳大灣區發展規劃綱要》，要求各地區各部門結合實際認真貫徹落實。

　　之後，廣東省和中央更推出實施意見和深圳「高級版」特區建設意見。

2019 年 7 月，廣東省委、省政府印發《中共廣東省委 廣東省人民政府關於貫徹落實〈粵港澳大灣區發展規劃綱要〉的實施意見》，成為廣東省推進大灣區建設的「施工圖」和「任務書」。同時，廣東省推進粵港澳大灣區建設領導小組印發《廣東省推進粵港澳大灣區建設三年行動計劃（2018 至 2020 年）》。

　　《實施意見》和《三年行動方案》對廣東全省要重點推進落實的大事要事進行謀劃，並把近中期加快實施的重點工作進行分工部署，對階段性目標進一步量化。進一步明確會把粵港澳大灣區建設作為廣東改革開放的大機遇、大文章抓緊做實，攜手港澳建設富有活力和國際競爭力的一流灣區和世界級城市群，打造高質量發展的先行區、示範區。

　　7 月 24 日，中共中央總書記、國家主席、中央軍委主席、中央全面深化改革委員會主任習近平主持召開中央全面深化改革委員會第九次會議並發表重要講話。會議審議通過《關於支持深圳建設中國特色社會主義先行示範區的意見》。這是在 6 月香港爆發「反《逃犯條例》」大規模遊行甚至社會暴力衝擊不斷且升級的背景下出台的，當然是為了支持深圳建設中國特色社會主義先行示範區，但至少事實上對香港未來的發展會構成臨近城市的競爭壓力。

貳、大灣區跨境合作中的問題與挑戰持續增加

　　除了民間的商貿往來，粵港澳政府之間的合作起始於回歸之前。

　　早在 1985 年 2 月，國際刑警中國國家中心局和香港支局進行首次正式會談。雙方就加強聯繫，打擊跨境的毒品、詐騙、走私等犯罪交換意見，並就許多共同感興趣的問題達成共識。至九七回歸前，這種定期和不定期會晤共計 25 次（劉文，2018）。

　　香港回歸之後，為促進粵港合作，廣東省和香港特別行政區自 1998 年起，每年一次、輪流在廣州和香港，舉辦粵港合作聯席會議，並在 2003 年在其下開設了 15 個專責小組。[1]每年的參會人員都由廣東省與香港特區政府高層人員組成，由兩地行政首長共同主持。目的是全面加強粵港的多方面合作，改善兩地在貿易、經濟、基建發展、水陸空運輸、道路、海關旅客等事務的協調（香港特區政府政制及內地事務局，2009）。

　　政府間的合作成效最明顯的主要在跨境基建領域和環保領域，當然涉及到的管理部門則不只兩地政府的這兩個部門。環保合作一直是比較順暢，跨境基礎建設則一直是在爭議中為兩地帶來共同利益。加工貿易蓬勃發展的 20 世紀 80 年代，口岸合作保證大珠三角的「三小時經濟圈」合作；本世紀初，落馬洲──福田口岸和西部通道的建設，成功舒緩人流；近年來，九龍西高鐵站的建設把香港拉入國際最大的高鐵網絡，港珠澳大橋的建成和開通將大灣區的陸路連接形成一個環。時至今日，兩地基建領域的商務合作已經發展到世界各地，一起走出國門：內地與香港攜手打造了巴基斯坦真納光伏產業園、印度中央邦東西橫貫公路，土耳其伊斯坦布爾昆波碼頭、東非吉布提港。但是，不得不承認，隨著粵港澳之間的合作從加工貿易發展為普通貿易，又從商品貿易深入到服務貿易，儘管有 CEPA 每年便利陸港之間的經貿合作，[2]但需要兩地商家和政府面對的問題卻越來越多。

1　粵港聯席會議下成立的十五個專責小組包括：落實「內地與香港更緊密經貿關係安排」專責小組、口岸合作專責小組、協調粵港跨界大型基礎設施建設項目專責小組、推介大珠三角專責小組、旅遊專責小組、傳染病交流與通報機制專責小組、高新技術專責小組、教育合作專責小組、保護知識產權合作專責小組、擴大粵港經濟合作腹地專責小組、舉辦粵港經貿合作研討會專責小組、文化及體育合作專責小組、信息交流專責小組、銅鼓航道專責小組、持續發展與環保合作小組。

2　內地與香港在 2003 年簽訂 CEPA，其後雙方根據 CEPA 第 3 條，多次增加和充實 CEPA 的內容，簽署了十份補充協議和多份子協議。2018 年又最新簽署了《內地與香港關於建立更緊密經貿關係的安排》（CEPA）框架下的《貨物貿易協議》。同時，大陸新華社消息稱，「連同之前簽署的服務貿易協議、投資協議、經濟技術合作協議，標誌著國家『十三五』規劃中推動 CEPA 升級的目標提前完成，把 CEPA 提升至一份更全面的現代化自由貿易框架協議。」

而且最大的變化是合作意願從加工貿易時期的積極探索，轉變為 CEPA 特殊安排之下的不滿增加。在前店後廠的加工貿易，以及之後升級為普通貿易的過程中，雙方的合作意願都是積極的，不斷地突破各種限制，降低合作的門檻。當然，在這一過程中，正好是內地經濟不斷擴大開放的政策背景之下進行，因此絕大多數情況都是內地政策的變動，香港也就習慣這種合作模式，內地的經濟管理向以香港為代表的國際標準靠攏。

進入 CEPA 階段，卻是更多進大門易，入小門難的抱怨之聲，特別是粵港雙方，很多時候是各有理據，合作意願大不如前。2003 年，內地與香港、澳門特區政府分別簽署了內地與香港、澳門《關於建立更緊密經貿關係的安排》，涵蓋四大範疇，分別為貨物貿易、服務貿易、投資及經濟技術合作。並於之後連續簽署十份《補充協議》和多份子協議。這樣的安排，本來是為了加強粵港和粵澳之間的貨物和服務貿易關係，促進貿易及投資。加快經貿融合，及促進經貿長遠發展，其實施過程須不斷探索不斷修正。但是因為最初的設計以貨物貿易為基礎，在更多涉及服務貿易的經濟合作現實下，政策制定的滯後和各方行業管理理念和規則的不同，導致一些服務行業的投資者經常投訴無門，還有項目更是在實施進程中，不知何時就會因為各種不甚清晰的管理規定而無所適從，需要投入大量的行政時間，推高合作成本。而各種不順暢的合作經歷，傳播之後又不利於專業服務合作的進一步推廣。

雖然這種合作意願下降有多重因素，但是實事求是地說，從內地的角度，各種政策的研究推出，特別是各行各業的專業管理部門，他們的改革目標是服務於本土的業界，提高政策的規範性和透明度，以及簡化各種行政管理的同時，加強行業的專業管理。這些部門沒有對外來投資者制定特殊政策的任務，一般而言，如果是准許投資領域，只要給予國民待遇就是最好的安排。

　　總之，在雙邊經濟發展差距縮小，各自行政壓力增大的複雜背景之下，隨著跨境合作的深入，雙方面臨的問題越來越多。而因為合作意願的降低，更導致問題解決不暢，相互諒解不足，又加深合作意願下降，加上社會輿論的推波助瀾，面臨深度合作需求的大灣區治理合作，不得不面對更多更複雜的專業管理問題。

參、治理的協作與挑戰案例一：醫療合作

　　未來大灣區治理的協作與挑戰中，將主要面對專業服務合作領域出現的各種問題。因為專業服務分類細緻，而且各專業的產業特徵和服務人員及機構的資質管理各有不同，本文以醫療合作為例探討這一問題。

　　烏拉圭回合服務貿易談判小組在烏拉圭回合中期審評會議後，提出了以部門為中心的服務貿易分類方法，將服務貿易分為 12 大類，分別為：商業服務，通訊服務，建築和相關工程服務，分銷服務，教育服務，環境服務，金融服務，與健康相關的服務和社會服務，旅遊和旅遊相關的服務；娛樂、文化和體育服務，運輸服務，其他服務。這是世界貿易組織《服務貿易總協定》的分類。

　　從以上分類可以看出，醫療服務的跨境合作只是跨境服務貿易中一個類別下的一個部分，但是它在實際業務中遇到的問題卻是異常複雜，不僅有專業服務資質的認可問題，也有服務機構的設立問題，還有服務提供過程中遇到的形形色色問題。

一、大灣區跨境醫療合作獲得政策支持

　　可喜的是，在粵港澳大灣區的合作中，「塑造健康灣區」已是共識，

醫療合作也將得到政策支持。在《粵港澳大灣區發展規劃綱要》第八章「建設宜居宜業宜遊的優質生活圈」第五節「塑造健康灣區」部分中，就明確提出要密切醫療衛生合作。

《粵港澳大灣區發展規劃綱要》「塑造健康灣區」部分具體提到的要密切醫療衛生合作內容有：

- 推動優質醫療衛生資源緊密合作，支持港澳醫療衛生服務提供主體在珠三角九市按規定以獨資、合資或合作等方式設置醫療機構，發展區域醫療聯合體和區域性醫療中心。
- 支持中山推進生物醫療科技創新。深化中醫藥領域合作，支持澳門、香港分別發揮中藥質量研究國家重點實驗室夥伴實驗室和香港特別行政區政府中藥檢測中心優勢，與內地科研機構共同建立國際認可的中醫藥產品質量標準，推進中醫藥標準化、國際化。
- 支持粵澳合作中醫藥科技產業園開展中醫藥產品海外註冊公共服務平台建設，發展健康產業，提供優質醫療保健服務，推動中醫藥海外發展。
- 加強醫療衛生人才聯合培養和交流，開展傳染病聯合會診，鼓勵港澳醫務人員到珠三角九市開展學術交流和私人執業醫務人員短期執業。研究開展非急重病人跨境陸路轉運服務，探索在指定公立醫院開展跨境轉診合作試點。
- 完善緊急醫療救援聯動機制。推進健康城市、健康村鎮建設。

在廣東省發布的《關於貫徹落實〈粵港澳大灣區發展規劃綱要〉的實施意見》中，也有關於醫療合作，具體內容有：

- 塑造健康灣區。推動優質衛生資源緊密合作，爭取國家放寬大灣區內地醫療領域限制，加強食品安全合作，打造健康灣區。
- 支持港澳醫療衛生服務提供主體在珠三角九市按規定以獨資、合資或合作等方式設置醫療機構，便利港澳醫師註冊執業，爭取國家放寬使用境

外藥品及醫療器械等有關限制。

- 與港澳合作發展區域醫療聯合體和區域醫療中心，打造國際化的醫療技術人員和管理人員培訓基地。

- 將符合條件的港資、澳資醫療機構按規定納入醫療保險協議管理範圍。建立與香港、澳門中藥質量研究機構合作機制，共同研究制定國際認可的中醫藥產品質量標準。

- 建立區域內重症傳染病人會診機制，完善緊急醫療救援聯動機制。加強醫療衛生人才聯合培養和交流，推動粵港澳醫務人員開展學術交流。

- 支持粵澳合作中醫藥科技產業園發展，開展中醫藥產品海外註冊公共服務平台建設。

　　這一《實施意見》中還多次在其他項目中提及醫療合作內容。

　　比如在第四條「建設國際科技創新中心」，第（十四）項「深化區域創新體制機制改革」中就提出——支持科研合作項目需要的醫療數據和血液等生物樣品跨境在大灣區內限定的高校、科研院所和實驗室使用，促進臨床醫學研究發展。與港澳共同研究允許科研、醫療儀器設備及藥品在港澳和大灣區內地異地購置使用政策。

　　第六條「協同構建具有國際競爭力的現代產業體系」中，第（二十五）項「加快傳統產業轉型升級」提出，「推動工程機械、機床、醫療設備等領域再製造產業集聚發展」。第（二十六）項培育壯大戰略性新興產業，「加快人工智能、區塊鏈、大數據技術的研究與運用，與港澳在動漫遊戲、網絡文化、數字文化裝備、數字藝術展示等數字創意產業開展全面合作，推動數字創意在會展、電子商務、醫療衛生、教育服務、旅遊休閒等領域應用，共建數字創意產業基地」。第（二十七）項攜手港澳建設國際金融樞紐也有，「探索粵港澳保險機構在符合法律法規及監管要求的前提下，合作開發創新型跨境機動車保險和跨境醫療保險產品，為跨境保險客戶提

供便利化承保、查勘、理賠等服務」。

其他還有多項，不乏重要內容。（三十八）構築休閒灣區──支持廣州南沙國家健康醫療旅遊示範基地建設。（四十一）促進社會保障和社會治理合作──完善社會保障領域制度建設，推動港澳居民在醫療、養老、住房等民生方面享有與內地居民同等待遇。（四十五）推進投資貿易自由化便利化──在 CEPA 框架下積極爭取擴大港澳資金融機構業務範圍，擴大教育、文化、醫療、法律、建築、航運等專業服務業市場准入。（四十九）優化提升深圳前海深港現代服務業合作區功能──加快前灣國際學校、國際醫療中心、國際金融交流中心等項目建設，建設富有活力和國際競爭力的國際化城市新中心。（五十一）推進珠海橫琴粵港澳深度合作示範──爭取國家支持橫琴在醫療健康領域先行先試，在國際診療合作、前沿醫療技術研究運用、境外藥品和醫療器械註冊審批等方面實施更加開放的創新政策，探索符合條件的港澳和外籍醫務人員直接在橫琴執業。深化民生合作，支持珠海和澳門在橫琴合作建設集居住、教育、醫療、社區服務等功能於一體的綜合民生項目，探索澳門醫療體系及社會保險直接適用並延伸覆蓋至該項目。

北京最新通過的《關於支持深圳建設中國特色社會主義先行示範區的意見》中，也有涉及醫療部分，不僅提出「為港資澳資醫療機構發展提供便利」，「放寬境外醫師到內地執業限制」，更提出「創建高性能醫療器械等領域製造業創新中心」和「探索建立與國際接軌的醫學人才培養、醫院評審認證標準體系」，「先行先試國際前沿醫療技術」。

2018 年 1 月 9 日，首屆粵港澳大灣區衛生與健康合作大會在廣東惠州市召開，三方共同簽署《粵港澳大灣區衛生與健康合作框架協議》，以促進大灣區衛生與健康事業協同發展、優勢互補、共建共享。細節問題依然存在，比如說醫師資格互認和港澳居民在內地看病的費用沖抵等等。在醫

療服務業領域，粤港兩地各有優勢，存在合作基礎。廣東地域遼闊，醫療人才隊伍龐大，醫療技術發展快，不斷引進新技術、新項目，並且在港澳合作的態度上，廣東整體是很積極開放的；香港擁有高水平的醫療技術，醫療制度的體系性與國際化也為外界稱道。但因為醫療服務本身管理複雜，加之這一服務需要器材設備的輔助和使用藥品才能完成，又加之兩地的管理體系有很大不同，可以說未來任重而道遠。

二、冷暖自知的粤港跨境醫療合作

不僅上述規劃政策對於粤港的醫療衛生合作異常重視，現實工作中也有政府部門的積極支持。大陸商務部網站曾評價「港資醫療機構從事的主要是中高端醫療服務，對於改善深圳就醫環境，提高深圳醫療服務品質發揮很大作用」。香港大學深圳醫院屬深圳公立醫院，就是在深圳市政府的全力支持下得以開辦和發展的。

香港大學深圳醫院，又稱深圳市濱海醫院，港大醫院或港深醫院，是由深圳市政府全額投資、並引進香港大學現代化管理模式的大型綜合性公立醫院。該醫院總投資約 40 億元，占地面積 19.2 萬平方米，總建築面積 36.7 萬平方米。醫院現擁有床位兩千張，目前已經啟動二期工程建設，未來將增至三千張病床。醫院於 2012 年 7 月 1 日起營運，逐步引進國際一流的先進醫院管理經驗和醫療技術，為市民提供優質醫療服務。醫院以深港合作為契機，全面引進香港大學具國際一流水平之優勢學科，並優先打造「六大」診療中心，包括生殖醫學及產前診斷中心、腫瘤綜合治療中心、心血管治療中心、骨科與創傷中心、器官移植中心、感染性疾病綜合診療中心。同時，醫院設立國際醫療中心，提供具有國際先進水平的高端醫療服務。醫院於 2015 年 9 月通過澳大利亞醫療服務標準委員會（ACHS）全

機構認證，2017 年 11 月正式成為國家三級甲等綜合醫院。2018 年 6 月，醫院成功入選廣東省高水平醫院建設「登峰計劃」培育單位，將全力打造集「醫、教、研、管」為一體的四個粵港澳大灣區國際化中心，包括醫療中心、醫學人才培養中心、醫學科技創新中心和醫院管理創新中心。

香港特區政府於 2015 年 10 月 6 日推出試點計劃，讓符合資格的香港居民可以使用香港政府發放的長者醫療券，支付香港大學深圳醫院指定科室提供的門診醫療護理服務的費用。

2018 年 10 月，由香港大學深圳醫院主辦的「跨境安老醫養一體的機遇與挑戰」，主題研討會在該院舉行，並發布《香港大學深圳醫院醫療券長者使用情況調查報告》。該報告為特區政府推出長者醫療券計劃在深圳試點近三年來的首份調查報告。結果顯示，91.93% 的受訪長者對港大深圳醫院的門診就診體驗為「非常滿意」或「滿意」，超過 72.66% 受訪者因認同其引入香港醫院的管理模式而選擇該院就醫；排名前五的科室為內科、外科、中醫科、眼科、骨科；90% 的人希望長者醫療券適用範圍能擴展至住院服務。由 2019 年 6 月 26 日起，香港政府已將試點計劃恆常化。

事實上，港資醫療機構越來越重視內地市場。對於在港交所上市的一些香港醫療服務類公司而言，「中國內地業務」是支撐其未來股價的柱石。2016 年上市的盈健醫療將 IPO 所募得的 8,480 萬港元中的 1,270 萬港元投入「擴展中國內地市場」上，在募資用途方面僅次於「擴展香港的醫療網絡」。大量新興起的醫療集團赴港股上市，包括鳳凰醫療、和美醫療、康寧醫院、瑞慈醫療、弘和仁愛等。其中，經過華潤、中信、鳳凰三家併購重組，華潤鳳凰已經成為亞洲最大的醫療集團。

目前，深圳已有八家港資獨資醫療機構，香港大學深圳醫院屬深圳公立醫院，尚不在此列。從 2005 年開始的醫師資格互認、短期執業，到逐步放開至允許開設診所，設立獨資、合作或合資醫療機構，再到開放領域

拓展至西醫、中醫、牙醫、醫學美容、療養等，港資醫療逐步在大陸取得了國民待遇，甚至是「超國民待遇」。儘管如此，從醫療服務角度而言，業界內部依然諸多不滿，粵港之間的合作也仍有很多阻礙。我們經過多方瞭解，從目前在深圳營運的有較強香港醫療專業服務背景支撐的三家醫療機構，深圳希瑪林順潮眼科醫院、深圳港全綜合門診部和香港大學深圳醫院，發現了幾個集中的問題，其中包括：

（一）審批程序繁雜，管理欠缺規範

CEPA 放寬港資進入內地醫療行業，但在具體執行過程中，還存在不少「玻璃門」，程序和手續繁雜。比如希瑪眼科的設立，先要到工商總局核名，再到商委備案，市商委報到商務部，商務部同意後再報衛生系統。核名程序完成後開始辦衛生系統審批，先報區裡初審，然後看現場，再公示，再報市裡審批，市裡審批又涉及工商、商務、衛生等主管部門。審批後又有裝修、消防、環評、驗收等各個環節。每個環節又有若干小環節，需要報若干文件材料等等。整個過程極為耗時、耗力、耗神。港全醫療也反映，申辦診所耗時至少半年，還必須先租好辦醫場所才能提交申請，物業空置交租半年，財務壓力很大。衛生監管部門經常到診所檢查，檢查事項和標準不透明，嚴重影響診所正常營業。政策改變後也不通知醫療機構，醫療機構在實際經營中往往不知所措。

（二）稅收和社保成本負擔較重

企業所得稅按 25% 的稅率徵收，還要承擔員工「五險一金」（養老保險、醫療保險、工傷保險、失業保險、生育保險、住房公積金），負擔很重。香港醫生在香港只交 17% 的個人所得稅，還能享受各種減免，在深圳最多要交 45%，極大影響了他們來深圳發展的意願。而企業和個人繳交各種稅

費之後，還要面臨未來養老和醫保等社會保障個人帳戶與企業繳交部分的資金異地歸帳、使用和提取等問題，繳納的金額沒有保障。

（三）醫生招聘困難

內地醫師難招。由於公立醫院有編制，待遇穩定，內地醫師都願到公立醫院，只有在退休後才到民營醫院。加之現在規定畢業生必須三年規培（規範化培訓）以後才能上崗，民營醫院沒有規培資格，只能在公立醫院進行。導致年輕醫生只有公立醫院挑完剩下的民營醫院才能招。希瑪眼科招的內地醫生參差不齊，小的小、老的老，中間段的各個醫院都不放。港澳和外籍醫生聘用更難。外籍醫師一年一辦簽證，港澳醫生三年一辦，具體手續也很複雜。

（四）定級考試和資質認可難以銜接

內地醫師分為主任醫師和副主任醫師等職稱級別，與相應的人才待遇、診費標準等對應，但香港和海外醫師沒有對應的職級制度。雖然可以通過認定方式取得內地醫師資格，但無法套用內地職級享受相應優惠政策，如需認定職級，還須參加內地職稱定級考試。而職級考試的語言、內容都不適應。比如林順潮醫生國際知名，在北京執業也必須參加定級考試。資質問題也限制了香港先進醫療技術在內地運用。比如港大深圳醫院院長盧寵茂是國際肝膽移植專家，在香港及其他國家或地區做過很多肝移植手術，很多內地肝移植中心都去觀摩學習，但港大深圳醫院卻拿不到做肝移植手術的牌照。此外，內地沒有香港全科醫生這一類別，對醫療的業務造成較大影響。

（五）藥品和醫療設備進口限制較嚴

　　香港醫生對一些香港和外國藥物有豐富運用經驗，但由於嚴格的藥品管制，這些藥物難以進入內地港澳醫療機構使用。藥品的跨境使用是大灣區醫療協作面臨的難題。不僅港大深圳醫院、希瑪林順潮眼科醫院等香港醫療機構，在內地開辦中小型診所執業的醫師更是如此，一些香港的常用藥沒有在內地註冊，沒有辦法開給病人使用，困擾著醫患雙方。

　　此外，大型醫療設備進口需要申請國家配額，審批手續十分繁雜，醫院自己籌資購買也不允許。比如港大深圳醫院至今無法購買癌症中心所必需的 PET-CT 設備。香港一家慈善機構曾經捐款 3,000 萬為港大深圳醫院購買一台甲類極限加速器，但由於一直拿不到國家配置證，最後只好改成乙類極限加速器。

　　面對以上種種困難，涉及到多部門行政管理、審批權限、企業稅負、員工社保、醫師專業資格評定、藥品和設備、耗材進口。另還有開辦成本、盈利模式等等，不僅是港資醫療機構需要處理的問題，也是本地醫療機構需要面對的挑戰，有些更是所有盈利及非盈利企業需要面對的問題。這樣的複雜性，很難短期獲得重大突破，達至合作雙方滿意。更何況，從廣東的角度看，大陸的中西醫結合治療，在國際醫學界也是得到認可的，可以說是世界領先，廣東更是引以為傲，但是香港的醫療管理體系對於納入中醫依舊十分保留，更談不上對廣東的中醫實行開放政策。這就再次形成事實上的單方面開放。內地管理機構在改善措施以便利香港醫療服務的進入時，這種不對等進一步造成其合作意願降低。

　　儘管現實合作中困難重重，但是粵港澳的醫療合作還是有更廣闊的領域和更深刻的挑戰。在這樣一個三種制度的合作區內，如果能夠建設三地共享的灣區標準醫療服務平台，並針對中醫藥的國際標準展開研究和取得

國際認證，那才是對各方都有利的合作。總之，除了大規模的潛在市場成為最大的吸引力，特別是對高端醫療的需求，大灣區的跨境醫療合作依然須不斷深化，而專業管理方面的治理合作，則應審慎放開。大陸加入WTO 前後，曾經大動作改革內部管理制度，對接國際標準。這樣的作法，只有在專業服務貿易合作中再次出現，才能真正大幅度便利粵港澳之間的服務貿易合作，並提高中國大陸整體的服務貿易自由度。

肆、治理的協作與挑戰案例二：科教界跨境合作

《粵港澳大灣區發展規劃綱要》基於區域發展基礎和國家發展戰略需要，明確提出粵港澳大灣區要建設「具有全球影響力的國際科技創新中心」的戰略定位，這是大灣區未來產業升級、結構優化、發展動能轉化的關鍵，也是香港提升自身、保持和擴大競爭優勢的關鍵。相比醫療界，粵港科教界的跨境合作符合兩地的共同利益，推進合作的雙方也更樂於發揮各自優勢，謀取更好的前景。其中涉及到的人員流動、資金劃撥和使用、科研器材流通、專利申請和保護、移除各種行政阻礙的效率等，都明顯優於其他服務貿易領域。

香港經濟起飛之初，亞洲除日本以外，經濟都較歐美發達國家落後很多，香港只要跟隨歐美主導的國際市場需求，就可以在亞洲傲視其他地區，成為發展中的佼佼者。但今時今日，香港不得不面對國際市場格局的商品結構和地理結構變化，需要掌握國際趨勢，創新發展才能保持原有的領先地位。因此，香港政府對於「大灣區」建設是積極的。現實來看，主動融入大灣區的建設，會為香港抓住這一難得的機遇，也將為香港科技產業、基礎研究、乃至金融領域的未來發展帶來良好前景。

雖然直觀而言，香港和一河之隔的深圳相比，在科技產業領域的差距

極大。近年來，一大批頂尖的高新技術企業，像華為、騰訊、比亞迪、大疆等高科技企業，都是各自領域的佼佼者，在深圳崛起，引領了深圳的創新風潮。而香港，卻似乎連一個知名的高科技企業都沒有。但事實上，香港近年來科技產業的發展取得了一定的成績。如根據 2020 年全球創新指數，廣深港科技集群是世界第二大科技集群。由香港、深圳及廣州的創新及科技業組成的廣深港科技集群，已經是亞洲一個戰略性商業平台及科技交易市場。香港政府把生物科技、人工智能、智慧城市及金融科技列為具有優勢的四大發展範疇，並自 2017 年起計的五年內，預期研發開支占GDP 的比重將增加一倍。近年，不僅深圳大型科技公司仍在不斷加深與香港的合作，香港本地的初創企業也有良好發展。隨初創產業所需的基礎設施投資及資金支援均見增加，業內生態系統大為受惠。根據香港投資推廣署的調查結果，2020 年香港初創企業數量繼續穩定增長，較一年前增加6%，聘用逾一萬名雇員（馮凱盈，2021）。

　　香港業界注意到，粵港澳大灣區建設正帶來源源機遇，使香港可進一步善用各方面的優勢，如研發能力、科技基礎設施、法律制度及知識產權等，推動創新及科技業節節上升，同時發揮商業平台的作用，協助創新公司打進亞洲市場，特別是中國內地；或是協助內地創新公司走向國際。香港初創企業的主要研究重點包括：資訊及通訊科技、即需即用軟件（SaaS）、物聯網、數據分析、生物科技、人工智能、機械人、虛擬實境（VR）和擴增實境（AR），以及新材料。應用方面，金融科技、智慧城市及智能家居、醫療保健和大數據應用等，都是一些極為熱門的領域。

　　「打造全球科技創新高地和新興產業重要策源地」是大灣區規劃的重要內容。《規劃綱要》提出，要推進建設「廣州－深圳－香港－澳門」科技創新走廊，探索有利於人才、資本、信息、技術等創新要素跨境流動和區域融通的政策舉措，共建粵港澳大灣區大數據中心和國際化創新平台。

　　鑒於越來越多企業參與培育和加速計劃，加上大學、數碼港、香港科學園等紛紛推行新計劃以推廣相關的初創企業，以及市場出現一連串令人注目的初創企業集資活動，特別是「獨角獸企業」崛起等種種因素，一般預期香港科技業很快會因積極參與大灣區科教合作而有更為快速的發展。

　　在大灣區科教領域的跨境合作中，不僅有香港科技大學最引以為傲的技術研發，轉化為產業優勢的大疆無人機，以及合作歷史悠久並準備升級的南沙分校區，香港各大高校都在積極參與大灣區的合作。如香港理工大學在航空航天領域取得重要的突破，被應用於國家的月球探測：香港理工大學與中國空間技術研究院專家合力研發的「相機指向機構系統」，隨嫦娥三號月球探測器順利在月球表面軟著陸，進行月球探測工作（中國青年網，2014）。理大研發的可用於監測鐵路及大型基建結構的「光纖光柵監測技術」用於京滬高鐵、蘭新高鐵等重大國家工程，提升鐵路安全（張雅詩，2017）。香港城市大學也在深圳等地設立研究院，推進科研合作和專利轉化。

伍、結語

　　今日的世界級城市群，不再是體現傳統的產業集聚的製造城市、生產性城市群，應該是體現良好公共服務、通暢互聯基礎設施、宜居宜業的可持續發展都會圈。著眼於全球金融中心向「金融＋科技」中心轉型的趨勢，香港更需要與深圳合作。在新一輪的工業革命浪潮中，粵港澳大灣區需要代表中國在更高層面、更深層次處理突破科技創新，香港不能亦步亦趨地跟在廣州或是深圳之後，需要主動北上，拓展發展空間，擺脫「單打獨鬥」狀態，協調分工、優勢互補、共贏發展。分工不僅是加工製造業，而是完善的產業鏈的分工協作，協助內地製造業提升，香港不僅可以提供金融服

務，更應該發展創新科技，提升教育研究實力和水平。

　　大灣區的科技合作雖然已經有了可觀的發展，但從科技產業一體化的角度來看，還有很多方面需要進一步地改進和細化。在這一領域，由於粵港雙方各有優勢，科技合作需要的投資、管理也是各有倚重，所以會比較容易透過制度創新，在科創產業鏈上，建立大灣區一體化的科技市場。其面對的主要問題或可不是來自粵港雙方，而是來自美國的技術封鎖。當然，要探索科技金融市場和研發市場的一體化需要的各種制度安排，促進大灣區內科技產業相關的人員、資金、資訊等要素的自由流動，實現深度一體化的大灣區科技產業，也將面臨更多的困難和障礙。

　　綜上，在大灣區的未來發展中，勢必面臨各種治理的問題與挑戰。產業合作（市場一體化）、社會管理、甚至制度創新、法制防疫，都需要不斷突破既有的障礙，達至民眾福利的最大化。歐盟的跨國合作將會成為重要的參照。雖然理論上說，歐盟的跨國合作應該比「一國兩制三關稅區」的大灣區跨境合作更複雜，推進也應該更艱難，但事實卻相反。雖然這其中有複雜的原因，但科教領域的深度合作，會較其他服務貿易領域更易獲得足夠重視和取得突破性的嘗試。而貿易市場一體化之外，涉及社會民生的安全、醫療、安老等領域，跨境雙方都更需要不斷且深入的改革。

參考文獻

中國青年網，2014，〈香港理工大學：先進技術系統助力月球探測〉，11月12日，http://news.youth.cn/kj/201411/t20141112_6027141.htm，查閱日期：2021/03/24。

香港特別行政區政府政制及內地事務局網站資料庫，2009，〈粵港合作聯席會議及相關內容〉，https://www.cmab.gov.hk/tc/archives/regional_cooperation_0201_1.htm，查閱日期：2021/03/24。

張雅詩，2017，〈香港理工大學與西南交通大學成立「軌道交通安全監測技術創新中心」〉，新華網，http://www.xinhuanet.com//2017-10/31/c_1121886248.htm，查閱日期：2021/03/24。

馮凱盈，2021，〈香港創新及科技業概況〉，《經貿研究》，https://hkmb.hktdc.com/tc/，查閱日期：2021/03/28。

新華網，2011，〈香港理工大學研發的光纖新技術試用於全國高鐵〉，《中國新聞網》，7月12日，http://www.chinanews.com/ga/2011/07-12/3175630.shtml，查閱日期：2021/03/24。

新華網，2018，〈韓正：以制度創新為核心推動自貿試驗區發展 高質量高起點謀劃好粵港澳大灣區建設〉，5月23日，http://www.xinhuanet.com/politics/leaders/2018-05/23/c_1122877851.htm，查閱日期：2021/03/24。

新華網，2017，〈香港理工大學與西南交通大學成立「軌道交通安全監測技術創新中心」〉，10月31日，http://www.xinhuanet.com/2017-10/31/c_1121886248.htm，查閱日期：2021/03/28。

劉文，2018，〈改革風雲四十年 香港內地警方聯手為97大回歸保駕護航〉，《縱橫雜誌》，12月19日，https://www.thepaper.cn/newsDetail_forward_2752032，查閱日期：2021/03/24。

論壇 23

INK PUBLISHING 台港澳互動變局與粵港澳大灣區發展
機遇與挑戰

主　　　編	陳德昇

發 行 人	張書銘
出　　　版	**INK** 印刻文學生活雜誌出版股份有限公司
	新北市中和區建一路249號8樓
	電話：02-22281626
	傳真：02-22281598
	e-mail:ink.book@msa.hinet.net
網　　　址	舒讀網 http://www.inksudu.com.tw

法 律 顧 問	巨鼎博達法律事務所
	施竣中律師
總 代 理	成陽出版股份有限公司
	電話：03-3589000（代表號）
	傳真：03-3556521
郵 政 劃 撥	19785090 印刻文學生活雜誌出版股份有限公司
印　　　刷	海王印刷事業股份有限公司

港澳總經銷	泛華發行代理有限公司
地　　　址	香港新界將軍澳工業邨駿昌街7號2樓
電　　　話	852-2798-2220
傳　　　真	852-2796-5471
網　　　址	www.gccd.com.hk

出 版 日 期	2021年 10 月　初版
ISBN	978-986-387-485-0

定　價	**350**元

國家圖書館出版品預行編目(CIP)資料

台港澳互動變局與粵港澳大灣區發展機遇與挑戰／陳德昇主編.
--初版. --新北市中和區：INK印刻文學, 2021.10
面；17 x 23公分. --（論壇；23）
ISBN 978-986-387-485-0 (平裝)
1.兩岸關係 2.兩岸政策 3.區域經濟 4.文集

573.09　　　　　　　　　　　　　　110015823

舒讀網